NINA BRODBECK
KATRIN THORUN-BRENNAN

DAS CHAMÄLEON-PRINZIP

Nina Brodbeck
Katrin Thorun-Brennan

Das Chamäleon Prinzip

Vom Überleben im Dschungel
der modernen Arbeitswelt

blanvalet

MIX
Papier aus verantwortungsvollen Quellen
FSC® C014496

Verlagsgruppe Random House FSC-DEU-0100
Das FSC®-zertifizierte Papier *Super Snowbright*
für dieses Buch liefert Hellefoss AS, Hokksund, Norwegen.

1. Auflage

Satz: Buch-Werkstatt GmbH, Bad Aibling
Druck und Einband: GGP Media GmbH, Pößneck
Printed in Gemany
ISBN: 978-3-7645-0410-6

www.blanvalet.de

»Sei du selbst die Veränderung,
die du dir wünschst für diese Welt.«

MAHATMA GANDHI

Inhalt

Welcome to the jungle!

Wenn die moderne Arbeitswelt ein Dschungel wäre, ein Dschungel voller mächtiger Bäume, die die Sicht auf den Himmel versperren, voller tiefer Moraste, in die wir garantiert hineintapsen, weil sich weit und breit kein Weg abzeichnet. Ein Dschungel mit heimtückischen Schlingpflanzen, die uns am Vorwärtskommen hindern, aber auch mit wunderschönen, exotischen Blumen, die nach Freiheit und Abenteuer duften. In einem solchen wilden Dschungel, welches Tier möchten Sie da gerne sein?

Ein Königstiger? Der ist ziemlich mächtig, ein echtes Raubtier. Und schön ist er auch. Zu schön vielleicht. Gutes Aussehen weckt ja bekanntlich Begehrlichkeiten. Und wer will schon als Jagdtrophäe über einem Sofa enden?

Dann doch eher was nicht so Hübsches. Eine Vogelspinne! Super Netzwerker, das passt doch in die Zeit! Aber nein, dann müssen Sie am Ende vor laufender Kamera irgendeiner kreischenden Blondine in den Ausschnitt kriechen. Quotenbringer im Dschungelcamp? Das ist doch kein Job für Sie!

Okay. Machen wir Ihnen nichts vor. Sie können hier mit all Ihren Lieblingstieren aufwarten, vom Meerkätzchen bis zur Breitschwanz-Ringelschildechse, wir würden alles daransetzen, sie Ihnen auszureden. Ganz einfach, weil wir schon ein Tier für Sie ausgeguckt haben: das Chamäleon!

Ja, genau dieses glubschäugige, verbaute, langsame Vieh mit der Schleuderzunge, das ständig die Farbe wechselt. Ob das unser Ernst ist? Absolut. Denn das Chamäleon besitzt eine tolle Fähigkeit: Erstaunlich perfekt ahmt es Äste und Blätter nach, wird so eins mit seiner Umwelt und bleibt doch immer es selbst. Anpassung und Eigenart in Personalunion! Wir finden, das hat Vorbildcharakter. Schließlich müssen auch wir Menschen uns im Laufe unseres (Berufs-) Lebens immer wieder neu zwischen diesen beiden Polen positionieren, immer wieder neu die Balance finden.

Pass dich an und bleib du selbst. Das ist kein Slogan, sondern ein Prinzip. Das *Chamäleon-Prinzip!*

Wer es kennt und danach handelt, kann persönlich wachsen, neue Handlungsspielräume gewinnen und sein Arbeitsleben (selbst-) bewusster gestalten. Davon sind wir überzeugt. Wir haben es nämlich selbst ausprobiert oder besser gesagt, wir tun es täglich aufs Neue. Denn wir stecken ja auch mittendrin im Arbeitsdschungel und erfahren die Veränderungen am eigenen Leib. Die Beschäftigung mit dem Thema bedeutete für uns deshalb auch, den eigenen Berufsalltag zu hinterfragen.

Keine Sorge, wir verlangen nicht, dass Sie künftig in Ihrem Büro auf allen vieren herumkriechen und Ihre Zunge herausschnellen lassen, auch wenn das zugegebenermaßen eine nette Vorstellung ist. Und es geht uns auch nicht darum, eine breite Schneise durchs Dickicht zu schlagen und Ihnen einen Weg vorzugeben, der unserer Vorstellung nach der einzig richtige ist. Sondern wir wollen etwas anderes. Wir wollen die »Dschungelwelt« in ihrer Vielfalt darstellen, ihre Mechanismen beleuchten und zeigen, dass jeder von uns einen inneren Kompass besitzt, der es ihm erlaubt, sich seinen eigenen Weg quer durchs Unterholz zu bahnen. Einen Weg, der gerade oder gewunden sein kann, der langsam oder in Siebenmeilenstiefeln beschritten wird.

Wir wollen Denkanstöße geben und einen neuen Blick auf die derzeitige Situation aufzeigen. Den Chamäleon-Blick nämlich! Und wir wollen Mut machen, sich mit der aktuellen beruflichen Realität auseinanderzusetzen, sie in ihrer ganzen Fülle bewusst wahr- und anzunehmen, ihre Chancen zu sehen und sie aktiv nach den eigenen Vorstellungen mitzugestalten.

Wie können wir an den Herausforderungen wachsen, statt an

ihnen zu zerbrechen? Welche Fähigkeiten braucht es, um tatsächlich die Balance zu finden zwischen Außenwelt und Innenwelt, zwischen eigener Zufriedenheit und den Bedürfnissen der anderen?

Diese Fragen haben uns beim Schreiben geleitet. Das *Chamäleon-Prinzip* ist das Ergebnis unserer persönlichen Auseinandersetzung mit der Arbeitswelt. Eine Auseinandersetzung, in deren Verlauf wir etliche Bücher gewälzt, viele Experten befragt und noch viel mehr erfahren und dazugelernt haben.

Auch und vor allem von den Menschen, für die die neue Arbeitswelt tägliche Realität ist. Im modernen Sprachgebrauch heißen sie Patchworker, Jobnomaden, Prekarier oder Flexarbeiter. Sie haben uns von stetig wachsendem Arbeitspensum und Leistungsdruck erzählt, der ihnen allmählich die Freude am Beruf nimmt. Von ihrem täglichen Spagat zwischen Familie und Beruf, der auf die Gesundheit schlägt. Und von Chefs, die von ihren Mitarbeitern Flexibilität und Mobilität verlangen, sich aber selbst nicht von der Stelle bewegen. Aber es gibt auch Berichte, die Hoffnung machen und neue Wege aufzeigen.

Diese sehr persönlichen, mitunter auch anrührenden Geschichten sind das Herzstück dieses Buches. Sie spiegeln die Vielfalt der Arbeitswelt wider und haben uns geholfen, das *Chamäleon-Prinzip* einem Realitätstest zu unterziehen.

Viele, mit denen wir gesprochen haben, wollen nicht mit ihrem richtigen Namen zitiert werden. Sie fürchten um ihren Arbeitsplatz, wenn bekannt würde, dass sie von den Missständen in ihrer Firma berichtet haben. Sie fürchten sich aber auch vor Ausgrenzung, vor den möglicherweise mitleidigen oder abschätzigen Blicken und Kommentaren ihrer Kollegen und Bekannten. Probleme im Job zu haben, ist ein sehr sensibles Thema. Darüber zu sprechen fast ein Tabu. Es öffentlich zu machen ein Sakrileg. Umso mehr Respekt haben wir vor ihnen, dass sie uns vertraut und uns ihre Geschichten erzählt haben.

Und umso mehr gilt es deutlich zu machen, dass dieses Thema viele betrifft. Sehr viele. Wir stehen vor großen Herausforderungen. Lernen wir einander kennen. Lernen wir voneinander und miteinander. Lernen wir, in unserem Beruf aufzugehen und dabei ganz bei uns selbst zu bleiben. Wir hoffen, dass wir mit dem *Chamäleon-Prinzip* ein wenig zu diesem spannenden Prozess beitragen können.

TEIL 1

So sieht's aus:
Wir und die moderne Arbeitswelt

Früher war alles anders. Überschaubar, strukturiert und geordnet. Der Arbeitstag begann um acht und endete um fünf. Gearbeitet wurde dort, wo die Firma stand. Und nur dort. Es gab feste Hierarchien, die immer gleichen Kollegen, mit denen man die immer gleichen Aufgaben erledigte, und eine klare Definition, was eine erfolgreiche Karriere ausmacht: Geradlinig und schnörkellos muss es aufwärtsgehen, Stufe um Stufe die Leiter hinauf. Von der Ausbildung bis zur Rente war der Weg genau vorgezeichnet, die Firma zeigte sich großzügig bei den Sozialleistungen, es gab einen hohen Kündigungsschutz, und auch die Altersvorsorge war gesichert.

Vergangene Zeiten – für immer mehr Menschen in Deutschland. Das ständige Ringen um Leistungs- und Wettbewerbsfähigkeit in einem weltumspannenden Wirtschaftsraum, aber auch Arbeitsmarktreformen und die rasant voranschreitende technische Entwicklung rütteln an den Grundfesten des so genannten Normalarbeitsverhältnisses. Aus dem Schrebergarten der deutschen Arbeitswelt mit seinen abgezirkelten Parzellen ist ein wild wuchernder Dschungel geworden!

Eine Studie der Bertelsmann Stiftung zeigt: Im Jahr 2008 befanden sich 60,1 Prozent aller Beschäftigten im Alter zwischen 25 und 64 Jahren in einem Normalarbeitsverhältnis. Das ergibt im Vergleich zu 2001 einen Rückgang um 4,6 Prozentpunkte.

Im Gegenzug hat sich seit Beginn der 1990er Jahre die Zahl der Teilzeitbeschäftigten in Deutschland mehr als verdoppelt, Vollzeitarbeit wich in vielen Bereichen Minijobs, und auch das Heer der Selbstständigen wächst. Laut Bundesverband der Freien Berufe ist die Zahl der Selbstständigen in den Freien Berufen zum Jahresbeginn 2011 von 1114000 auf 1139000 gestiegen. Mit plus 2,9 Prozent sind die Freien Kulturberufe – dazu gehören zum Beispiel Journalisten, Dolmetscher, Yogalehrer und Designer – von 277000 auf 285000 am stärksten gewachsen.

Statt sicherer Festanstellungen werden immer häufiger nur noch befristete Verträge abgeschlossen. Annähernd drei Millionen Arbeitnehmer in Deutschland, rund neun Prozent aller Erwerbstätigen, mühten sich 2008 in einer solchen beruflichen Hängepartie – Schüler und Studenten mit Nebenjob nicht eingerechnet. 1991, bei der ersten Erhebung nach der Wende, waren es lediglich 5,7 Prozent.

Der Arbeitsmarkt in Deutschland ist längst gespalten: Die Industrie bleibt vom für Westdeutschland traditionellen, das heißt männlich dominierten, Normalarbeitsverhältnis geprägt, Sozialversicherung und Kündigungsschutz inklusive. Aber im Dienstleistungssektor, zu dem beispielsweise Berufe wie Anwalt, Grafikdesigner, Werber, aber auch Psychologe, Heilpraktiker, Journalist und Architekt gehören, arbeitet inzwischen nur noch jeder zweite Arbeitnehmer unbefristet und in Vollzeit. Diese sogenannten »atypischen Arbeitsverhältnisse«, zu denen auch Leiharbeit und geringfügige Beschäftigungen zählen, senken zwar die Arbeitslosenzahlen. Für die Beschäftigten bedeuten sie jedoch in der Regel geringere soziale Absicherung, gelockerten Kündigungsschutz und viel weniger Geld in der Lohntüte.

Aber auch für die Festangestellten hängt der Berufshimmel nicht voller Geigen. Sie sollen immer mehr Leistung in immer weniger Zeit erbringen, möglichst mehrere Dinge parallel erledigen und das über einen längeren Zeitraum hinweg. »Multitasking« und

»Verdichtung« heißen die Reizworte. Zwar haben die Festangestellten einen unbefristeten Vertrag in der Tasche, vor (Selbst)-Ausbeutung sind sie deshalb noch lange nicht geschützt. Christian Dormann, Arbeitspsychologe an der Uni Mainz, hat zu diesem Thema gerade neue Zahlen auf den Schreibtisch bekommen: »In Deutschland wird in vielen Bereichen fünf bis zehn Stunden pro Woche mehr gearbeitet, als in den Tarifverträgen drinsteht«, sagt er. »Und ich rede hier nicht über gut bezahlte Manager, sondern über den ganz normalen Arbeitnehmer.« Zehn Stunden, das sind immerhin 25 Prozent mehr Leistung, die unvergütet erbracht werden. »Kein Wunder, dass die deutsche Wirtschaft so gut dasteht«, meint Dormann. »Die Arbeitskräfte sind ja faktisch 25 Prozent billiger, als auf dem Papier steht.«

1. »Mittags anfangen, bis spätabends bleiben und bloß keine Forderungen stellen« – Arbeitsalltag einer Alleinerziehenden

Unbezahlte Überstunden – Laura Gutmann, sie heißt in Wirklichkeit anders, kann ein Lied davon singen. Die alleinerziehende Mutter von zwei Kindern ist gelernte Bankkauffrau. Gerne hätte sie nach ihrer Elternzeit wieder in ihrem alten Job bei einer Bank weitergearbeitet, aber eben nicht mehr in Vollzeit. Doch Teilzeit in einer Bank arbeiten? »Das ging gar nicht«, sagt die heute 35-Jährige. Ihr Chef empfand ihren Wunsch schlicht »als Zumutung«, also schuftete die Alleinerziehende notgedrungen wieder in Vollzeit – unter immer stressigeren Arbeitsbedingungen. Außerdem versuchte sie, ihren Kindern eine gute, das heißt eben auch, eine möglichst präsente Mutter zu sein. Das Ergebnis: Laura Gutmann bekam Druck von allen Seiten, wurde immer häufiger krank. Schließlich folgte die völlige Erschöpfung. Also stieg sie wieder komplett aus, blieb drei Jahre zu Hause beziehungsweise sprang immer mal wieder als Vertretung ein. Danach hangelte sie sich von Teilzeitjob zu Teilzeitjob. Karriere machen sieht anders aus.

Dazu kam, dass die Teilzeitstellen noch nicht einmal familienfreundlich und außerdem schlecht bezahlt waren. Los ging es immer am frühen Nachmittag, genau dann also, wenn die Kinder aus der Schule kamen. Mama zu Hause? Fehlanzeige. »Ich durfte um 13 Uhr hinkommen und bis spät bleiben und bitte keine Forderungen stellen«, zählt Laura Gutmann lakonisch die Bedingungen auf. »Tariflohn galt sowieso nicht, unbezahlte Überstunden waren selbstverständlich, und so habe ich dann zwölf Stunden für umgerechnet vier Euro pro Stunde gearbeitet.«

Weil das auf Dauer nicht machbar war, wechselt Laura Gutmann zu einer Versicherung. Diesmal heißt es: Außendienst. Ihre Arbeitszeiten schwanken stark, mal ist sie ein paar Stunden, mal einen ganzen Tag für die Versicherung unterwegs, klappert die Vertretungen auf dem Land ab, macht Kundentermine und springt auch mal in der Bank als Vertretung für den Filialleiter ein. Durchschnittliche Wochenarbeitszeit: rund 60 Stunden. Distanzen: locker 200 oder 300 Kilometer am Tag. Familientauglichkeit: null.

Klassische Arbeitszeiten »from nine to five«? Nicht nur für Laura Gutmann sind sie passé, das beweist eine Studie der Hans-Böckler-Stiftung. 40 Prozent der Befragten gaben an, »zeitlich sehr flexibel zu arbeiten«. 29 Prozent schrubben 42 und mehr Wochenstunden ab. Und weitere 15 Prozent versuchen genau wie Laura Gutmann, mit einem ständig schwankenden und damit nur schwer vorhersehbaren Pensum zurechtzukommen. Das ist nicht grundsätzlich schlecht, im Gegenteil. Flexiblere Arbeitszeitmodelle bringen gerade für Arbeitnehmer mit Kindern Vorteile. Theoretisch.

In der Praxis allerdings erweist sich die Flexibilität oft als Einbahnstraße. Im Klartext: Die Firma erwartet sie von ihren Mitarbeitern, die dürfen aber selbst keine Forderungen stellen. Laura Gutmann hat zum Beispiel zähneknirschend akzeptiert, dass sie immer erst kurz vorher mitbekommt, wenn sich in ihrem Zeitplan mal wieder etwas ändert. »Es ist ganz normal, dass ich mal eben so nebenbei erfahre, dass ich zwei Tage später in einer Filiale aushelfen soll«, erzählt Laura Gutmann. »Und zwar nie direkt per Weisung, sondern von irgendeinem Kollegen. Und dann muss ich mal eben meinen Terminplan, auf dem 50 verschiedene Vertreter und Kunden stehen, umschmeißen. Ist okay, so flexibel bin ich halt. Aber im Gegenzug muss ich jeden Tag um Punkt neun Uhr da sein, fünf nach neun geht gar nicht.« Das ärgert die Bankkauffrau und zweifache Mutter maßlos, denn es setzt sie immer wieder unter Druck. »Wenn ich flexibel und sogar bereit bin, auch mal eben Samstag und Sonntag zu arbeiten, dann erwarte ich auch, dass mir da auf der anderen Seite Flexibilität entgegengebracht wird.«

Anfang des Jahres hatte Laura Gutmann einen Autounfall. Sie schreibt ihn den Belastungen durch die vielen Überstunden zu. Der Arzt diagnostizierte eine »akute Belastungsreaktion« und »Burn-out«. Laura Gutmann war für zwei Wochen krankgeschrieben. »Viel zu kurz«, findet die zweifache Mutter. Doch aus Angst vor einer Kündigung ließ sie sich nicht länger krankschreiben, sondern stockte ihre Genesungszeit auf – mit Resturlaub.

2. Patchworking

Nicht nur Flexibilität, auch Mobilität ist im Arbeitsdschungel Gesetz. Entfernungen spielen in der globalisierten und technisierten Welt keine Rolle mehr. Doch während sich die Arbeitswelt über Kontinente und Zeitzonen hinweg ausdehnt und sich durch den Einsatz von digitaler Technik immer mehr vernetzt, atomisieren sich Berufsbilder und Aufgabenbereiche: Aus Berufen werden Jobs, aus Jobs Arbeitsfelder, aus Arbeitsfeldern Projekte. Das schafft neue Formen des beruflichen Miteinanders. Patchworking sozusagen. Kollege ist man nur noch für die Dauer eines Auftrags und nicht mehr sein ganzes Arbeitsleben lang. Stattdessen wird in Kurzzeitteams gearbeitet. Es geht interdisziplinär zu, mit flachen Hierarchien und ganz eigenen gruppendynamischen Prozessen, Konflikten und Herausforderungen.

Der Begriff »Patchwork«, bekannt für bunt zusammengewürfelte Familien, passt längst auch auf Karrierewege. Viele Lebensläufe gleichen mittlerweile Flickenteppichen. Es gibt vielfältige Möglichkeiten zum Quereinstieg oder sich für einen Beruf zu qualifizieren. Der Fortbildungsmarkt boomt. »Lebenslanges Lernen« heißt die Devise. Dennoch sind Praktika, Fortbildungen und ein Prädikatsexamen samt Auslandsaufenthalt längst keine Garantie mehr für ein gutes Einkommen und einen sicheren Arbeitsplatz auf Lebenszeit.

Der Druck auf uns alle wächst – zumal die Löhne in den vergangenen Jahren kaum gestiegen sind und es für Geringverdiener, aber auch für die Mittelschicht eine vergleichsweise hohe steuerliche Belastung gibt. Immer mehr Menschen sind deshalb gezwungen, neben ihrer Hauptarbeit noch einer zweiten oder sogar dritten Tätigkeit nachzugehen, um finanziell überhaupt über die Runden zu kommen. Patchworking – auch hier. Mehr als 2,4 Millionen solcher Doppeljobber gibt es mittlerweile in Deutschland. Tendenz steigend. Von denen, die mit Hartz IV aufstocken müssen, mal ganz zu schweigen.

3. Anpassungsgenies? Selbstdarstellungskünstler? Warum wir in einem Dilemma stecken

Unsicher, unübersichtlich und unvorhersehbar – das sind die Rahmenbedingungen der heutigen Arbeitswelt. Alles scheint sich in rasender Geschwindigkeit zu verändern. »Dynaxität« nennt der Dortmunder Organisationspsychologe Michael Kastner diese explosive Mischung aus Dynamik und Komplexität, die mehr und mehr unseren Berufsalltag bestimmt. Seine Forschungen zeigen: Wir kommen nicht besonders gut damit zurecht. Und das nicht etwa, weil uns der gute Wille fehlen würde. Im Gegenteil: Wir bemühen uns redlich, flexibel zu sein, uns auf die wechselnden Bedingungen so gut und so schnell es eben geht einzustellen und unsere Arbeitsweise entsprechend anzugleichen. Keine Trennung mehr zwischen Arbeit und Freizeit? Alles fließt ineinander? Na gut, dann legen wir uns eben das Handy neben das Bett, damit wir bereit sind, wenn der Geschäftspartner aus Übersee Gesprächsbedarf hat. Zu seinen Arbeitszeiten versteht sich. Für uns mitten in der Nacht? Egal, für die Karriere tut man das halt.

Nein, wir scheuen das Hamsterrad nicht, rennen unermüdlich auf der Stelle, bis die Füßchen qualmen und der Kopf explodiert. Wieder Überstunden gemacht? Na gut, für einen einigermaßen sicheren Job müssen eben Opfer gebracht werden.

Längst haben wir uns darauf eingestellt, mehrmals im Berufsleben den Arbeitgeber, den Arbeitsort, ja sogar den Beruf wechseln zu müssen. Wir sind bereit und teilweise durchaus erfreut, das vertraute Büro in der Heimat zurückzulassen und für einige Jahre ins Ausland zu gehen. Bereit, auf der Basis von Zeitverträgen und befristeten Stellen ein Leben mit Kind und Kegel aufzubauen.

Wenn wir nur wüssten, wie wir es am besten bewerkstelligen sollen.

Das Diktat der dynaxischen Berufswelt: Es ist uns Befehl.

Deshalb versuchen wir nicht nur, uns möglichst gut und schnell an die häufig wechselnden äußeren Bedingungen anzupassen, sondern wir arbeiten auch fleißig an unseren inneren Befindlichkeiten. Imagepflege und Selbstoptimierung sind angesagt. Denn wer aus der Masse der Arbeitssuchenden herausstechen will, muss schließlich auffallen, muss etwas Besonderes sein und sich gegen die Mitbewerber durchsetzen können. Soft Skills? Teamfähigkeit? Empathie? Kriegen wir hin. Und zwar ohne mit der Wimper zu zucken! In Zeiten der Ich-AG und des Ego-Wahns à la *Deutschland sucht den Superstar* reicht es eben nicht mehr, einfach nur seinen Job zu machen. Und so sind wir bemüht, stets den Kurswert unserer eigenen Person hochzuhalten. Wir tunen uns, machen alle möglichen Fortbildungen, lernen alle möglichen Sprachen von Mandarin bis Suaheli, gehen zum Schönheitschirurgen und in die Muckibude, den Blick fest auf den nächsten Karriereschritt gerichtet. Keine Ahnung, wer wir wirklich sind? Egal, Hauptsache, die Verpackung stimmt.

Schlichter Arbeit-Nehmer – das war einmal. Heute müssen wir selbst aus den Puschen kommen, nicht nehmen, sondern etwas anbieten. Und wir müssen uns selbst vermarkten. Schon klar. Aber wie? »Was ich noch lernen muss, ist, mich gut zu verkaufen«, erzählte uns zum Beispiel Alexandra Tost. Die junge Frau studiert einen Zwei-Fach-Bachelor, Hauptfach Politik und Verwaltung, Nebenfach VWL. Sie spricht drei Sprachen, hat drei längere Praktika gemacht, zwei davon im Ausland. Sie engagiert sich neben ihrem Studium bei TeamGLOBAL, einem Netzwerk von jungen Leuten, initiiert von der Bundeszentrale für politische Bildung, das rund um das Thema Globalisierung Veranstaltungen und Projekttage organisiert. Beste Voraussetzungen für eine steile Karriere, möchte man meinen. Doch die Studentin ist trotzdem unsicher. »An die ganze Selbstvermarktung muss ich mich erst noch gewöhnen«, sagt die 24-Jährige. Zumal sie aus den Stellenausschreibungen nicht klug wird. »Man soll quasi alles können, super flexibel sein, teamfähig und motiviert sein, sich total einbringen und, wie heißt das immer, ach ja, ein hohes Analysevermögen haben«, zählt die Studentin die Anforderungen auf. »Da frage ich mich doch, ob ich das alles erfülle?« Und ganz im Stillen wachsen die Zweifel, ob sie nicht zu sehr auf die äußeren Anforderungen achtet und dabei völlig aus den Augen verliert, was sie selbst von ihrer künftigen Arbeitsstelle erwartet, was sie sich ganz persönlich wünscht und erhofft.

Deutschland sucht den Superarbeiter. Und wir sind alle zum Casting angetreten. Doch unsere Shownummer läuft nicht gut. Wir sind in einem bösen Zwiespalt. Denn die Jury verlangt, dass wir gleichzeitig Anpassungsgenies und Selbstdarstellungskünstler sind. Wie, bitteschön, soll das denn funktionieren? Vor lauter Anpassung verlieren wir uns selbst, und vor lauter Selbstdarstellung verlieren wir den Blick für das große Ganze und Sinnstiftende in unserem Leben. Wir sind hin- und hergerissen zwischen den Extremen und fühlen uns deshalb auf der ganzen Linie ungenügend. Der Druck kommt von außen, aber auch von innen. Unser schärfster Kritiker? Das sind wir oft selbst!

4. Faktor Angst – Warum Arbeit krank machen kann

Lustig ist das nicht. Eher zum Fürchten. Kein Wunder. Angst entsteht schließlich immer dann, wenn wir Menschen uns in einer Situation befinden, der wir nicht oder noch nicht gewachsen sind. Also überall dort, wo wir alte, vertraute Pfade verlassen, wo wir neue Aufgaben bewältigen müssen und Wandlungen fällig sind. Die Wissenschaft hat das schon lange erkannt: »Insofern ist jede Entwicklung, jeder Reifungsschritt mit Angst verbunden«, schreibt der Psychologe Fritz Riemann in seinem Klassiker *Grundformen der Angst*.

Die ersten wackeligen Schritte an Papas stützender Hand, das erste Mal ohne Schwimmflügel im Erwachsenenbecken, der erste Tag im neuen Job – alles Situationen zum Bangewerden. Doch Angst wirkt in solchen Situationen meist wie ein Motor. Sie treibt uns an. Wir überwinden uns, gehen die Sache an, fallen vielleicht ein paarmal auf die Nase, schlucken ordentlich Wasser und stellen uns überhaupt etwas ungeschickt an, schließlich ist alles neu. Doch Übung macht ja bekanntlich den Meister. Also trainieren wir und werden allmählich besser. Und je vertrauter uns die Situation wird, umso mehr gewinnen wir sicheren Boden unter den Füßen, und umso mehr schwindet unsere Angst. Schließlich ist es geschafft. Wir sind einen Schritt weiter. Wir konnten uns entwickeln, weil die Zeit und der Raum dafür da waren. Weil wir Menschen um uns hatten, die uns unterstützt haben und uns an der richtigen Stelle auch loslassen und einfach machen lassen konnten. So haben wir Selbstbewusstsein entwickelt und konnten die Herausforderungen gut bewältigen.

Was aber, wenn die Angst zu groß wird? Wenn sie zu lange andauert, weil immer neue Herausforderungen in kürzester Zeit auf uns zukommen, weil kein Ende und noch nicht mal eine Verschnaufpause in Sicht sind? Was, wenn der sichere Rahmen fehlt, die Zeit drängt? Und was, wenn es keine wertschätzenden Chefs gibt, sondern Antreiber, und die Kollegen uns auch nicht unterstützen, weil sie selbst zu sehr unter Druck stehen? Dann wird es brenzlig. Denn dann sollen wir Entwicklungsschritte tun, die uns überfordern. Dann können wir unsere Angst nur schwer verarbeiten, dann werden wir panisch, geraten unter Dauerstress. Und im schlimmsten Fall werden wir krank.

Genau das passiert in der Arbeitswelt immer häufiger. Die Weltgesundheitsorganisation (WHO) hat den beruflichen Stress zu einer der größten Gefahren des 21. Jahrhunderts erklärt. Immer wieder weisen Betriebsärzte auf die steigende Zahl psychischer Erkrankungen unter den Belegschaften hin. »Der Strukturwandel in der Arbeitswelt hat dazu geführt, dass heute in vielen Betrieben Zeitdruck, Zwang zu schnellen Entscheidungen und zwischenmenschliche Probleme wesentliche Belastungsschwerpunkte darstellen«, mahnt der Präsident des Verbandes Deutscher Betriebs- und Werksärzte (VDBW), Wolfgang Panter.

Studien der Krankenkassen bestätigen das. 2009 zum Beispiel werteten Forscher des Wissenschaftlichen Instituts der AOK (WIdO) die Krankheitsdaten von 9,7 Millionen erwerbstätigen AOK-Mitgliedern aus. Das Ergebnis: Psychische Erkrankungen wie Depressionen und Burn-out waren auf einen neuen Rekordwert angestiegen und zudem Grund für die längsten Fehlzeiten in der Arbeitswelt. Generell haben sich die Fälle, in denen psychische Erkrankungen diagnostiziert wurden, in den letzten zwanzig Jahren verdreifacht. Schon jetzt sind sie die häufigste Ursache für Frühverrentungen.

Die seelischen Probleme im Job schlagen auch volkswirtschaftlich ordentlich zu Buche: Die Behandlungskosten für depressive Störungen zum Beispiel belaufen sich inzwischen auf mehr als vier Milliarden Euro. Pro Jahr! Im Jahr 2006 führten allein die psychischen Erkrankungen zu Ausgaben von 26,7 Milliarden Euro, wie Berechnungen des Statistischen Bundesamtes ergaben.

Die Angst ihrer Mitarbeiter kommt auch die Unternehmen teuer zu stehen. Der Betriebswirt Wolfgang Stegmann und der Kaufmann und Soziologe Winfried Panse haben bereits 1996 in ihrem Buch *Kostenfaktor Angst* die einzelnen Beträge hochgerechnet. Das Ergebnis: Unterm Strich entsteht der deutschen Wirtschaft durch Ängste am Arbeitsplatz jährlich ein Schaden von damals über 100 Milliarden Mark, also 50 Milliarden Euro. In dieser Summe enthalten sind zum Beispiel Kosten, die durch angstverursachte Fehlzeiten und Mobbing-Prozesse entstehen, aber auch durch angstbedingten Medikamenten- und Alkoholkonsum. Auch sogenannte »Fluktuationskosten« haben die Autoren dazugerechnet. Sie entstehen, wenn Mitarbeitern, die unter Ängsten leiden, gekündigt wurde und diese dann durch andere Mitarbeiter ersetzt werden müssen. Die Kritik der Autoren: »In einem Betriebsklima, das von Angst und Anpassung geprägt ist, gedeihen nur Frust und Missmut, nicht aber Kreativität und Motivation. Führungsdefizite verhindern neue Produkte und Dienstleistungen. Letztendlich gefährden sie die Wettbewerbsfähigkeit eines Unternehmens.«

Auch der Vorsitzende des Deutschen Bundesverbandes Coaching, Christopher Rauen, beobachtet die Entwicklung in vielen Unternehmen in Deutschland mit Sorge. »Von den Mitarbeitern wird permanente Erreichbarkeit verlangt«, sagt er. »Sie haben ein riesiges Arbeitspensum zu bewältigen; darüber hat sich vor zehn Jahren noch niemand Gedanken gemacht.« Persönliche Entwicklung komme dagegen viel zu kurz, kritisiert er. »Wenn der Mensch aber nur noch arbeitet und nur noch funktionieren muss, verliert er seine Identität, und dann ist es lediglich eine Frage der Zeit, bis er zerbricht.«

5. »Dauerbetrieb über der Anwendungsgrenze« – Ein Ingenieur rast mit Vollgas ins Burn-out

Peter Schneider, wir haben seinen Namen geändert, um ihn zu schützen, ist genau das passiert. Er brannte für seine Arbeit – bis zum Burn-out. Wenn ihn Kollegen oder Bekannte fragen, was denn das genau ist, ein Burn-out, dann hilft sich Schneider mit einem drastischen Vergleich aus der Technik. Das passt, denn er ist von Beruf Entwicklungsingenieur:

»Stellen wir uns ein Auto vor. An dieses Auto darf man einen Wohnwagen mit einem Maximalgewicht von 1000 Kilogramm dranhängen – so steht es in der Betriebsanleitung. So, jetzt hängt aber jemand einen Wohnwagen von 1300 Kilogramm dran und fährt damit durch die Gegend. Da passiert am Anfang gar nix. Aber irgendwann, wenn das Auto zum Beispiel ins Gebirge fährt, dann kommen durch die Steigung noch einmal Lasten drauf. Dann wird es schwierig. Dann ruckt das Auto ab und zu, und der Motor wird schließlich so heiß, dass das Auto stehen bleibt. Buff. Dann laufen alle drum herum und fragen sich, was ist denn mit dem Auto? Warum ist es einfach stehen geblieben? Und irgendwann stellt jemand fest: Der Wohnwagen darf da gar nicht hintendran. Viel zu hohes Gewicht!

Hier gab es also einen Betrieb außerhalb der Anwendungsgrenze. So ist das eigentlich technisch definiert. Wenn ich also ein Gerät außerhalb seiner Anwendungsgrenze betreibe, dann ist es so, dass es bei längerem Betrieb regelrecht ausbrennt. Da kommt Burn-out eigentlich her.«

So weit die Technik. Doch was sind die »Anwendungsgrenzen« von uns Menschen? Da scheint es keine Norm zu geben. Während der eine gerade mal warmläuft, klappt der andere vielleicht schon fast zusammen. Das macht die Sache schwierig. Denn wir tragen keine Aufkleber, auf denen genau steht, wie viel Last wir uns aufladen dürfen. Und wer von uns würde seinem Vorgesetzten tatsächlich erwidern: »Ne, Chef, das kann ich nicht schaffen, guck doch mal in meine Betriebsanleitung.« Das wäre einfach. Alle wüssten Bescheid. In Wirklichkeit ist genau das Gegenteil der Fall. Die wenigsten wissen, wo bei ihnen die feine rote Stopplinie verläuft – zwischen Herausforderung und Überforderung. Wo genau man vor dem Abgrund steht – und wann man den fatalen Schritt zu weit getan hat.

Auch Peter Schneider hatte keine Ahnung von seiner Anwendungsgrenze – bis zu dem Tag, an dem er sie überschritten hatte. Und ausbrannte.

An jenem Tag sitzt er mit ein paar Kollegen in der Kantine. Es ist Mitte Februar, und draußen vor dem Fenster wagt sich bereits das erste Grün des Frühlings durch das Wintergrau. Gerade hat Schneider vier Projekte fertiggestellt. Zwei Jahre lang hat er mit Hochdruck an ihnen gearbeitet, neue Herstellungsverfahren eingeführt und neue Produkte entwickelt. Produkte, die seiner Firma aus den roten Zahlen helfen sollen. Denn Schneider ist gut in seinem Job, sehr gut sogar, ein tüfteliger Erfinder wie Daniel Düsentrieb.

Im Laufe der zwei Jahre ist er die Karriereleiter hochgeklettert. Er ist nun Abteilungsleiter. Hat viel Verantwortung über Mensch und Material. Dabei wollte er den Job eigentlich gar nicht haben. Vielleicht, weil er ahnte, dass er in dieser Position seiner persönlichen Anwendungsgrenze gefährlich nahe kommen würde?

»Es war so eine Mischung«, erinnert sich Schneider. »Einerseits war da dieses komische Gefühl. Dann war ich aber auch irgendwo geschmeichelt.« Und vor allem: Peter Schneider fühlte sich in der Pflicht: Düsentrieb rettet die Firma.

Aber nun ist es ja geschafft. Schneider kann loslassen. Locker plaudert er in der Runde. Es ist ein paar Tage nach Karneval, die fünfte Jahreszeit entlang des Rheins ist gerade zu Ende gegangen, und jeder erzählt. Schließlich wird er gefragt, wie er die tollen Tage verbracht habe. Statt einer Antwort schaut Schneider seinen Kollegen nur an. Er kann partout keine Antwort geben. Sein Herz rast. Er bekommt einen Schweißausbruch. Blackout.

Und noch etwas passiert: Schneider kann die Nähe seiner Kollegen plötzlich nicht mehr ertragen, er hat nur noch einen Gedanken: Weg hier! Flucht!

Der damals 52-Jährige versucht mühsam, sich nicht anmerken zu lassen, welche Gefühle da in ihm toben. Möglichst ruhig steht er auf, geht in sein Büro, räumt sogar noch seinen Schreibtisch auf. Dann fährt er nach Hause. Er beschließt, mal auszuspannen, mindestens 14 Tage lang.

Doch daheim wird es nicht besser – im Gegenteil. Von Ausspannen kann keine Rede sein, Peter Schneider steht wie unter Strom und lässt sich immer länger krankschreiben. Aus 14 Tagen werden ein Monat, dann zwei, dann drei. Doch die merkwürdige Unruhe will nicht weichen, noch immer kann er keine Menschen um sich herum ertragen. Brötchen kaufen beim Bäcker? Danach muss er sich erst einmal hinlegen, so sehr nimmt ihn das mit. Selbst die Anwesenheit von Freunden hält er nicht aus. Wenn sie ihn besuchen, rutscht er nervös auf dem Sofa hin und her und fühlt sich wie auf dem Zahnarztstuhl.

Der Ingenieur versteht die Welt nicht mehr. Die Außenwelt ist zu einer riesigen, hohen Bühne geworden, die er nicht mehr betreten kann. Warum? Früher, da war er doch ein lustiger Geselle, hat große Feten geschmissen, ist mit dem Fahrrad durch ganz Europa geradelt. Berührungsängste? Kannte er nicht. Er war top im Job, saß außerdem in mehreren Normengremien, flog jeden Monat nach Paris, um dort Vorträge zu halten. Auf Französisch, pas de problème. Und plötzlich kann er nicht mal mehr zum Bäcker gehen!

Für Peter Schneider beginnt ein langer, schmerzvoller Weg und eine intensive Suche nach den Ursachen. Burn-out? Der Ingenieur lacht: »Damals wusste doch kein Mensch, was das ist.« Schneider wird zum Pionier in seiner eigenen inneren Wildnis, er liest sich quer durch die Ratgeberliteratur, findet heraus, dass er unter einer Angststörung leidet, sucht Hilfe beim Therapeuten.

Nach drei Monaten fühlt er sich wieder so stabil, dass er in den Beruf zurückkehren kann. Er macht eine sechsmonatige Wiedereingliederung, arbeitet erst nur vier Stunden die Woche, dann acht. Seine frühere Position als Abteilungsleiter hat er verloren, doch Dank seiner fachlichen Fähigkeiten bekommt er schnell wieder besondere Aufgaben, wird quasi Co-Abteilungsleiter. »Ich kümmerte mich um das Fachliche, und ein Kollege war für die Repräsentanz nach außen zuständig und ging in die Managementbesprechungen«, erzählt Schneider. Eine Tandemlösung, mit der er in dieser Phase zufrieden ist. Und mit der Zufriedenheit sinkt auch seine Angst vor den sozialen Bühnen. Schneider wagt sich wieder hinaus.

Doch zwei Jahre nach seiner Rückkehr in den Beruf bekommt er erneut ein Angebot, das er nicht ablehnen kann: »Damals geriet die Firma wieder in die Bredouille. Es ging letztlich darum, dass innerhalb kürzester Zeit ein Gerät kreiert werden musste, das den Anforderungen eines wichtigen Kunden entsprach. Die Konkurrenz stand schon parat, und wenn wir nicht mitgezogen hätten, dann wäre das gesamte Geschäft verloren gewesen. Es ging da um richtig viel Geld, einen zweistelligen Millionenbetrag. Und da hat man mich gefragt, ob ich das nicht machen würde. Von ganz oben. Oder besser gesagt, man hat mich dringend gebeten, dieses Gerät zu entwickeln und zwar innerhalb von nur zwei Monaten.«

Unter normalen Umständen hätte die Firma für ein vergleichbares Projekt ein Jahr benötigt. Und mehrere Mitarbeiter. Schneider sollte alles allein leisten, in einem Bruchteil der Zeit. Es geht um alles oder nichts, bekommt er zu hören. »Da hab ich mich breitschlagen lassen«, sagt er leise. Warum? Das fragt er sich noch heute. Irgendwo sei es ihm auch um seine Rehabilitation gegangen, gibt er zu. Es sei schließlich auch demütigend gewesen, seinen Job aufgeben zu müssen und nach seiner Rückkehr nur im Hintergrund zu werkeln.

Also gibt Peter Schneider auch diesmal wieder »einen richtigen Kick-down« – wie Autos mit Automatikgetriebe, die bei durchgetretenem Gaspedal mit aufheulendem Motor einen Satz nach vorne machen. Und tatsächlich, das Unglaubliche gelingt: Er kommt rechtzeitig am Ziel an, das Gerät besteht die externe Prüfung.

Für die Firma ist alles gut. Für Schneider nicht. Er wird wieder krank: Rückenschmerzen, Bronchitis, die nicht weggehen will – das volle Programm. Doch diesmal erinnert er sich: So hatte es vor zwei Jahren auch angefangen. Mit Magenschmerzen und Herzproblemen, für die es ganz offensichtlich keine organischen Ursachen gab, wie der Arzt damals schnell feststellte. Peter Schneider ist alarmiert, zieht die Reißleine und lässt sich krankschreiben.

Es nützt ihm letztlich nichts. Denn als er nach drei Monaten zurückkehrt, hat es in der Firma Umstrukturierungen gegeben.

Die moderne Arbeitswelt lässt grüßen: Wechsel auf der Managementebene, neue Arbeitsmethoden, strammeres Projektwesen, zeitlich engere Planung und dadurch viel mehr Druck. Druck, den der angeschlagene Ingenieur nicht aushält. Peter Schneider rutscht in sein zweites Burn-out.

Das alles liegt nun vier Jahre zurück. Inzwischen kann Peter Schneider wieder zur Arbeit gehen. Doch er ist kein Abteilungsleiter mehr und auch kein Co-Abteilungsleiter, sondern nur noch einer unter vielen Entwicklern. Das heißt eigentlich: Großraumbüro. Doch Schneider kämpft für sich. Mit dem Betriebsrat hat er durchgesetzt, dass er wegen seiner sozialen Phobie in einem Einzelzimmer arbeiten darf. Die Firma stellte sich quer, erst als er einen Schwerbehindertenausweis vorweisen konnte, bekam er grünes Licht. Alle 90 Minuten macht Peter Schneider eine 20-minütige Arbeitspause, so hat er es in der Therapie gelernt. Ein Versuch, auch inmitten der allgemeinen Geschäftigkeit seine persönliche Anwendungsgrenze zu wahren. Schneider bedauert, dass er das alles nicht früher gewusst hat. »Eigentlich sollte es bereits in den Schulen Psychologieunterricht geben«, überlegt er. »Aus dem Erdkundeunterricht wissen wir, wo die einzelnen Länder dieser Erde liegen, aber von unserer eigenen Seelenlandschaft wissen wir nichts.«

Einen Freundeskreis hat der Ingenieur nach seinem Burn-out nicht mehr aufbauen können. Noch immer scheut er die großen Bühnen. Und seine Frau? Das gehe, sagt er. »Sie ist meine kleinste Bühne.«

Dass Schneider sich von dieser kleinsten Bühne wieder ein Stück weit in die Arbeitswelt hinauswagen kann, ist sein persönlicher Erfolg. 40 Prozent der Betroffenen schaffen es nach einem derart schweren Burn-out nicht in ihren ehemaligen Beruf zurück und wählen zum Beispiel die Frühverrentung. »Es wird einfach nie mehr wie früher«, weiß Schneider. »Die Schwächung ist überall spürbar.« Ja, er hat das mit der Frührente auch in Gedanken durchgespielt und sich dann dagegen entschieden. Schließlich will er seinen Kindern eine gute Ausbildung ermöglichen, und das Haus muss auch noch abbezahlt werden. »Bis 60 will ich noch irgendwie durchhalten«, sagt er. Dann fügt er hinzu: »Und trotz allem: Meine Arbeit macht mir ja auch immer noch Freude.«

6. Sorgsamer Umgang mit der Produktreihe Mensch

Wer sich in Internetforen über das Burn-out-Syndrom informiert, wird feststellen, dass es zwischen den Erfahrungen, die Betroffene dort schildern, und Peter Schneiders Geschichte überraschende Parallelen gibt. Von ausufernden Arbeitszeiten und enormen Arbeitspensen ist da immer wieder die Rede, von Rigorosität statt Sorgfalt in der Führungsebene. Viele berichten, dass sie genau wie Schneider ungefähr zwei, drei Jahre vor ihrem Burn-out eine neue, meist anspruchsvollere Aufgabe übernommen haben. Und obwohl sie bereit dazu waren und die Aufgabe dann auch durchaus meisterten, sind sie an ihr »verbrannt«.

Und da wären wir wieder bei den Anwendungsgrenzen. Anders als Maschinen fallen die einzelnen Exemplare der »Produktreihe Mensch« eben sehr unterschiedlich aus. Wo unsere Grenzen, aber auch unsere besonderen Möglichkeiten liegen, ist von vielen verschiedenen Faktoren abhängig. Die Persönlichkeitsstruktur eines jeden Menschen spielt zum Beispiel eine Rolle. Unsere Lebensgeschichte. Der familiäre Hintergrund. Unsere Werte und Ideale. Unsere Talente. Unsere handwerklichen Fähigkeiten, Fachkenntnisse und Erfahrung.

Ob jemand über seine Grenzen geht, sich überfordert, hat auch etwas mit dem System zu tun, in dem er seine Arbeit verrichtet. Zu fragen ist, wer verteilt die Arbeit? Wer plant den Personaleinsatz und die Übergabe von Aufträgen? Leitungskräfte haben sehr wohl die Verantwortung, Mitarbeiter in *angemessener* Form zu beauftragen. Stoßen Mitarbeiter auf offene Ohren, wenn sie zwischen Arbeitspensum und den Möglichkeiten der Umsetzung eine unüberwindbare Diskrepanz erkennen? Was wird in einer Firma hochgehalten? Sorgsamer Umgang mit der Ressource Mensch oder kräftezehrendes »Rackern bis zum Umfallen«?

Burn-out durch Überschreiten der Anwendungsgrenze. Wie lässt sich das verhindern? Schauen wir noch einmal auf die Technik: Ein Auto bringt ja nicht nur deshalb lange gute Leistung, weil die Last, die es zu ziehen hat, angemessen ist. Sondern da gehört mehr dazu. Regelmäßiger Ölwechsel zum Beispiel. Motorwäsche, Kontrolle des Reifendrucks. Es macht einen Unterschied, ob das Auto draußen im Regen oder trocken in der Garage steht, ob es regelmäßig gewartet wird oder erst in die Werkstatt gebracht wird, wenn es fast auseinanderfällt.

Firmen pflegen ihren Fuhrpark. Aber warum pflegen sie nicht ihre Mitarbeiter? »Verantwortungsvolles Führen« nennt man das. Ja, natürlich sind Mitarbeiter eigenverantwortlich. Aber es braucht eben auch eine verantwortungsvolle Personalentwicklung. Gerade dann, wenn Mitarbeiter ihre Anwendungsgrenze nicht spüren können, ist es die Pflicht von Führungskräften, dies nicht auszunutzen, sondern aufmerksam zu sein, für angemessene Arbeitsaufträge zu sorgen und Fortbildungen zu ermöglichen – für ein Arbeiten unterhalb der Anwendungsgrenze.

TEIL 2

Das Chamäleon-Prinzip – Pass dich an und bleib du selbst!

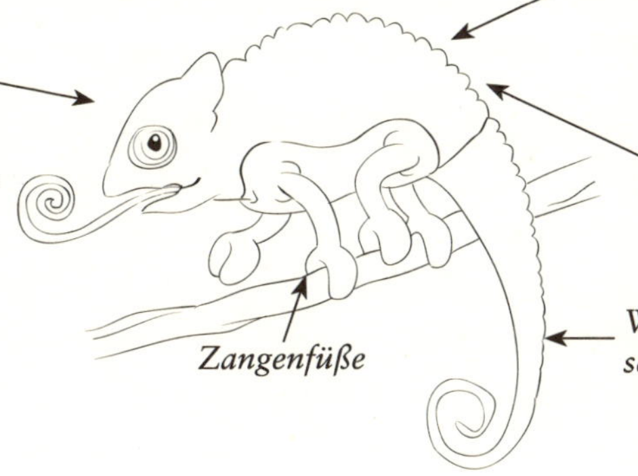

Vom Tag unserer Geburt an suchen wir die Nähe zu anderen Menschen und unseren Platz in der Gemeinschaft. Wir entwickeln Beziehungen, sind Teil einer Familie, eines Freundes- und Kollegenkreises, befolgen Regeln, ordnen uns mehr oder weniger bereitwillig ein, um den Bestand der Gruppe zu sichern. Instinktiv wissen wir, dass uns die Gemeinschaft schützt, unsere Fähigkeit zur Anpassung ist, dramatisch ausgedrückt, »lebenswichtig«.

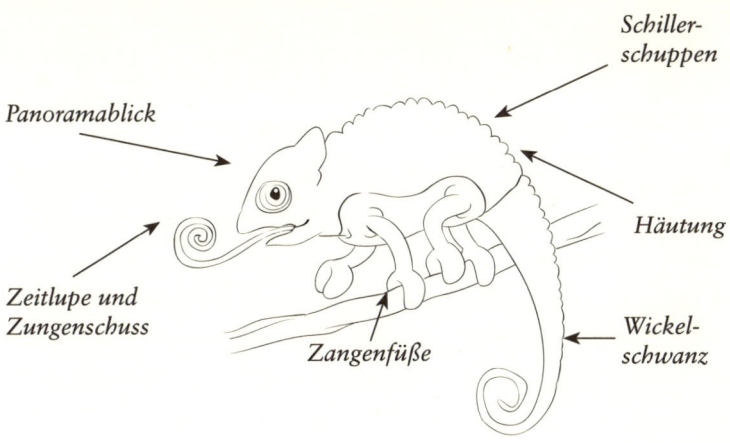

Andererseits haben wir keineswegs nur die Anpassung ans Außen, sondern gleichzeitig immer auch das genaue Gegenteil im Sinn: Selbstbehauptung! Der Kampf um den schönsten Platz an der Sonne, das dickste Stück Kuchen, die größte Portion Glückseligkeit. Und wir alle haben ganz besondere Fähigkeiten, sind einzigartig in Charakter und Persönlichkeit. Wir streben nach Selbstverwirklichung, nach unserem ganz persönlichen Selbstausdruck. »Ich wollte ja nichts, als das zu leben versuchen, was von selber aus mir herauswollte. Warum war das so schwierig?«, klagt der junge Held herzzerreißend in Hermann Hesses *Demian*. Das genau meint der Begriff »Eigenart«. Dass wir versuchen, die zu werden, die wir sind. Wenn nötig, auch gegen Widerstände von außen.

Anpassung und Eigenart – das sind die beiden Dynamiken, die unser Leben bestimmen. In dem Spannungsfeld dazwischen müssen wir uns ständig neu positionieren, mit Widersprüchlichkeiten zurechtkommen und immer wieder die Balance finden zwischen Gemeinwohl und persönlicher Erfüllung. Eine große Herausforderung. Denn mit dem Blick aufs große Ganze müssen wir unser Ego ein stückweit hintanstellen. Umgekehrt zeigt sich die Qualität einer Gemeinschaft gerade darin, dass sie fähig ist, die Interessen und besonderen Wesenszüge jedes Einzelnen zu sehen, zu respektieren und für alle nutzbar zu machen.

Die Überbetonung einer Seite, sei es nun Anpassung oder Eigenart, tut uns nicht gut. Das zeigt sich im Kleinen, in unserem Privat- und Berufsleben, genauso wie in den ökologischen und wirtschaftlichen Katastrophen weltweit.

Der Philosoph und Theologe Romano Guardini beschrieb die Wechselwirkung zwischen Anpassung und Eigenart so: »Was draußen geschieht, wird von innen her gelenkt und beurteilt. Das Innere wird von draußen her gerufen, geweckt und gespeist.« Dementsprechend ist für ihn ein Mensch »als wohlgeschaffen« anzusehen, in dessen Leben diese beiden Pole »im richtigen Verhältnis zur Auswirkung kommen.« Ein Mensch, »der sich weder draußen verliert, noch drinnen verspinnt, in dessen Leben vielmehr die beiden Bereiche im Gleichgewicht einander wechselseitig bestimmen und vollenden.«

So weit die hehre Theorie. Doch wie soll das ganz praktisch ablaufen? Wie können wir uns immer wieder neu eine Position schaffen, von der aus wir das große Ganze *und* unsere persönlichen Interessen im Blick haben? Wie können wir verhindern, dass wir in den Tretmühlen der modernen Arbeitswelt zerrieben werden und uns »im Draußen verlieren«? Wo erfahren wir etwas über unsere Anwendungsgrenzen? Damit wir uns nicht wie der Entwicklungsingenieur Peter Schneider »nach drinnen verspinnen«, keinen Menschen mehr an uns heranlassen und im Burn-out landen? Was befreit uns vom Zwang zur Selbstoptimierung? Wie können wir beruflich das verwirklichen, was von selbst aus uns herauswill – ohne ständiges Schielen auf unsere Außenwirkung? Was verhindert, dass wir ständig von einem Extrem ins andere fallen? Wie können wir einen gesunden Mittelweg finden? Von innen gelenkt und von draußen gespeist. Wie um Himmels willen können wir solch ein wohlgeschaffener Mensch werden?

Das *Chamäleon-Prinzip* ist unsere ganz persönliche Antwort auf diese Frage. Wir haben es so genannt, weil der archaisch aussehende Mini-Dinosaurier die Balance zwischen Anpassung und Eigenart auf idealtypische Weise verkörpert.

Gut getarnt und sicher vor Fressfeinden sitzt das Chamäleon im Blätterwerk der Bäume, ist stets eins mit sich selbst *und* der Umgebung und macht auch noch auf spektakuläre Art und Weise fette Beute. Wir finden, das Tierchen ist das perfekte role model. Es verfügt über eine ziemlich beeindruckende »Grundausstattung«, die auch für uns hilfreich sein kann – im übertragenen Sinne natürlich. Der Panoramablick, die Zangenfüße, der Ankerschwanz, die Schillerschuppen, die Fähigkeit, sich zu häuten, die besondere Art, es langsam angehen zu lassen und im rechten Moment blitzschnell handeln zu können – das alles sind klasse Werkzeuge und damit wichtige Aspekte unseres *Chamäleon-Prinzips*. Wir stellen sie in den folgenden Kapiteln vor, zeigen Ihnen, wie Sie sie für sich nutzbar machen und wie Sie so (wieder) handlungsfähig werden können. Und wir erzählen in jedem Kapitel auch von Menschen, die die einzelnen Aspekte des *Chamäleon-Prinzips* auf ihre ganz eigene Art und Weise leben und die trotzdem oder gerade deswegen, dem Wohle der Gemeinschaft dienen.

Welche Herausforderungen gibt es im Dschungel der modernen Berufswelt, was »machen« die Arbeitsbedingungen mit uns Menschen? Wie können wir besser damit zurechtkommen? Und wie gelingt uns immer wieder die Balance zwischen Anpassung und Eigenart? Machen wir uns auf die Suche. Folgen wir dem Chamäleon!

Der Panoramablick – Eine neue Sicht auf uns und auf die Welt

»Schau mir in die Augen, Kleines: (...) Den Kuppelaugen entgeht keine Bewegung, sie können unabhängig voneinander agieren und gewähren einen Panoramablick.«

AUS: GEO, IN DER WELT DER KLEINEN DRACHEN, 01.02.2002

1. Arbeit ist global

Wie glänzende Armreifen in den Auslagen eines orientalischen Basars liegen die verkupferten Drahtfedern in langen Reihen vor Elvira Joggerst. Mit sicherem Griff wählt die 60-Jährige die richtige aus und näht sie behutsam in die passende, farblich markierte Stofftasche ein. Joggerst ist eine der dienstältesten Mitarbeiter der Matratzenmanufaktur Schramm. Für ihren Chef, Geschäftsführer Axel Schramm, sind die Federn »die Seele der Obermatratze«, weil ihre Stärke und Anordnung den Härtegrad der Matratze maßgeblich bestimmen. Es gibt insgesamt fünf »Rezepturen«, nach denen bei der Firma Schramm Taschenfederkernmatratzen gefertigt werden. Je nach Rezeptur variieren Aufbau und Härtegrad. Axel Schramm und sein Vater haben die Rezepturen gemeinsam mit zwei Meistern ausgetüftelt, die Grundlage legte aber schon Firmengründer Karl Schramm, Axel Schramms Großvater.

Von der Ummantelung des Taschenfederkerns mit Polsterwatte bis zum Nähen der Matratzenbezüge: Im Familienbetrieb Schramm im nordpfälzischen Winnweiler erfolgt noch jeder einzelne Arbeitsschritt in Handarbeit, genau wie früher bei Großvater Karl. Doch während der Sattlermeister und Polsterer anno 1923 lediglich zwei Sorten Matratzen, nämlich hochwertige aus Rosshaar und günstigere aus Seegras im Angebot hatte und auch nur die nähere Umgebung belieferte, lässt Enkel Axel in seiner Werkhalle längst nicht mehr nur Matratzen fertigen, sondern auch komplette Betten, Plaids und Bettbezüge.

Und die Kundschaft? Die kommt nicht mehr nur aus Winnweiler und Umgebung, sondern auch aus Istanbul oder Moskau. Sogar im koreanischen Seoul bettet man sich mittlerweile auf Schramms Matratzen »Handmade in Germany«. Der Exportanteil liegt derzeit bei 40 Prozent, Tendenz steigend.

1.1 Vernetzte Welt

Handmade in Germany, sold into the wide world: Auch die Matratzenfirma aus der pfälzischen Provinz ist in der globalisierten Welt angekommen. Sie ist damit Teil eines immer dichter werdenden Netzes von Produzenten und Käufern geworden, das die Länder und Kontinente dieser Erde umspannt. Globalisierung: Dahinter verbirgt sich der Traum von einer freien Weltmarkt-Wirtschaft, die es ermöglicht, dass Produkte ohne Beschränkungen überall auf der Welt hergestellt und ebenfalls ohne Beschränkungen überall auf der Welt verkauft werden können. Ein völlig freier Austausch und Fluss von Waren, Dienstleistungen, Kapital, Wissen und Arbeitskräften.

Dass über Länder- und Kontinentgrenzen hinweg Handel getrieben und ein kultureller und politischer Austausch gepflegt wurde, ist eigentlich nichts Neues. Man denke nur an die Karawanen, die über die Seidenstraße zogen, oder an die Seefahrer, die Gewürze und Stoffe aus den Ländern aus *1001 Nacht* nach Europa brachten.

Neu sind allerdings Geschwindigkeit, Komplexität und Intensität der Vernetzung. Besonders deutlich zeigt sich die globale Gemengelage in der Textil- und Automobilindustrie. Wer einmal versucht, die Verflechtungen der weltweit größten Autohersteller wie Volkswagen, Ford, Honda, GM, Daimler oder Toyota und ihrer Zulieferer Bosch, Magna, Continental oder Denso aufzumalen, erhält die kunterbunte Zeichnung eines komplizierten Kosmos, in dem die Konzerne, Produktionsstätten, Entwicklungs- und Forschungszentren wie kleine und große Planeten umeinanderkreisen. Die Pfeile, die ihre Beziehungen zueinander darstellen, ergeben ein schier undurchdringliches Netz.

World Wide Web – das gilt nicht nur für die Wirtschaft. Auch unser Alltag ist längst globalisiert. Mitten im Winter müssen wir nicht auf frisches Obst verzichten. Die Regale in den Supermärkten quellen über von Mangos aus Thailand, Trauben aus Südafrika, Kiwis aus Neuseeland. Wir kaufen ganz selbstverständlich Möbel aus Schweden, Autos aus Japan, Holzschmuck aus Afrika. Internationale Austauschprogramme gibt es schon in der Schule, und wenn wir verreisen, dann längst nicht mehr nur über die Alpen bis nach Bella Italia, sondern gleich über den großen Teich. Amerika, Indien, Australien – die Welt ist nur ein paar Flugstunden entfernt.

Wir sind Teil einer globalen Produktions- und Verwertungskette, tragen zum Beispiel Kleidung aus ägyptischer Baumwolle, die im Auftrag einer amerikanischen Firma in Indien gefärbt und in Kambodscha vernäht wurde. Wenn wir sie aufgetragen haben und sie in die Altkleidersammlung stopfen, landet sie nicht selten wieder in Afrika, wo sie auf irgendeinem Bazar verkauft oder von wohltätigen Organisationen an Bedürftige verschenkt wird. Alles hängt mit allem zusammen, irgendwie. Und wir? Wir stecken mittendrin – ob wir es wollen oder nicht.

Die Möglichkeiten sind – zumindest für die Bessergestellten – gigantisch. Distanzen spielen keine Rolle mehr. Grenzen sind aufgehoben. Früher hat die Menschen beschäftigt, was in ihrem Dorf oder vielleicht noch in der nächsten Kreisstadt los war. Ihr

Augenmerk galt dem Nahbereich. Und heute? Der Blick über den globalisierten Tellerrand erspäht unendliche Weiten – moderne Technik macht's möglich. Wir stecken mittendrin in unserem Alltag und verfolgen gleichzeitig im Internet per Liveticker die Ereignisse während der Revolution in Ägypten – ganz so als wären wir selbst auf dem Tahrir-Platz dabei. Wir erleben hautnah mit, welche Auswirkungen das Erdbeben und der Tsunami in Japan auf die Dörfer und Menschen rund um das Atomkraftwerk in Fukushima haben. Verwackelte Videos, Twitternachrichten von Betroffenen im Sekundentakt. Die ganze Welt ist ein Dorf geworden.

Und *ein* Produktionsstandort. Für Unternehmen eröffnen sich ganz neue Absatzmärkte. Gleichzeitig müssen sie in ihren traditionellen »Pfründen« mit verschärfter internationaler Konkurrenz rechnen. Deshalb versuchen viele Firmen einerseits ihre Produkte so qualitativ hochwertig herzustellen wie möglich, anderseits ständig die Kosten zu senken, um mit den Angeboten der weltweiten Konkurrenz mithalten zu können.

Ein schwieriger Spagat, der die Arbeitswelt in Deutschland verändert hat. Zwar ist die deutsche Wirtschaft exportstark und profitiert von einem freien Weltmarkt ebenso wie von den hiesigen hohen technologischen Standards in den Herstellungsverfahren und von einem ebenso hohen Qualifikationsstandard der Arbeitskräfte. Aber dafür sind die Lohnkosten hierzulande ebenfalls vergleichsweise hoch, was die Produktion verteuert. Im vergangenen Jahr kostete einen Arbeitgeber eine Arbeitsstunde in Deutschland zum Beispiel im Schnitt 30,90 Euro, in Bulgarien dagegen nur 2,90 Euro, also zehnmal weniger.

Logisch, dass viele Firmen deshalb auf Produktionsstandorte in Billiglohnländern ausweichen. Zwischen 2001 und 2006 verlagerten rund 14 Prozent der Unternehmen Aktivitäten vom heimischen Standort ins Ausland. Das ergab eine Erhebung, die in Deutschland bei 20000 Unternehmen mit 100 und mehr Beschäftigten des nichtfinanziellen Sektors der gewerblichen Wirtschaft (zum Beispiel der Dienstleistungsbereich, Handel und Gastgewerbe) durchgeführt wurde. Die Untersuchung zeigte, dass vor allem die Industrieunternehmen zu Global Playern werden: 20 Prozent verlagerten Aktivitäten ins Ausland. In der übrigen Wirtschaft waren es dagegen nur sieben Prozent der Unternehmen, die an Verlagerungen ins Ausland beteiligt sind.

Die Gründe hierfür liegen jedoch nicht nur in den günstigeren Lohnkosten. Die Befragung zeigt, dass sich die Firmen außerdem den Zugang zu neuen Absatzmärkten erhoffen. Oft locken auch Steueranreize.

In den Jahren 2001 bis 2006 bauten Unternehmen mit 100 und mehr Beschäftigten im Bereich der nichtfinanziellen gewerblichen Wirtschaft durch Verlagerungen insgesamt 188 600 Stellen in Deutschland ab. Neu geschaffen wurden hingegen 105 500 Stellen. Das entspricht 56 Prozent der verlagerten Arbeitsplätze.

Der Versuch, Produktionskosten zu sparen um konkurrenzfähig zu bleiben, treibt mitunter seltsame Blüten und verändert unsere hiesige Arbeitswelt. Dank der Computertechnik können Dienstleistungen wie Buchhaltung oder Bestellungsannahme theoretisch an jedem beliebigen Ort der Welt erbracht und per superschneller Datenleitung an den Auftraggeber verschickt werden, egal ob der in Warschau oder Wanne-Eickel sitzt. So wird bei Lufthansa ein Teil der Finanzbuchhaltung von Indien geführt, weil das deutlich billiger ist. Selbst die Weltgesundheitsorganisation WHO lässt bestimmte Dienstleistungen, zum Beispiel Übersetzungen, in Entwicklungsländern erledigen, um Geld zu sparen. In der globalisierten Arbeitswelt ist das alles kein Problem.

1.2 »Unglaubliche Nerven- und Ressourcenverschwendung!« – Als Sekretärin im Mahlwerk der Globalisierung

Wirklich alles kein Problem? Aus der Ferne betrachtet, mag das so aussehen. Doch diejenigen, die mittendrin stecken, erleben das mitunter ganz anders. Brigitte Gerster zum Beispiel. Aus Kostengründen wählte auch die Anwaltskanzlei, bei der sie insgesamt 24 Jahre lang arbeitete, die globale Lösung und lagerte ihre Buchhaltung und die Abrechnung nach Indien aus. Was dann passierte? Die Chefsekretärin, die ihren wirklichen Namen lieber nicht veröffentlichen möchte, erzählt:

»Sie müssen sich das so vorstellen: Mein Chef macht eine Dienstreise. Die Mitarbeiter in Indien geben die Reisekostenbelege für diese Reise danach unter dem Bearbeitungsdatum ein und nicht unter dem Datum, an dem mein Chef tatsächlich geflogen ist und diese Reisekosten angefallen sind. Ich muss dem Mandanten gegenüber aber in einem Zeitraum von einem Monat abrechnen, wann mein Chef zu ihm geflogen ist. Jetzt habe ich ein Computerprogramm für die Rechnungen, da gebe ich ein: Rechne mir zum Beispiel den Monat April ab, vom ersten bis zum 30. Dann spuckt der Computer das alles aus. Aber in Indien haben die den Flug vom 15. April erst am 5. Mai eingegeben, also kommt der gar nicht im April vor. Den habe ich dann stattdessen im Mai auf der Rechnung. Und dann sagt der Mandant: Äh, im Mai war Ihr Chef gar nicht bei uns. Wieso sollen wir denn da einen Flug bezahlen?

Wir haben eine irre Mehrarbeit dadurch. Weil wir im Grunde jeden Beleg hinterfragen und per Hand überprüfen müssen. Und dann müssen wir gucken, wie wir quasi das System austricksen können. Was für eine irre Nerven- und Ressourcenverschwendung!

Brigitte Gerster will das nicht hinnehmen. Sie schreibt an die zuständige Stelle irgendwo im fernen London eine lange Mail, beschreibt die Abläufe und erklärt, warum das so nicht funktioniert. Und dass hier alle verrückt werden, weil immer alles falsch ist, das schreibt sie auch.

Die Antwort kommt prompt: »Ja, wir wissen das«, heißt es lapidar aus London. »Aber es geht halt nicht anders.«

Es geht halt nicht anders. Warum nicht?, fragt sich Brigitte Gerster. Für sie ist diese Reaktion ein weiterer Schritt in die falsche Richtung. Je mehr ihr Arbeitgeber zum Global Player wird, umso mehr entfremdet sie sich von ihm. Sie zerbricht fast daran. Denn ihre Arbeit, das war ihr Leben.

Angefangen hat alles Ende der Neunziger. Damals arbeitete Brigitte Gerster bereits seit 15 Jahren bei einer kleinen, partnergeführten Anwaltskanzlei am Niederrhein. Ihr Traumjob, wie sie beteuert. Doch als ihre Chefs, um konkurrenzfähig zu bleiben, mehrere kleine Kanzleien in Deutschland dazukaufen und schließlich mit einer größeren Kanzlei im Rhein-Main-Gebiet fusionieren, gerät Gersters bis dato heile Arbeitswelt ins Wanken. »Es reichte nicht mehr, dass man zum Beispiel nur auf Kartellrecht spezialisiert war«, erklärt sie die Hintergründe für die Zusammenschlüsse. »Sondern als Kanzlei musstest du dich plötzlich auf allen Gebieten perfektionieren, um im Wettbewerb um die Klienten mithalten zu können. Und du brauchst Fachanwälte auf allen Gebieten, um die großen Mandanten zu kriegen.« Für Gerster und ihre Kollegen bedeutet derartiges Wachstum vor allem eins: viel mehr Arbeitsbelastung.

Als die inzwischen nicht mehr ganz so kleine deutsche Kanzlei schließlich Anfang 2000 von einer großen englischen »Law Firm« aufgekauft wird, verabschiedet sich mit den bisherigen ortsverwurzelten Chefs auch die bisherige Firmenkultur. Die heute 56-Jährige erinnert sich: »Unsere alten Chefs, die hatten einfach noch dieses Feeling: Die wussten, ihr könnt nicht ohne uns, aber wir können auch nicht ohne euch. Die haben uns wirklich gleichberechtigt behandelt, und sie waren sich bewusst, welches Arbeitspensum wir haben.«

Aus den Augen, aus dem Sinn: Die Chefs, die nun im fernen London sitzen, bekommen nicht mehr mit, was in der Kanzlei am Niederrhein abläuft, ob sich auf dem Schreibtisch der Sekretärinnen bereits die Akten türmen. Sie bestimmen aus der Ferne die Abläufe in Deutschland, ohne Bezug zu den Bedingungen vor Ort. Es gibt Entlassungen, und das alte Gesetz, ein Anwalt, eine Sekretärin, gehört auch der Vergangenheit an. Gerster, als Chefsekretärin, rackert für einen der neuen Partner und für zwei Junganwälte.

Je mehr die Kanzlei wächst und in das globale Netz eingebunden ist, je mehr Beteiligte und Arbeitsorte es gibt, die auch noch über Hunderte und später sogar Tausende von Kilometern voneinander entfernt sind, umso umfangreicher wird die Organisation. Die Buchhaltung, die Zeiterfassung und die Abrechnung werden nicht mehr von Hand erledigt, sondern müssen Beleg für Beleg in Computerprogramme eingegeben werden, schließlich muss jeder Zugriff darauf haben, auch wenn er noch so weit entfernt ist. Eigentlich sollen sich die Anwälte in ihrer Firma selbst um ihre Zeiterfassung kümmern, so sieht es das Konzept offiziell vor, tatsächlich aber bleibt auch das bei den Sekretärinnen hängen. Bei all dem »Wachsen und Werden« gerät deren Arbeitsleistung immer mehr aus dem Blick. Überlastung einer Mitarbeiterin? Ein kleines unwesentliches Detail im großen, alles bestimmenden Ganzen.

Doch Gerster kämpft. Immer wieder weist sie bei ihren Chefs auf die Überlastungen hin. Aber ihre Verbesserungsvorschläge bleiben ungehört, keiner fühlt sich zuständig. Gerster reibt sich mehr und mehr auf, hat das Gefühl, keinen Einfluss mehr auf ihre Arbeit, ihren Tagesablauf nehmen zu können. Sie fühlt sich als gesichtsloses Rädchen in einem weltweit computergesteuerten Getriebe, dessen Sinn sie nicht mehr versteht. Vor lauter Konzentration darauf, weiterhin auf Hochtouren zu funktionieren, verliert sie sich selbst und ihre Bedürfnisse völlig aus dem Blick. Ihr Beruf, der ihr einmal so viel Freude gemacht hat, wird zur Belastungsprobe. Sie leidet unter Schlafstörungen, kann nicht mehr abschalten, hat jeden Morgen, bevor sie zur Arbeit muss, fürchterliche Magenkrämpfe, für die es keine organische Ursache gibt. Sie leidet unter Konzentrationsstörungen, fällt immer wieder für mehrere Wochen aus. Sie gibt ihre Hobbys auf, zieht sich zurück. »Heute weiß ich, dass das alles schon Warnzeichen waren«, sagt Brigitte Gerster.

Damals erkennt sie die Tragweite allerdings nicht. Sie gibt weiter alles. Bis sie zusammenbricht: »Ich habe mich morgens noch wie üblich fertig gemacht, geduscht, mich angezogen. Dann hab ich mich aufs Bett gesetzt und konnte nicht mehr aufhören zu heulen. Es ging nichts mehr.«

Das ist nun fünf Jahre her. Fünf Jahre, in denen Brigitte Gerster versucht hat, mit den sich verändernden Bedingungen zurechtzukommen, in denen sie um ihren Arbeitsplatz gekämpft hat – auch aus Angst, dass sie in ihrem Alter keine neue Stelle finden würde, wie sie gesteht. Doch sie wird immer wieder krank und akzeptiert schließlich verbittert und am Ende ihrer Kräfte eine Abfindung und geht.

Brigitte Gerster ist arbeitslos. Sie bewirbt sich, war auch zu einem Vorstellungsgespräch eingeladen. Doch die Stelle bekam letztlich tatsächlich eine Jüngere.

Weil sie immer wieder krank wird, stellt die ehemalige Chefsekretärin schließlich Antrag auf Erwerbsminderungsrente. Nun ist dem Antrag stattgegeben worden. Brigitte Gerster ist Frührentnerin – mit knapp 57. Zusammen mit der Witwenrente, die sie bezieht, kann sie sich damit über Wasser halten, erzählt sie. Hartz IV bleibe ihr erspart. »Ich komme klar«, beruhigt sie. Um sie brauche man sich keine Sorgen zu machen. Wohl aber um die jungen Frauen und Männer, die heute in den Beruf, in die globalisierte Arbeitswelt einsteigen: »Ich befürchte, dass viele von denen gleich zum Einstieg in ihre Jobs in Firmen kommen, in denen sie den gleichen Bedingungen unterliegen wie ich zuletzt. Wie wird es denen in 20 Jahren gehen? Die werden kaputt sein, wenn sich nicht etwas ändert – und dann sind sie erst um die 40. Was dann?« Brigitte Gerster ist überzeugt: »Dies geht uns alle an!«

2. Rundumsicht und Schielaugen – Die Fähigkeit, sich selbst *und* das große Ganze im Blick zu haben

Ja. Das geht uns tatsächlich alle an: Wie kann eine Firma unter globalen Bedingungen wettbewerbsfähig bleiben, ohne die eigenen Mitarbeiter, ihre individuelle Leistungsfähigkeit, ihre speziellen Aufgaben, Arbeitsabläufe, ihre unmittelbare Arbeitsumgebung aus dem Blick zu verlieren? Wie können wir erkennen, wann eine globale Lösung wirklich sinnvoll ist und wann wir besser bei unseren »Leisten« und am heimischen Standort bleiben? Wann soll eine Firma ihr Sortiment dem internationalen Markt anpassen, wann bewusst auf Unterscheidung setzen? Wer behält die Gesamtprozesse eines Unternehmens mit all ihren (weltweiten) Kontakten im Blick? Wie können wir Global Player sein und trotzdem unsere eigene Identität und Grenzen wahren? Wer sorgt für schlüssig ineinandergreifende Arbeitsabläufe – über Ländergrenzen hinweg? Wer ist verantwortlich dafür, dass alle Beteiligten sich zugehörig fühlen, wissen, wie wertvoll ihre Arbeit ist, wie ihre Arbeit im Zusammenhang steht mit der Arbeit der anderen Abteilungen, der anderen Firmen?

Arbeit ist global, und jeder von uns hängt drin im weltumspannenden Netz. Wir sind über riesige Entfernungen miteinander verbunden und müssen irgendwie einen Weg finden, wirklich zusammen- und nicht gegeneinander zu arbeiten – zum Wohle des Ganzen *und* zum Wohle von uns selbst. Eine enorme Herausforderung für alle Beteiligten: für Mitarbeiter und Führungskräfte. Wie können wir sie angehen? Wie können wir selbstverständlicher Teil der globalisierten Welt sein, in ihr aufgehen und gleichzeitig ganz bei uns selbst bleiben und unsere Identität wahren? Wie gelingt uns diese Balance?

Unser Chamäleon macht es vor. Blicken wir ihm mal ganz tief in die Augen. Oder noch besser, blicken wir durch seine Augen auf die Welt. Und schon weitet sich unser Blick. Plötzlich können wir alles rund um uns herum erfassen, ohne auch nur ein einziges Mal den Kopf drehen zu müssen. Ganz so, als würden wir die Welt plötzlich nicht mehr durch eine Schießscharte, sondern aus einem Panoramafenster betrachten.

Doch da geht noch mehr! Chamäleons schielen nämlich äußerst gekonnt. Sie können ihre Augen, die wie kleine Kuppeln rechts und links von ihrem Kopf abstehen, auch getrennt voneinander bewegen und so in verschiedene Richtungen gleichzeitig schauen. Sie können mit einem Auge nach vorne gucken und mit dem anderen nach hinten. Mit dem einen nach oben, mit dem anderen nach unten. Sie können den Ast, auf dem sie sitzen, ganz easy im Auge behalten und gleichzeitig ein Ziel in weiter Ferne anpeilen.

Der Panoramablick: Die besonderen Kuppelaugen des Chamäleons stehen im übertragenen Sinne für eine neue Sichtweise, für eine neue Art zu denken. Die Fähigkeit, in der Rundumsicht das große Ganze zu sehen und gleichzeitig »schielend« sich selbst im Blick zu haben, ist deshalb der erste Aspekt unseres *Chamäleon-Prinzips*. Wer diese Fähigkeit beherrscht, dem fällt die Orientierung in der modernen globalisierten (Arbeits-) Welt leichter, davon sind wir überzeugt.

3. Wie wir eine neue Sichtweise gewinnen können

3.1 Eine Rundumsicht gewinnen – Das große Ganze im Blick haben

Wenn Alexandra Tost vom teamGLOBAL in Schulen einen Workshop abhält, dann beginnt sie meist mit dem Fischer-Spiel. Dafür teilt sie die Klasse erst einmal in mehrere Gruppen auf. Alle Gruppen »fischen« in demselben See, haben aber keinen Kontakt zueinander. In dem See gibt es einen definierten Fischbestand, und jede Fischergruppe darf einen bestimmten Prozentsatz davon aus dem See fischen. Außerdem sagt Alexandra Tost den Schülern, wie viel Fisch sie brauchen, um ihre Familien ernähren zu können. Dann fischen die Schüler los. Ein paar Gruppen schöpfen ihr Kontingent voll aus, andere sind zurückhaltender.

Der Fischbestand im See sinkt. Am Ende jeder Runde zeigt der Computer, um wie viel. Was nicht verraten wird, ist wie viel jede Gruppe genau pro Runde gefischt hat. Bald kommt es zu ersten Engpässen im Teich und zu ersten Diskussionen unter den »Fischern«. Sie beäugen sich misstrauisch, werfen sich gegenseitig vor, den Teich leer zu fischen auf Kosten der anderen, die zurückhaltender waren.

Neue Runde, neues Glück: Nun dürfen sich die Fischer offiziell untereinander austauschen. Es wird wild diskutiert, den fremden Fischern der eigene Standpunkt und die eigene Situation erklärt. Schließlich, nach vielen Diskussionen schließen die Gruppen untereinander eine Art Abkommen. Es soll den Fischbestand nachhaltig sichern und trotzdem jedem ermöglichen, genug Fisch zu fangen, um davon leben zu können.

Und ganz zum Schluss werden aus den Fischern wieder Schüler, die von ihren Erfahrungen berichten. »Ich frage sie dann, was passiert ist während des Spiels«, erklärt Alexandra Tost. »Und dann schreien sie meist alle los und sind ganz aufgebracht über das, was gerade abgelaufen ist.«

Einige seien zum Beispiel noch immer verärgert darüber, dass die fremden Fischer »ihren« See leer gefischt haben, andere sind selbstkritisch und machen sich Vorwürfe, weil sie mehr gefischt haben, als für ihr Überleben nötig gewesen wäre, und alle zusammen stellen sie fest, dass sie voneinander abhängen und wie schwer es ist, Lösungen zu finden, mit denen am Ende alle einigermaßen zufrieden sind und bei denen sich nicht einer auf Kosten der anderen bereichert.

Dann hat Alexandra Tost ihr Ziel erreicht. Sie konnte einen Denkprozess anstoßen. Die Schüler haben eine neue Sichtweise gewonnen. Am Anfang hat jede Gruppe nur sich selbst »gesehen« und entsprechend kalkuliert: »Wenn ich pro Runde so und so viel fische, dann kann ich so und so lang fischen, bis der Teich leer ist.« Ein gefährlicher Tunnelblick, wie sich bald herausstellte. Denn, um wie viel der Fischbestand abnimmt, hängt eben nicht nur von ihren eigenen Handlungen, sondern auch von denen anderer ab. »Die Schüler haben gemerkt, okay in der globalisierten Welt habe ich auch eine Verantwortung. Alles hat irgendwo auch etwas mit mir direkt zu tun, ich bin nicht nur davon betroffen, sondern ich bin auch Verursacher«, sagt die Studentin. »Das ist ein Bewusstwerdungsprozess, der da abläuft, dass ich mir nicht nur was herausgreifen kann und dann wieder nach Hause gehe und nichts mehr damit zu tun habe, sondern dass ich in einem System stecke.«

Das Fischer-Spiel als praktische Einführung in die Mechanismen unserer vernetzten Welt: Alles hängt mit allem zusammen. Wir können uns nicht auf uns allein verlassen und weiterwurschteln wie bisher, sondern müssen uns jederzeit und in jeder Hinsicht Klarheit verschaffen, was um uns herum vorgeht. Wie wir von unserem Umfeld beeinflusst werden könnten und welchen Einfluss wir selbst ausüben. Wir müssen alles im Blick haben, die anderen und auch uns selbst.

Nach dem *Chamäleon-Prinzip* bedeutet das: Wir brauchen den Panoramablick. Denn wer immer alles rund um sich sieht und sich gleichzeitig seiner Position in diesem Gesamtbild bewusst ist, kann gezielt auswählen, Optionen abwägen, sich das nehmen, was am besten passt – und muss sich nicht mit dem zufriedengeben, was zufällig in den schmalen Blickwinkel der »Schießscharte« gerät.

Wie wir denken und wie wir denken sollten

Was Alexandra Tost mit ihren Schülern trainiert, ist deshalb für jeden, der sich im globalen Netz bewegt, eine gute Übung. Es weitet und schärft den Blick für globale Zusammenhänge, macht die Verantwortung des eigenen Handelns klar und verändert die eigene Denkweise.

Ein solches Umdenken ist dringend nötig. Davon ist Hans-Peter Dürr, Quantenphysiker, Träger des alternativen Nobelpreises und Impulsgeber der internationalen Umwelt- und Friedensbewegung, überzeugt. Seiner Meinung nach sind alle Krisen unserer modernen Welt, egal ob politisch, wirtschaftlich oder ökologisch, im Grunde geistige Krisen. Geistige Krisen, die entstehen, weil wir Menschen auf eine ganz bestimmte Art und Weise denken.

Linear statt systemisch, mechanistisch statt ganzheitlich. Unsere Sicht auf die Welt ist naturwissenschaftlich geprägt. Wir sehen uns als Beobachter dieser Welt, nicht als Teilhaber. Wahr ist, was gemessen werden kann. Alles ist beschreibbar wie eine Maschine, selbst wir Menschen glauben, nach dem mechanistischen Weltbild der Naturwissenschaft zu »funktionieren«. Beispiel Schulmedizin: Spezialisten kümmern sich um die Teile unseres Körpers, untersuchen und reparieren sie. Obwohl wir heute sehr genau wissen, dass unser Wohlbefinden und unsere Gesundheit nicht allein von der Funktionstüchtigkeit einzelner Körperteile beeinflusst werden, sondern vom Zusammenspiel verschiedenster Faktoren, oder uns umgekehrt verschiedene Körperteile signalisieren können: »Da stimmt was nicht im Gesamtsystem!«, fehlt oft der mutige Blick auf die Gesamtzusammenhänge, der ganzheitliche, systemische Blick – nicht nur in der Medizin.

Für uns gilt heutzutage nach wie vor das Ursache-Wirkungs-Prinzip: Auf A folgt B und darauf wiederum C. Aber gibt es tatsächlich nur *eine* Ursache für Ereignisse? Einen Grund A auf den dann die Handlung B folgt?

Sie lesen ja jetzt gerade die Zeilen dieses Buches. Wie kam es dazu, dass Sie ausgerechnet dieses Buch lesen und ausgerechnet jetzt? Kennen Sie die Ursache? Vielleicht, weil Sie heute früher mit Ihrer Arbeit fertig waren und deshalb die Zeit hatten, auf dem Nachhauseweg noch in Ihrem Lieblingsbuchladen vorbeizuschauen? Und das hing wiederum damit zusammen, dass Ihre Chefin heute einige Arbeiten, die Sie für sie erledigen wollten, selbst übernommen hat. Ihre Motivation, sich überhaupt mit einer neuen Lektüre zu beschäftigen, kam daher, weil das Buch, das Sie zu Ihrem Geburtstag von Ihrer Familie geschenkt bekamen, so spannend war, dass Sie es innerhalb kürzester Zeit durchgelesen hatten und dringend neuen Lesestoff brauchten. Und außerdem gab das Budget, das Sie sich monatlich für Literatur gestatten, noch einiges her. Per Zufall kam dann eine alte Bekannte in den Laden, die letzte Woche dort ein Buch bestellt hatte und es nun abholen wollte. Nach einem kurzen Plausch über dies und das erzählte sie Ihnen von einem Freund, der ihr dieses Buch empfohlen hatte. Und Ihre Bekannte legte es nun Ihnen ans Herz. Deshalb griffen Sie zu, deshalb lesen Sie jetzt gerade diese Zeilen.

Wir könnten noch weiter forschen und würden mit Sicherheit weitere interessante Zusammenhänge finden, die alle letztlich dazu geführt haben, dass Sie unser Buch nun in den Händen halten. Doch schon jetzt wird mehr als deutlich: Selbst bei einem so schlichten Ereignis wie einem Buchkauf sind einfache Wenn-dann-Abfolgen sehr realitätsfern. Egal ob es nun darum geht, ein Buch zu kaufen oder einen neuen Job zu finden oder oder oder: Es gibt immer viele verschiedene, miteinander verbundene Einflüsse und Faktoren, die zu einem Ergebnis führen. Würden wir diese Zusammenhänge bildlich darstellen, hätten wir statt eines geradlinigen Pfeils, der von A zu B und von B zu C führt, ein wildes Pfeilgewirr wie bei Indianern auf dem Kriegspfad. Erinnern Sie sich an die Vernetzung innerhalb der Autoindustrie? Genauso sieht das dann aus. Und es zeigt:

In unserer komplexen Welt kommen wir mit unserem kausalen A-B-C-Denken nicht mehr weiter. Wir brauchen ein komplexes Denken, ein Denken in Zusammenhängen, in Systemen. Ein Denken, das mit einbezieht, dass wir alle miteinander verbunden sind und unsere Taten immer auch Auswirkungen auf andere haben. Die Rundumsicht des Chamäleons! »Zwischen Individuum und System, zwischen innen und außen besteht also eine Interdependenz, die wir zunehmend in Betracht ziehen werden müssen, um zu unseren Problemen andere Zugänge zu finden«, schreibt der Philosoph und Kommunikationswissenschaftler Paul Watzlawick in seinem Buch *Vom Unsinn des Sinns oder vom Sinn des Unsinns*. Die Globalisierung ist das augenfälligste Beispiel für die Notwendigkeit dieses neuen, systemischen Denkens.

Das Ganze ist mehr als die Summe seiner Teile

Das Wort »System« kommt aus dem Griechischen und bedeutet so viel wie Gebilde, etwas Zusammengestelltes, Verbundenes. Ein System ist eine funktionierende Einheit, in der die einzelnen Teile zusammenwirken. Eine Familie ist ein System, ebenso eine Firma, eine Regierung, ein Staat. Systeme können wiederum miteinander in Beziehung stehen, quasi Systeme in einem System sein. Zum Beispiel: Wir arbeiten in einer Abteilung, diese Abteilung gehört zu einer Firma, diese wiederum zu einem weltweit agierenden Konzern, dieser ist Teil eines bestimmten Wirtschaftszweiges, der wiederum Teil der gesamten Weltwirtschaft ist. Und wenn man die Lupe wirklich sehr weit entfernt halten würde, dann könnte man sehen, wie sich unsere Welt wiederum in ein Planetensystem einordnet.

Wenn man ein System verstehen, es als Ganzes erfassen und sich darin bewegen will, kann man sich folgende Fragen stellen: Was gehört alles zum System und was nicht? Was sind seine Elemente? Wie stehen diese Elemente des Systems in Beziehung, wie wirken sie untereinander? Wie steht das System im Verhältnis zu den Nachbarsystemen?

Wenn Sie Ihre Firma zum Beispiel »unter die Lupe nehmen«, können Sie fragen: Wer gehört zu unserer Firma, wer nicht? Was produzieren wir? Was hat das, was wir produzieren und wie wir es produzieren, für Auswirkungen auf andere Unternehmen, auf weiterverarbeitende Betriebe oder auf unsere Zulieferer? Von wem grenzen wir uns ab? Wo sind die Grenzen durchlässig? Wie sind die Strukturen meiner Abteilung, meiner Firma? Wer ist für was verantwortlich? Wie werden die Beziehungen innerhalb und außerhalb der Firma gestaltet? Welche Auswirkung hat das auf meine Motivation, mein Wohlbefinden und meine Leistungsfähigkeit? Bin ich am richtigen Platz?

Systeme sind durch Wechselwirkungen bestimmt. Nichts kann

in einem Teil des Systems geschehen, was nicht auch Auswirkungen auf das Ganze und sogar auf die über- und untergeordneten Systeme hat. Eine Unternehmensleitung, die zum Beispiel unerfüllbar hohe Arbeitspensen für die Abteilungsleiter anordnet, beeinflusst gleichzeitig das Klima in den einzelnen Abteilungen, und das hat wiederum Auswirkungen auf das Befinden der einzelnen Mitarbeiter. Es entsteht Druck, Konkurrenzdenken und Misstrauen. Das wirkt sich wiederum negativ auf die Produktionsfähigkeit aller Beteiligten aus. Die Zusammenarbeit leidet. Neue, kreative Ideen können nicht entwickelt werden. Und: Denken Sie nur daran, welche Auswirkung die hohe Arbeitsbelastung dann auch auf die gesamte Personalentwicklung hat! Wie gut können in einem solchem Klima Mitarbeiter überhaupt ihre Fähigkeiten zeigen? Wie können sie unter diesen Bedingungen richtig eingeschätzt, nach ihren Fähigkeiten eingesetzt und gefördert werden? Erinnern Sie sich an den Kostenfaktor Angst? »Krankt« ein Teil des Systems, dann kommt das irgendwann das ganze Unternehmen teuer zu stehen – im wahrsten Sinne des Wortes. Diese neue Sichtweise muss sich in Unternehmen durchsetzen!

Nicht immer ist sofort sichtbar, welche Wechselwirkungen innerhalb von Systemen ablaufen. Welche Faktoren zusammenspielen, dass es zum Beispiel in einer Abteilung einen besonders hohen Krankenstand gibt. Wer dem auf die Spur kommen möchte, muss vom Tunnelblick auf die Rundumsicht umschalten. Bei solch einem »Team-Check« wird das Team als System unter die Lupe genommen: Haben alle das gleiche Ziel? Ordnen sich die persönlichen Ziele dem gemeinsamen unter? Wie ist die Struktur des Teams? Ist sie allen klar? Wissen alle, wer für was verantwortlich ist? Wie flüssig sind die Arbeitsabläufe? Können sich alle nach ihren Fähigkeiten einbringen? Wie ist die Teamkultur? Tragen klare Ziele, gute Struktur und gegenseitiger Respekt und Anerkennung zur Motivation bei? Oder gibt es an der einen oder anderen Stelle Veränderungsbedarf oder gar krank machende Faktoren? Und: Wie ist das Team in das Gesamtunternehmen eingebunden?

Jedes Team und Unternehmen kann regelmäßig eine solche Bestandsaufnahme durchführen. Sie zeigt auf, wo es konkreten Veränderungsbedarf gibt, damit die einzelnen Mitarbeiter motiviert und gesund arbeiten können. Die SWOT-Analyse ist zum Beispiel eine Methode, die einen systemischen Blick auf ein Team ermöglicht. Die Abkürzung SWOT steht für englisch »Strenghts« – also Stärken, »Weakness« – die Schwächen, »Opportunities« – die Chancen und Möglichkeiten und »Threats« – die Gefahren und Risiken.

Diese vier Aspekte werden zur Übersicht als Felder auf eine große Pinnwand gezeichnet. Zuerst einigt man sich, ob man sich zunächst nur auf eines von ihnen konzentriert oder alle bearbeiten will. Dann werden zu den Feldern, die bearbeitet werden sollen, verschiedene Leitfragen gestellt, die einzeln oder in Gruppen beantwortet werden.

Zum Beispiel im Feld »unsere Stärken«: Was macht Sie in der Arbeit zufrieden? Was läuft gut? Welche Abläufe sind optimal? Warum gelingt uns das so gut? Was ist für mich persönlich sehr befriedigend in der Arbeit?

Im Feld »unsere Schwächen«: Welche Schwierigkeiten und Schwachstellen sehen wir? Dabei werden alle Hierarchieebenen und Arbeitsprozesse einbezogen. Wo sind wir unzufrieden? Wo gibt es Konflikte? Was verhindert Veränderung? Wo wird unsere Energie gebremst? Wo habe ich persönlich Schwierigkeiten, und wo liegen meine Grenzen? Was demotiviert mich?

Im Feld »Chancen und Möglichkeiten«: Welche Chancen ergeben sich für uns aus unseren Stärken? Wo liegen noch ungenutzte Möglichkeiten? Gibt es innovative Ideen? In welchen Bereichen liegen sie? Wo liegen meine ganz persönlichen Möglichkeiten? Welche Chancen gibt es für meine Weiterentwicklung?

Und im Feld »Gefahren und Risiken«: Welche schwierigen Situationen kommen auf uns zu? Was müssen wir wachsam beobachten? Was geschieht, wenn nichts geschieht, wir keine Veränderungen angehen? Welche Auswirkungen hätte das auf mich ganz persönlich?

Die Antworten auf die Fragen werden dann zusammengetragen und im Team diskutiert. Aus dieser Bestandsaufnahme erfolgt dann eine Strategieentwicklung, die durch die Fragen geleitet wird: Wo wollen wir hin? Was wollen wir angehen, was verändern? Was brauchen wir dafür? Welche Maßnahmen wollen wir umsetzen? Welche Verabredungen treffen wir? Wie überprüfen wir das Vorankommen?

Wenn Menschen aus verschiedenen Abteilungen oder mit verschiedenen Professionen zusammen offen und kreativ an Lösungen arbeiten, dann entsteht oft ein positiver Turbo-Effekt. Durch das Zusammenspiel aller bildet sich etwas Neues, das mehr ist als das Wissen, das einzeln aus den jeweiligen Abteilungen kommt. Und diese gemeinsam erarbeiteten Lösungen sind zum Wohle der Firma und aller Mitarbeiter. »Das Ganze ist mehr als die Summe seiner Teile«, das wusste schon der Philosoph Aristoteles im alten Griechenland. Heute sprechen wir vom Synergieeffekt.

»Synergie« kommt aus dem Griechischen und bedeutet so viel wie Zusammenarbeit. Im besten Fall kommen die Kompetenzen aller Beteiligten im Team zur Geltung, und aus den Einzelleistungen entsteht etwas Neues, ganz Eigenes. Aus eins plus eins wird drei. »Wir hängen zusammen, es gibt keine Trennung. Wenn wir das erkannt haben, öffnet sich ein unendlich großes Potenzial«, formuliert der indische Autor und Arzt Deepak Chopra in seinem Buch *Die sieben Schlüssel zum Glück*. »Ein Potenzial, das uns mehr Arbeitsfreude bescheren kann, überhaupt mehr Glück und Zufriedenheit.«

Das Ganze im Blick haben: Für unseren Berufsweg bedeutet das zuallererst, dass wir uns von den tradierten Vorstellungen von einer linearen Laufbahn möglichst verabschieden sollten. Erstens entsprechen sie immer weniger der Realität, und zweitens engen sie uns unnötig ein.

Ja, auf A folgt zwar durchaus B und auf einen guten Schulabschluss zum Beispiel auch die Universität, aber eben auch C, also eine Lehre oder D ein Auslandsjahr oder E, eine andere Art der Fortbildung. Ängstlich auf B zu schielen, nur weil es vielleicht den Lebensläufen der Generationen vor uns entspricht, führt zu einem Tunnelblick. Das Ziel erscheint als winziger Lichtblick in weiter Ferne. Bis dorthin liegt alles im Dunkeln. Das vergrößert die Unsicherheit und verengt den Blick immer weiter, bis überhaupt kein Ende, überhaupt kein Licht mehr in Sicht ist.

Wenn wir aber den Blick weiten, dann öffnen wir uns für neue Möglichkeiten, ja, wir sind überhaupt erst in der Lage, sie wahrzunehmen. Denn sie sind die ganze Zeit da! Wahrscheinlich gehört auch ein bisschen Mut dazu, denn oft ist die Anerkennung, die wir uns erhoffen, noch verbunden mit der Vorstellung eines möglichst geradlinigen Berufsweges, mit einem gewissen Wohlstand oder Status. Zugegeben: Auch viele Arbeitgeber signalisieren in Stellenausschreibungen, dass sie Vergleichbares erwarten. Vermutlich, weil sie auch nicht mehr genau wissen, was sie von Bewerbern erwarten dürfen und sollen. Denn die Realität sieht längst anders aus. Die lineare Laufbahn, die komplett durchgestylte Karriere – sie ist immer häufiger nur noch eine Wunschvorstellung, mehr nicht.

Wer den Panoramablick hat, befreit sich davon! Denn sehen wir es doch mal so: Auch wenn unser Weg Schlenker und Kurven aufweist und wir formal betrachtet vielleicht sogar einmal zurückgelaufen sind – also zum Beispiel als Erwachsener noch einmal die Schulbank gedrückt haben oder eine Führungsposition aufgegeben und noch einmal in einem neuen Team durchgestartet sind –, dann heißt das eben nicht, dass unser Weg weniger wert ist. Im Gegenteil, es ist nämlich unser Weg! Wir haben uns von all den Möglichkeiten die ausgesucht, von der wir in jenem Augenblick der Entscheidung das Gefühl hatten, dass es am besten zu uns passen würde. Wir haben uns angepasst, und wir sind wir selbst geblieben.

Übrigens: »Alternativlos« wurde 2010 von der Gesellschaft für deutsche Sprache zum Unwort des Jahres ernannt – zu Recht, schließlich gibt es immer Alternativen, immer mehrere Optionen, vielfältige Hintergründe und unzählige Zusammenhänge. Das ist die erste Erkenntnis auf dem Weg zum systemischen Denken.

Eine komplexe Welt braucht ein komplexes Denken

Eine komplexe Welt braucht ein komplexes Denken und eine flexible Haltung. Eine Grundhaltung also, die aus der Erfahrung gespeist wird, dass nichts in Stein gemeißelt ist. Dass unser Blick auf die Welt, selbst wenn wir die Augen weit offen haben, immer geprägt ist von unserer jeweiligen Position, von unserem jeweiligen Kenntnisstand, von unserem Bewusstsein in diesem Augenblick. Eine der Realität angemessene Haltung wäre deshalb die: Ich kann den Panoramablick einsetzen, versuchen, eine Rundumsicht zu gewinnen und Zusammenhänge zu erfassen – so gut es mir eben in diesem Moment gelingt. Ich kann versuchen, Vorhersagen zu treffen, Ziele anzuvisieren, nach bestem Wissen und Gewissen. Aber es wird immer nur für eine bestimmte Zeit gültig sein. Was ich jetzt in dieser Situation für richtig halte, kann ich auch wieder verwerfen, kann ich anders sehen, weil neue Erkenntnisse dazu kommen, ich Zusammenhänge durch die Erweiterung meines Blickes oder eines Positionswechsels neu bewerte. Die Suche nach *der* Wahrheit oder dem einzigen Weg erübrigt sich damit, weil ich mein Wissen als im Prozess veränderlich betrachte.

Diese Grundhaltung können wir auch im Berufsleben einnehmen. Oft hören wir von anderen, wie der eine richtige Weg aussehen muss, um an der oder der Stelle zu landen. Wir empfehlen, ab sofort skeptisch zu sein, wenn jemand scheinbar die Wahrheit für sich gepachtet hat! Mit einer flexiblen Grundhaltung kann ich mir die Frage nach *meiner* Wahrheit immer wieder neu stellen: Was ist in dieser Situation die richtige Entscheidung für mich? Ich halte mir meinen Weg offen, kann flexibel reagieren. Und somit entsteht mein eigener individueller »richtiger« Weg – beim Gehen. Wie gesagt: Der berühmte richtige Weg ist nicht automatisch der möglichst geradlinige Weg, sondern der, der Ihnen am ehesten entspricht.

Es geht also darum, aufmerksam zu werden für das, was sich gerade entwickelt, durch Offenheit neue Möglichkeiten zu entdecken und zu nutzen und unvorhergesehene Wege zu beschreiten. »Leben heißt, mit komplexen Dingen ohne Angst umgehen zu lernen«, schreibt der Physiker Hans-Peter Dürr in seinem Buch *Warum es ums Ganze geht.* »Es verlangt, das wenige für mich und in meiner konkreten Situation Relevante, was auch die fernere Zukunft betreffen kann, zu erkennen und notwendige Handlungen einzuleiten. Alles Übrige kann in den Hintergrund treten. Der nächste Augenblick kann schon zu einer anderen Auswahl führen, was ständige Aufmerksamkeit verlangt. Wir müssen lernen, mit einer unbestimmten Zukunft zuversichtlich leben zu können.« Auch das bedeutet »Rundumsicht«.

Unbestimmtheit, Komplexität, Dynamik, Flexibilität, Unvorhersehbarkeit: Das sind die Attribute des modernen Lebens. Auf sie sollten wir uns zu unserem eigenen Vorteil einlassen, uns anpassen, statt mit starren Selbstvorgaben gegen sie und damit letztlich gegen uns selbst zu arbeiten. Klar, das macht zunächst einmal unsicher. Denn wir setzen Unbestimmtheit meist automatisch mit Chaos gleich. Und Chaos hört sich an wie »außer Kontrolle«. Doch das Einlassen auf weniger vorhersagbare Wege bedeutet noch lange nicht, dass unser Leben aus den Fugen gerät. Es bedeutet einfach, es anders zu machen als gewohnt. Es bedeutet, auf Lebendigkeit und Vielfalt zu setzen. Hans-Peter Dürr ist überzeugt: Statt eine bestimmte Option zu maximieren, sollten wir unsere Optionen vermehren. Die Sicherheit, die wir uns ja alle irgendwo erhoffen, stellt sich nach Meinung von Dürr durch die Fähigkeit her, Zusammenhänge grob zu erfassen. Das gelingt durch Rundumsicht. Durch die Fähigkeit, das große Ganze zu sehen und die vielen Möglichkeiten, die darin liegen.

3.2 Schielaugen machen – Sich selbst im Blick haben

Eine neue 360-Grad-Weltsicht gewinnen, systemisch denken: Das ist die eine besondere Kompetenz, die uns der Panoramablick des Chamäleons lehrt. Die zweite ist das typische »Chamäleon-Schielen«, also die Fähigkeit, mit dem einen Auge die vielfältigen Möglichkeiten im Außen offen und bewusst wahrzunehmen und gleichzeitig mit dem anderen Auge die eigenen Belange im Blick zu behalten. Das »Schielen« bewahrt uns davor, dass wir uns ans Außen verlieren und vor lauter Eindrücken, Angeboten und Lebensweisen nicht mehr wissen, was wir selbst eigentlich genau wollen: Was macht uns aus? Wo sind unsere persönlichen Grenzen? Wer sind wir in einer Welt der unendlichen Wahlmöglichkeiten?

Wenn wir ständig mit beiden Augen in die Ferne schweifen, übersehen wir das Gute, das so nah liegt und rutschen im schlimmsten Fall in eine saftige Identitätskrise. Dann haben wir urplötzlich genug von der Welt, die uns so maßlos überfordert, wir ziehen uns zurück, sind nicht mehr offen für Neues. Aber obwohl wir uns vom Außen abschotten, kommen wir uns selbst nicht (wieder) näher. Kein Wunder. Entwicklungspsychologen haben nämlich herausgefunden, dass das Gefühl für die eigene Identität und damit unser (Selbst-) Bewusstsein nicht etwa im stillen Kämmerlein entsteht, sondern mitten im Geschehen, durch Interaktion, durch den Austausch mit anderen Menschen.

Am Anfang unseres Lebens sind das in der Regel unsere Eltern oder andere nahe Bezugspersonen. Später Freunde, Lehrer, Kollegen, heutzutage aber auch immer mehr Menschen, denen wir nur virtuell begegnen.

Wenn uns also die globalisierte Welt Angst macht, dann sollten wir uns nicht etwa vor ihr zurückziehen, sondern uns bewusst mit ihr auseinandersetzen. Wir sollten das Chamäleon-Schielen trainieren: ein Auge nach außen richten und die Welt sehen und ein Auge nach innen richten und uns selbst sehen. Und dann die für uns passende Mitte zwischen beiden Sichtweisen finden. Pass dich an, setz dich auseinander und werde du selbst!

Unserer Identität auf der Spur

Wer bin ich? Diese Frage treibt die Menschheit seit ewigen Zeiten um. Um zu veranschaulichen, wie sich Identität entwickelt, hat der deutsch-amerikanische Psychoanalytiker Erik Homburger Erikson bereits in den Fünfzigerjahren des vergangenen Jahrhunderts ein Modell erarbeitet, das die Stufen unserer psychosozialen Entwicklung über die gesamte Lebensspanne hinweg eingängig beschreibt. Demnach kommen in jedem Alter bestimmte Entwicklungsaufgaben – von außen – auf uns zu. Je nachdem, wie wir diese Aufgaben – im Innern – bewältigen, entsteht eine individuelle Einstellung zu uns selbst und zu anderen: unsere Identität.

Das Erikson-Modell macht deutlich, dass die Grundlagen dafür, wie offen wir gegenüber Neuem sind, wie mutig und neugierig oder ängstlich und verschlossen wir uns in der (globalisierten) Welt bewegen, bereits in ganz jungen Jahren gelegt werden – eben abhängig davon, wie wir die Entwicklungsaufgaben bewältigt haben. Das bedeutet jedoch nicht, dass wir diese Einstellungen und unser Verhalten im Erwachsenenalter nicht korrigieren können. Wenn wir uns erst einmal bewusst geworden sind, wie uns die Vergangenheit geprägt hat, können wir die Gegenwart neu gestalten. Deshalb ist es gut, die einzelnen Entwicklungsschritte und ihre Aufgaben kennenzulernen:

Ich bin, was man mir gibt

Ein Säugling, dessen Überleben vollständig von der Fürsorge anderer abhängig ist, signalisiert durch seine Körpersprache seine Bedürfnisse. Sein zahnloses Babylächeln ist sozusagen die erste (positive) Kontaktaufnahme mit seiner Umwelt. Außerdem macht das kleine Kerlchen durch Weinen oder Schreien auf Hunger oder Unwohlsein aufmerksam. Seine Eltern oder andere sogenannte Bindungspersonen kommen diesem Bedürfnis meist ziemlich schnell nach.

Doch nicht immer erlebt ein Säugling im Laufe der ersten Monate sofortige Bedürfnisbefriedigung, trotz vollen Körpereinsatzes. Deshalb muss zum Beispiel der Hunger für kurze Zeit ausgehalten werden. Frustrationserlebnisse gehören also von Anfang an mit zu unserer Entwicklung dazu. Beide Erfahrungen – »Mein Bedürfnis wird erfüllt« und »Mein Bedürfnis wird nicht sofort befriedigt«, Erfüllung und Frustration – müssen in einer ersten psychischen Leistung zusammengebracht werden. Reagieren die Bindungspersonen feinfühlig und liebevoll, entwickelt der Säugling ein Gefühl von Vertrauen in sich und die Welt. Experten sprechen hier von Urvertrauen. Wird der Säugling übermäßig frustriert, weil beispielsweise Hunger nicht gestillt oder nicht ausreichend Zuwendung gegeben wird, entstehen dagegen Unsicherheit und Misstrauen und auch das Gefühl einer inneren Leere.

Das Grundempfinden aus dieser Zeit – »Ich bin, was man mir gibt« – trägt der Säugling in die weiteren Entwicklungsjahre mit hinein. Ein positives Grundgefühl zu sich selbst und anderen hilft dabei, mit Offenheit auf die Welt zuzugehen, die nächsten Entwicklungsschritte zu bewältigen und im weiteren Leben Beziehungen knüpfen und halten zu können.

Ich bin, was ich will

Im besten Fall ist der Säugling, aus dem mittlerweile ein Kleinkind geworden ist, nun ausgestattet mit ausreichend Vertrauen in sich und andere und deshalb bestens »gerüstet«, um mit den ersten Schritten die Welt zu erobern. Mit Hingabe erforschen die Kleinen nun die Dinge um sich herum, entfernen sich, zunächst mit wackligen Schritten, dann immer entschiedener, von ihren Bindungspersonen und kommen freudestrahlend nach bestandenem Abenteuer wieder in den sicheren Hafen namens Mama oder Papa zurück.

Die Amerikaner nennen Kinder in diesem Alter augenzwinkernd »the terrible twos« – die schrecklichen Zweijährigen. Da ist was dran: Wer die Kleinen beobachtet, weiß, wie stark ihr Durchsetzungswunsch sein kann.

Kinder erleben und verarbeiten also in dieser Phase die Entwicklungsaufgaben »Ausprobieren dürfen und Grenzen akzeptieren«.

Das Grundgefühl »Ich bin, was ich will« nehmen sie von nun an auf ihrem Entwicklungsweg zu einer ganz individuellen Persönlichkeit mit.

Inwieweit wurde uns erlaubt, uns von unseren Bezugspersonen zu entfernen? Wurde uns im richtigen Moment Einhalt geboten, wenn wir in Gefahr geraten sind oder andere Grenzen in unserem Autonomiestreben überschritten haben? Wie streng waren die Regeln? Gab es Freiräume oder ausschließlich Einschränkungen? Konnten wir selbstbestimmt festhalten und loslassen?

Wie unsere frühen Bindungspersonen damit umgegangen sind, hat Einfluss darauf, ob wir später unsere Bedürfnisse und Wünsche äußern und diesen auch selbstbestimmt nachgehen können. Wenn wir in unserer Autonomie stark eingegrenzt wurden, dann sind wir weniger beweglich und flexibel in unseren Handlungen. Dann orientieren wir uns stark an »Recht und Ordnung«, tun uns schwerer im Geben und Nehmen, im Festhalten und Loslassen.

Selbstbestimmt handeln zu können, eigene Ziele durchzusetzen, ohne die Grenzen anderer zu überschreiten, ist eine hohe Kompetenz, die wir selbstverständlich heute mehr denn je auch im Arbeitsleben brauchen. Der Grundstein für diese Kompetenz wird in dieser Phase der Identitätsentwicklung gelegt.

Ich bin, was ich mir vorstellen kann zu werden

Im Kindergartenalter geht es dann darum, verschiedene Rollen auszuprobieren und »so zu tun, als ob«. Kennen Sie die intensiven Spiele der Feuerwehrmänner und Puppenmamis? Und auch die Reaktionen aus der Erwachsenenwelt auf einen Vierjährigen, der mit bunt lackierten Fingernägeln und mit wehendem Rock testet, wie schön es sein kann, eine Prinzessin zu sein?

Übrigens versteht ein Kind in diesem Alter auch zum ersten Mal, dass seine Eltern eine andere Beziehung zueinander haben als zu ihm. Auch das muss das Kind verarbeiten. Kennen Sie die Frage eines Fünfjährigen, ob er nicht doch die Mama heiraten kann? Keine Sorge, auch das gehört dazu!

Das Kind spielt und lernt also Rollen in diesem Alter. Und wie schön, wenn es Erwachsenen begegnet, die Freiheit und Klarheit vermitteln. Also Freiheit in Bezug auf das Ausprobieren der Rollen und Klarheit in der Beziehung zwischen Kind und Erwachsenen. Wie flexibel und zugewandt begegnen sie dem Kind? Das wird sich später in seinem Handeln widerspiegeln, das dann entweder selbstbewusst und aktiv oder verschämt und eher passiv sein kann.

Das Gefühl: »Ich bin, was ich mir vorstellen kann zu werden« nimmt das Kind aus dieser Phase mit.

Die Fähigkeit hilft uns später im Berufsleben. Auch da geht es ja darum, verschiedene Rollen annehmen zu können und trotzdem in den Rollen – zum Beispiel als Teamleiter oder als Führungskraft – jeweils klar zu bleiben.

Ich bin, was ich lerne

In der Schule wollen Kinder dann richtig »zur Sache kommen«, und »Werksinn« entwickeln, wie Erikson das nennt. Sie tun nicht mehr nur so, als ob, sondern packen richtig an. Sie wollen lernen, etwas herstellen und erarbeiten – auch gedanklich entstehen Werke, zum Beispiel als Geschichten oder wenn es darum geht, Rechenaufgaben zu lösen. In dieser Zeit sind Erfolgserlebnisse besonders wichtig. Das gute Gefühl, selbst etwas geschafft zu haben und dafür Anerkennung zu bekommen, stärkt das Selbstvertrauen. Im besten Fall. Minderwertigkeitsgefühle sind dagegen der Preis für Abwertung: In den Kindern setzt sich das Gefühl fest, selbstständig nichts »Vernünftiges« hinzubekommen.

Die Vorstellung »Ich bin, was ich lerne« nehmen die Kinder aus dieser wichtigen Entwicklungsphase mit. Können sich Kinder ausprobieren und treffen sie auf Erwachsene oder andere Kinder, mit denen sie neugierig und angstfrei forschen können, bleibt dieses neugierige Streben erhalten. Diese Kinder können beherzt Eigeninitiative ergreifen und Leistung bringen in einem realistischen Maß.

Wenn aber Abwertung und (Leistungs-) Druck in dieser Phase überwiegen, entwickeln Kinder oft Versagensangst. Als Erwachsene quält sie dann oft der Perfektionismus.

Dahinter steckt die (unbewusste) Angst vor dem Scheitern. Durch negative Lernerfahrungen kann auch die Neugier auf Neues eingeschränkt werden, sodass der Blick in die weite globalisierte Welt später eher Angst macht.

Wer bin ich?

Mit Beginn der Pubertät bis zum frühen Erwachsenenalter sind wir Menschen dann damit beschäftigt herauszufinden, wer wir denn eigentlich ganz genau sind. Vorteilhaft ist es, wenn wir die vorherigen Entwicklungsaufgaben gut meistern konnten. Dann sind wir ausgestattet mit dem Vertrauen in andere, besitzen ausreichend Autonomie, zeigen Initiative und Selbstbewusstsein.

Die Frage: »Wer bin ich?«, ist also unmittelbar mit der Bewältigung der vorherigen Entwicklungsaufgaben verbunden. Sie bereiten sozusagen den Boden für die Phase in der Pubertät, in der sich dann Fragen stellen wie: Was macht mich aus? Was kann ich? Welche familiären Wurzeln habe ich? Welche Werte vertrete ich? Was mag ich? Was weniger? Wo sind meine Grenzen – in Bezug auf Leistung, Ethik und Moral?

Jugendliche versuchen hier, ihre persönliche Einstellung und Rolle zu finden – zum anderen oder zum eigenen Geschlecht, zu Gleichaltrigen, zu den Eltern, zu den Lehrern, Ausbildern, Vorgesetzten – kurz gesagt, zur Welt um sie herum. Die Identifikation mit der so genannten »Peergroup«, den Gleichaltrigen, ist in dieser Zeit besonders wichtig. Schließlich müssen wir uns ja erst einmal richtig zugehörig fühlen, um uns später bewusst abgrenzen zu können. Pass dich an und werde du selbst!

Die Zeit des Erwachsenwerdens ist eine besonders intensive Phase der Auseinandersetzung mit sich selbst. Im besten Fall entwickelt sich jetzt ein stabiles Gefühl dafür, was wir sind und was uns ausmacht. Dieses Gefühl zeigt sich in der Grundeinstellung: »Ich bin, was ich bin.«

Jungen Erwachsenen, denen die Bewältigung dieser Phase dagegen Schwierigkeiten bereitet, bleiben oft in einer sogenannten Identitätsdiffusion stecken. Was wird von außen verlangt und was von dem passt zu mir? Sie sind kaum in der Lage, diese Abwägung zu treffen. Statt Orientierung in sich selbst zu finden, laufen sie Gefahr, sich ausschließlich nach den formulierten Anforderungen anderer zu richten. Oder aber sie folgen stur den eignen Vorstellungen, ohne ein Zusammenspiel mit der Außenwelt überhaupt nur in Betracht zu ziehen. Bezogen auf unser *Chamäleon-Prinzip* heißt das: Ihnen fehlt entweder der Blick auf das große Ganze oder der auf sich selbst.

Die Balance finden

Im Laufe unseres Lebens schließen sich noch weitere Entwicklungsaufgaben an. Bald geht es darum, sich auf feste Partnerschaften einzulassen, sich zu öffnen, sich hinzugeben und Intimität zu erleben, ohne sich zu verlieren. Und es geht um die Überlegung: Was gebe ich an Werten und Wissen in meiner Familie und in meiner Arbeit an die nächste Generation weiter?

Allerdings ist die grundsätzliche Frage »Wer bin ich?« laut Erikson im jungen Erwachsenenalter weitestgehend beantwortet. Für die Zeit, in der er sein Stufenmodell entwickelt hat (Mitte des 20. Jahrhunderts), mag das noch gegolten haben. Damals waren alle großen Veränderungsprozesse vor Erreichen des 30. Lebensjahres bei den meisten Menschen so ziemlich abgeschlossen. Man hatte eine Ausbildung absolviert, einen Beruf ergriffen, eine Familie gegründet, war dauerhaft sesshaft geworden. Heute ist das vielfach anders. Die Welt um uns herum verändert sich in immer kürzeren Zyklen, wir lernen »on the job« und damit unser Leben lang. Wir müssen uns deshalb immer wieder neu verorten und positionieren, uns unserer Identität immer wieder neu versichern – über die Pubertät hinaus: Was passt zu mir? Folge ich jedem Trend? Setze ich mich ab? Welche Einstellung habe ich zu neuen gesellschaftlichen Bewegungen? Wie will ich mein Leben unter den momentanen Bedingungen führen? Wie will ich meine Berufslaufbahn gestalten?

Eine Balance zu finden zwischen den eigenen Wünschen, Zielen und Werten und den immer vielfältiger werdenden Angeboten und Möglichkeiten, die die globalisierte Welt dem Einzelnen bietet, ist eine besondere Herausforderung der heutigen Zeit. Es braucht dafür einen Blick, der gleichzeitig die eigenen inneren Bestrebungen *und* die äußeren Möglichkeiten erfasst. Chamäleon-Schielaugen: Ein Auge auf die Welt gerichtet, das andere auf uns selbst. Das schafft Übersicht und Klarheit.

»Wo ist meine Grenze erreicht?« – Der Blick über den Tellerrand

»They say, if you get far enough away,
you'll be on your way back home.«

TOM WAITS, BLIND LOVE

Der Blick über den eigenen Tellerrand gibt uns ein Gefühl dafür, wo unsere Möglichkeiten, aber auch unsere Grenzen liegen. Manchmal muss man besonders weit weg, in die Fremde reisen, um in sich selbst ein Zuhause zu finden.

Genau aus diesem Grund zog es zum Beispiel Alexandra Tost vom teamGLOBAL hinaus in die weite Welt. Gleich nach dem

Abitur ging sie für ein Jahr nach Australien, um dort als Backpacker herumzureisen. Das nötige Geld dafür hat sie sich beim Kellnern und Olivenpflücken verdient: »In Australien wollte ich herausfinden: Was will ich eigentlich? Wer bin ich? Was ist mir wichtig?«, erinnert sich die Studentin. »Man hat ja dort auch ganz verschiedene Arbeitserfahrungen. Da lernt man sehr viel über sich selbst.« Während ihres Studiums hieß es dann für die Politikstudentin: auf nach Kolumbien. Für ein Auslandssemester studiert sie an der Universität von Bogotá und macht ein Praktikum bei einem Anwaltskollektiv, das sich für Menschenrechte einsetzt. Eine prägende Erfahrung für Alexandra Tost. Kaum angekommen, wird sie von den Anwälten in ein Bauerndorf geschickt. Unter der Woche ist sie dort völlig auf sich allein gestellt, am Wochenende kommt eine kolumbianische Kollegin dazu. Gemeinsam halten sie Workshops ab, unter anderem zum Thema Frauenrechte.

In dieser Zeit auf dem Land irgendwo in Kolumbien merkt Alexandra Tost, mit wie wenig sie eigentlich auskommt. »Ich habe in dem Dorf teilweise in einer Hängematte geschlafen«, erzählt sie. »Und mich da gefragt, was brauche ich eigentlich wirklich? Viele Dinge, die ich hier in Deutschland habe, jedenfalls nicht.« Die Erkenntnis hat etwas Befreiendes. Doch so wenig sie an materiellen Dingen hängt, so wichtig sind ihr ihre Familie und Freunde. Auch das stellt Alexandra Tost in der Fremde fest. »Am Anfang war das schon ein Kulturschock für mich dort. Mein Spanisch war noch nicht so gut. Überhaupt war die Kommunikation schwierig, weil die Menschen eine ganz andere Art haben, aufeinander zuzugehen.« Alexandra Tost ist heilfroh, dass sie gerade in dieser schwierigen Anfangszeit regelmäßig mit einer Freundin in Deutschland telefonieren und mit ihr über ihre Erlebnisse sprechen kann. Ein Stück Heimat in der Fremde.

Aber sie lernt bald Menschen kennen, die sie zutiefst beeindrucken und die zu Vorbildern für sie werden. Ein Journalist zum Beispiel, bei dem sie ein Praktikum macht. »Er bekommt immer wieder Morddrohungen, weil er es wagt, über die Verletzungen der Menschenrechte dort zu berichten«, erzählt Alexandra Tost. Aber auch den Anwälten und Vertretern von Flüchtlingsorganisationen zollt sie Respekt. »Weil sie für ihre Ideale einstehen und sagen, okay, ich kämpfe für das, was mir wichtig ist, und ich verfolge das, koste es, was es wolle.« Solidarität. Alexandra Tost hat festgestellt, dass dies für sie persönlich ein wichtiger Wert ist.

Überhaupt stellt sich die Wertefrage öfter in der Fremde. »Ich bin persönlich sehr offen für neue Erfahrungen und für neue Umstände«, sagt die 24-Jährige. So offen, dass sie auch bereit ist, ihre Prinzipien zurückzustellen und sich anzupassen, wie sie sagt. »Zum Beispiel, was andere Meinungen angeht. Da sage ich mir, ich höre mir das erst mal an, ich bin ja quasi zu Gast hier.« Doch bei aller Toleranz behält Alexandra Tost ihre persönlichen Werte immer im Blick. »Es ist wichtig, dass man sich selbst klarmacht, was ist noch Offenheit, was ist Interkulturalität, was muss ich akzeptieren, was anders und vielleicht auch unangenehm für mich ist, und wo sind tatsächlich Grenzen erreicht, wo ich sage, das ist gegen meine Grundwerte.«

Alexandra Tosts Reisen nach Australien und nach Kolumbien waren im besten Sinne Selbsterfahrungstrips. Durch ihre Erfahrungen dort hat die Studentin das Chamäleon-Schielen eingeübt: dem Fremden offen begegnen, ohne sich allzu weit von sich selbst zu entfernen. Tost ist überzeugt, dass ihr diese flexible Haltung auch im Berufsleben nützen wird. »Ich sehe das Positive an der Flexibilität. Sicherheit ist mir nicht so wichtig, wichtiger ist mir die Freiheit, die die globalisierte Arbeitswelt mit sich bringt.«

»Handmade in Germany« – Der Blick auf die eigenen Qualitäten

Wo passe ich mich an? Wo bin ich flexibel? Wo weiche ich nicht von meiner Position ab? Wie viel Eigenes will ich erhalten, wie viel Neues möchte ich integrieren? Die Frage nach den eigenen Grenzen, nach der eigenen Identität in einer grenzenlosen Welt, müssen sich auch die Führungskräfte der global tätigen Unternehmen stellen. Auch sie müssen das Chamäleon-Schielen üben. Ergibt es wirklich Sinn, Arbeitsplätze ins Ausland zu verlegen? Was sind die Vorteile, was die Nachteile? Inwieweit passe ich mein Produkt dem lokalen Markt in Indien, Taiwan oder China an? Tausche ich zum Beispiel Materialien aus? Welche Auswirkungen hat das?

Wie solch ein Abwägen nach dem *Chamäleon-Prinzip* ablaufen kann, sehen wir an der Matratzenmanufaktur Schramm in Winnweiler: Man ist dort offen für neue Werkstoffe, und wenn sie sich im Test bewähren, werden sie auch genutzt. Vom Grundprinzip des Taschenfederkerns, in den die Federn je nach gewünschter Härte eingenäht werden, weichen die Winnweiler aber nicht ab. Und auch nicht von ihrer Herstellungsart: Handmade in Germany. Das ist eine Frage der Identität. »Da passen wir uns nicht dem internationalen Markt an, sondern der internationale Markt sagt: ›Oh, wir hätten gerne dieses tolle Produkt‹«, betont Marketingfrau Angela Schramm selbstbewusst. Das bedeutet, eine Schramm-Matratze, die es im Ausland zu kaufen gibt, ist genau aus den gleichen Materialien hergestellt wie die Matratzen, die hierzulande in den Ausstellungsräumen liegen. Wo Schramm draufsteht, ist auch Schramm drin, da gibt es keine globale Anpassung. »Und genau das ist unser Erfolgsrezept«, behauptet Angela Schramm.

Genau umgekehrt verhält es sich bei den Umgangsformen im fremden Land: Begrüßungsformen, das Überreichen von Visitenkarten usw. – hier gilt für den Matratzenhersteller: so viel Anpassung an die lokalen Gegebenheiten wie möglich.

3.3 »Qualität braucht Zeit« – Ein Modemacher hat den Panoramablick

Melchior Moss trägt Gelb. Kanariengelb. Ein Sweatshirt, klassisch geschnitten, Marke slomo. Moss ist Geschäftsführer des Labels, seine ältere Schwester Felicia die Designerin. »Seit ich denken kann, wollte ich einen Laden aufmachen«, erzählt der 27-Jährige. »Und meine Schwester hat Mode studiert, sie ist sehr begabt, hätte es aber nicht allein geschafft, ein Modelabel aufzubauen, und auch nicht gewollt.« Allein fehlen den beiden die Möglichkeiten, auch finanziell. Gemeinsam – ganz im Sinne des *Chamäleon-Prinzips* – klappt's viel besser: 2006 gründen Melchior und Felicia Moss slomo – als Familienbetrieb. Eine runde Sache, denn so konnte sich jeder seinen persönlichen Traum erfüllen, und gleichzeitig haben sie zusammen ein Konzept für slomo erarbeitet, das über die Einzelaspekte – Laden aufmachen und Mode kreieren – hinausführt: slomo ist abgeleitet von Slow Motion und soll für Nachhaltigkeit, Langlebigkeit und natürliche Entwicklung stehen. Qualität braucht Zeit, davon sind die Geschwister überzeugt. »Gerade im Textilbereich passieren schlimme Sachen«, erklärt Melchior Moss. Kinderarbeit, gesundheitsgefährdender Pestizideinsatz, Umweltverschmutzung, unmenschliche Arbeitsbedingungen: slomo möchte sich von solchen Herstellungsbedingungen abgrenzen. Alle Kleidungsstücke, die das Etikett der Firma tragen, sind deshalb zu hundert Prozent biologisch und fair gehandelt. »Organic is not a fashion it is a commitment« lautet der Firmenslogan. Wer slomo kauft, soll das gute Gefühl haben, etwas von Wert erstanden zu haben.

Herzstück des Betriebs ist ein kleines Atelier in Berlin-Friedrichshain. Hier herrscht kreatives Chaos, hier entstehen zwischen Stoffballen, Kleiderständern und Schneiderpuppen Felicia Moss-Kraus' Entwürfe. Ihr Ziel: Die Sachen sollen gut kombinierbar sein und den Träger in den Vordergrund stellen. »Das macht für mich gutes Design aus«, erklärt ihr Bruder, »dass die Sachen langlebig sind, auch was den Look betrifft. Habe ich ein Kleidungsstück, was sehr gut kombinierbar ist, kann ich das auch im nächsten Jahr, wenn es noch gut erhalten ist, in einer ganz anderen Zusammenstellung mit einem anderen Artikel sehr gut neu präsentieren.« Anpassung an den Träger, Kombinierbarkeit – im schnelllebigen Modegeschäft, wo In und Out nur eine Saison auseinanderliegen, eine gehörige Portion Eigenart. Mode nach dem *Chamäleon-Prinzip!*

Anpassung *und* Eigenart – das zeigt sich auch beim Herstellungsprozess. Felicia und Melchior Moss setzen auf kurze Wege, produziert wird möglichst regional. Die Näherei sitzt in Berlin-Schöneberg, die Strickwaren werden in Thüringen gefertigt. Nur beim Rohstoff Baumwolle geht regional nicht – sie kommt aus der Türkei. Die Ägäisregion ist für Melchior Moss das beste Anbaugebiet überhaupt: »Da gibt es einen natürlichen Wind, der automatisch die Insekten bekämpft. In der Türkei muss man auch ganz wenig düngen. Baumwollanbau hat dort Tradition, und es gibt ein Verbot für genmanipuliertes Saatgut.«

Melchior Moss blickt systemisch auf das, was er tut. Er kümmert sich ums große Ganze, vergisst aber nicht, dass die Kleinigkeiten erst das große Ganze ausmachen. Jeder Arbeitsschritt ist wichtig, jeder Mitarbeiter wird geschätzt. Auch das gehört dazu, wenn Moss von Kleidung spricht, die einen Wert hat. »Eigentlich fängt es bei der Wertschätzung der Natur an«, erklärt er. »Weil sie einfach unser größtes Kapital ist. Deshalb sollte im Grunde jeder darauf achten, was er kauft, wo und wie es angebaut wird, welche Düngemittel verwendet werden.« Dazu gehört auch faire Bezahlung. Die Löhne orientieren sich an den Lebenshaltungskosten, denn die Mitabeiter sollen von ihrer Arbeit leben können – egal ob in der Türkei oder in Deutschland.

Moss hält Kontakt zu den Menschen, die am Herstellungsprozess von slomo-Kleidung teilhaben. Er hat gesehen, dass sich die Familien in der Türkei mittlerweile Höfe kaufen konnten, dass die Kinder zur Schule gehen. »Man sieht die Entwicklung bei allen, die an den Bio- und Fair-Projekten beteiligt sind. Sie können davon leben, und sie können ihre Familien ernähren. Das ist etwas, das für mich zeigt, dass es funktioniert.«

Wenn es den Mitarbeitern gut geht, dann profitiert auch die Firma davon, ist Boss Moss überzeugt. Hakt es in den zwischenmenschlichen Beziehungen, wirkt sich das auf die Produktivität aus. So gesehen hat auch ein gutes Betriebsklima mit Nachhaltigkeit zu tun. Viele Firmen hätten das noch immer nicht erkannt, kritisiert Moss. »Der kurzfristige Gewinn steht da immer noch im Vordergrund.« Er ist aber überzeugt, nur wer sich umstellt und auf Langfristigkeit setzt, wird letztlich konkurrenzfähig bleiben. Egal ob der Betrieb nun drei Mitarbeiter hat oder dreitausend. »Das ist unsere Firmenphilosophie, die ich anderen Unternehmen ein bisschen mit auf den Weg geben möchte.« Ein Mann, eine Mission. Moss findet, dass das Wissen um fair und biologisch produzierte Kleidung schon in den Modeschulen vermittelt werden sollte. Er hält Vorträge über Nachhaltigkeit, nimmt an Podiumsdiskussionen teil und nutzt die Gelegenheit, den Verantwortlichen anderer Firmen in den Pausen im Vieraugengespräch »ein bisschen ins Gewissen zu reden.«

Bis sich Veränderung zeigt, braucht es mitunter einen langen Atem – Slow Motion eben. Bei aller Überzeugung und allem missionarischen Eifer: Daraus kann auch eine echte Geduldsprobe werden. Fünf Jahre gibt es slomo nun schon, aber noch immer ist die Firma in der Aufbauphase, noch immer sind sie »hart am Überleben«, wie Moss zugibt. Doch grundsätzlich habe er seine Entscheidung nicht bereut, sich mit vollem Einsatz auf das Projekt einzulassen. »Andere machen andere Jobs nebenher, aber wir sind hier in Vollzeit. Das war von Anfang an unser Konzept.« Moss ist sich sicher: »Nur dann kann man sein Herz wirklich reinlegen.«

Das Ganze sehen, gucken, wie es andere machen, und dann sich selbst in den Blick nehmen und entscheiden: Was passt zu mir? Melchior Moss weiß es genau: »Ich möchte anderen Menschen ermöglichen, ihre Talente auszuleben, ihnen eine Plattform geben.« Das ist sozusagen sein Kompass. Er bringt ihn weiter, auch wenn im Dschungel keine direkten Wege erkennbar sind. Momentan heißt die Plattform slomo, die Talentierte ist seine Schwester. Was die Zukunft bringen wird? Man wird sehen. Melchior Moss hat da vollstes Vertrauen in sich selbst. »Ich weiß, dass ich mich durchschlagen kann«, sagt er.

4. Der Panoramablick – ganz praktisch

Integrieren Sie die systemische Weltsicht in Ihren Arbeitsalltag. Verabschieden Sie sich dafür zunächst von der Vorstellung, dass es einfache Erklärungen gibt. Befreien Sie sich davon, die einzig richtige Lösung finden zu müssen oder zu können. Befreien Sie sich von einer starren Ausrichtung auf ein scheinbar einzig glücklich machendes Ziel, das Sie glauben, erreichen zu müssen. Selbstverständlich helfen Ziele bei der Orientierung. Nur, klammern Sie sich nicht an sie. Lassen Sie sich ein auf Offenheit, Unvorhersehbarkeit und Vielfalt.

Üben Sie die Rundumsicht und das Chamäleon-Schielen: Schauen Sie auf systemische Zusammenhänge. Was macht meine Firma aus? Wie bin ich eingebunden? Welchen Einfluss habe ich auf sie und sie auf mich? Welchen Einfluss hat meine Firma auf die Konsumenten, die Umwelt, andere Firmen usw.? Wie ist der gesellschaftliche Zusammenhang? Stimme ich mit den Aktivitäten meiner Firma überein? Welchen Teil leiste ich zum Erhalt oder zur Entwicklung des Systems? Ist mein Arbeitsort der richtige Platz für mich?

Nehmen Sie sich als Teil eines Ganzen wahr, sehen Sie Ihre Gebundenheit darin, aber auch Ihre Spielräume und Grenzen. In der Vielzahl Ihrer Wahlmöglichkeiten steckt Ihre Eigenverantwortung zu entscheiden. Sie tragen Verantwortung für sich *und* das Ganze.

Nehmen Sie Perspektivwechsel und Kooperation als unterstützend und als eine gute Möglichkeit wahr, Entwicklung(en) voranzutreiben.

Bringen Sie sich mit Ihrer Unverwechselbarkeit und Einmaligkeit in das Ganze ein, in Ihr Team, in Ihre Firma, außerhalb des Berufslebens. Nehmen Sie sich als Teil der Natur, als Teil des Ganzen wahr, gehen Sie mit sich, der Umwelt und Ihren Mitmenschen sorgsam um, denn die Missachtung anderer ist gleichzeitig auch eine Missachtung Ihrer selbst.

Stellen Sie sich darauf ein, Ihr Leben lang an Ihrem persönlichen Entwicklungsprozess zu arbeiten. Sie werden immer wieder neu abwägen, balancieren, entscheiden, handeln, ausprobieren und Rückschläge hinnehmen müssen, aber auch Erfolgserlebnisse haben.

Sie erreichen damit eine Lebendigkeit, die vor allem auch dadurch entsteht, dass Sie den Moment genießen und sich auf ihn konzentrieren. Verlieren Sie sich nicht im sorgenvollen Rückblick oder in angstvollen Zukunftsvisionen. Das gelingt Ihnen, weil Sie sich handlungsfähig und verantwortlich fühlen. Wenn Sie das Gefühl haben, keine Handlungsoptionen zu haben, dann sorgen Sie dafür, wieder welche zu finden. Wie, zeigen wir in den kommenden Kapiteln mit weiteren Aspekten des *Chamäleon-Prinzips*.

Behalten Sie das große Ganze ebenso im Blick wie sich selbst. Verschaffen Sie sich den Überblick, und verzichten Sie nicht auf die Nahaufnahme Ihrer eigenen Interessen. Machen Sie es wie das Chamäleon: Sehen Sie mehr. Nutzen Sie den Panoramablick und schielen Sie. Natürlich im übertragenen Sinne.

Die Zangenfüße – Greifbarkeit in losgelösten Welten

»Weitere anatomische Besonderheiten der Chamäleons sind Anpassungen an das Baumleben. So bilden die Füße Greifzangen, indem die jeweils fünf Zehen und Finger zu zweit oder zu dritt miteinander verwachsen sind. An der Hand ist das Bündel zu dritt nach innen, am Fuß nach außen gewendet.«

AUS: GRZIMEKS TIERLEBEN, ENZYKLOPÄDIE DES TIERREICHS, KRIECHTIERE, S.229, BAND 6. 1979.

1. Arbeit ist unsichtbar

Das Lenkrad eines Autos, die Schot eines Segels, die Zügel eines Pferdes – wir Menschen haben die Dinge gern in der Hand. Ein Drehen, ein Ziehen, das Segel öffnen oder ein wenig dichter holen – schon läuft die Sache. Das gibt uns das gute Gefühl, dass wir selbst entscheiden können, wohin die (Lebens-) Reise geht. Wir packen tüchtig an und sind unseres Glückes Schmied!

Und ist es nicht berauschend, wenn die Arbeit gut von der Hand geht? Wenn wir sehen, spüren, hören, was wir tun? Bestes Beispiel: Holzhacken. Mit einem gekonnten Schwung saust die Axt auf den Holzblock nieder, krach, bumm, schon teilt sich das Scheit. Und dann: Der Tag geht, die Belohnung kommt: Wir schichten all die Scheite aufeinander und »begreifen« dabei im wahrsten Sinne des Wortes, was wir geleistet haben. Unsere Arbeit ist sichtbar für uns. Und für andere auch.

Genauso funktionierte das bislang auch im Office-Dschungel. Ein voller Schreibtisch signalisierte den anderen Bürotigern und -tigerinnen eindeutig: »Achtung, hier hat jemand viel zu tun«, ein leerer Platz dagegen zeigte: »Hier sind Kapazitäten frei«.

Ist jemand im Anzug, ist er im Dienst, und wer montagmorgens um halb zehn in Deutschland an einem Schokoriegel »knoppert«, macht ganz sicher seine erste Arbeitspause. Solche Bilder gehören sozusagen zum kollektiven Gedächtnis der malochenden Menschheit. Sie sind deshalb abrufbar wie Codes.

Doch in unserer technisierten und digitalisierten Arbeitswelt funktionieren diese Codes nicht mehr so richtig. Es entsteht eine Schere zwischen den Bildern, die wir im Kopf haben, und der Wirklichkeit, wie wir sie im heutigen Arbeitsalltag vorfinden. Und diese Schere öffnet sich immer weiter. Wer heutzutage mutterseelenallein in seinem Büro sitzt – vor sich nur den Laptop –, ist womöglich alles andere als einsam, sondern per Videokonferenz mit etlichen Kollegen verbunden, die irgendwo auf der Welt auch »einsam« an ihren Laptops sitzen.

Und ein leerer Schreibtisch? Der bedeutet noch lange nicht, dass diejenigen, die davorsitzen, nichts zu tun haben. Oft ist sogar das Gegenteil der Fall: »Früher, da sprachen die Anwälte ihre Diktate auf Band«, berichtet zum Beispiel die Chefsekretärin Brigitte Gerster. Gut sichtbar stapelten sich einst bei ihr die Kassetten samt Akten auf dem Schreibtisch. Klarer Fall für alle, die vorbeischauten: Die Frau ist beschäftigt. Heute läuft auch das Diktat digital, statt Bändern gibt es deshalb Audiodateien, statt Aktenordern Worddokumente, und all das landet nicht mehr auf Gersters Tisch, sondern in ihrer Mailbox. Keine Kassetten mehr, die herumliegen, keine Aktenstapel: Gersters Arbeitsaufkommen ist virtuell und damit unsichtbar für ihre Chefs. »Da denkt dann keiner mehr, oh, der muss ich mal Zeit geben, damit sie den Stapel abarbeiten kann«, ärgert sich Gerster. Das Ergebnis: Noch mehr Audiofiles, noch mehr Worddokumente, noch mehr Arbeit, die sich unsichtbar in der Mailbox sammelt.

Das Tagwerk, das wir vollbringen – in immer mehr Berufen ist es »luftig« geworden, eine virtuelle Ware. Von Holzfäller-Romantik keine Spur, Arbeit und ihre Ergebnisse sind nicht mehr greifbar und deshalb für den Homo laborans oft schwer einzuschätzen. Der Code – sichtbare Arbeit ist gute Arbeit – funktioniert nicht mehr.

Die modernen Betriebsmittel machen unsere Arbeit weniger sichtbar. Weniger zu tun gibt es deshalb noch lange nicht, im

Gegenteil. Die Arbeit bleibt die gleiche, aber das Gefühl für erbrachte Leistung und den »Wert« der Arbeitskraft gehen verloren. Der Tag geht, aber von Belohnung keine Spur. Es gibt viele, denen es da genauso geht wie Brigitte Gerster.

Wir Menschen haben uns den virtuellen Raum erobert, wir nutzen die digitale Technik überall und hinken doch evolutionär hinterher. Wir benehmen uns wie Erdhörnchen, die plötzlich auf meterhohen Bäumen herumturnen, aber für das Leben in luftiger Höhe eigentlich gar nicht »gebaut« worden sind. Es fehlt uns an adäquater Ausrüstung, und wir purzeln reihenweise vom Ast.

Was wir da oben eigentlich wollen? Nun, man kommt einfach viel schneller vorwärts, wenn man von Ast zu Ast und von Baum zu Baum hüpft, statt durch Staub und Unterholz zu kriechen. Außerdem ist das Blätterwerk ein gutes Versteck. Denn mal ehrlich: Es hat auch seine Vorteile, unsichtbar zu sein. Dank moderner Technik müssen wir uns zum Beispiel nicht mehr unbedingt in den Anzug oder ins Kostümchen schmeißen und ins Büro fahren, um arbeitsbereit zu sein. Wir können unsere Arbeit daheim auf der sommerlichen Terrasse erledigen, wenn's gefällt im Schlafanzug, und zack, ein Mausklick, und sie landet auf dem Schreibtisch unseres Chefs. Dank digitaler Technik überwinden wir mühelos Distanzen, wir halten mir nichts, dir nichts Kontakt zu Menschen, deren Büros auf der anderen Seite der Erdkugel liegen. Den Fußmarsch dorthin möchte man sich gar nicht vorstellen.

2. Die Fähigkeit, Arbeit greifbar zu machen

Wir sehen: So ein Baumleben bringt echte Vorteile. Wie viel »Luftigkeit« aber tut uns gut? Wo ist es besser, auf dem Boden, das heißt, beim Altbewährten zu bleiben? Wie lässt sich digitale Technik gezielt nutzen, ohne dass wir im virtuellen Raum verloren gehen?

Das Chamäleon macht es in seinem Lebensraum vor. Sehen Sie mal genau hin, die Vorteile der Mini-Dinosaurier liegen buchstäblich auf der Hand: Statt stumpfer Pfötchen setzen sie Finger und Zehen ein, die wie starke Zangen um die Äste greifen. Das verleiht Sicherheit beim Wandeln in den Baumwipfeln. Übertragen auf die Arbeitswelt heißt das: Beim Werkeln im virtuellen Raum, auf uns allein gestellt mit digitaler Technik, müssen wir Möglichkeiten finden, unsere Arbeit und Leistung greifbar, sichtbar und fühlbar zu machen. Wir müssen das Handling verbessern.

Wir müssen lernen, eine Verbindung herzustellen: zwischen Boden und Baumkronen, zwischen unserem irdischen Arbeitsplatz und dem »virtual space« voller abgehobener Chefs und ferner Kunden. Wir brauchen aber auch »innere Greifbarkeit«, um in den virtuellen Welten und ihren ständig wachsenden technischen Möglichkeiten dauerhaft Halt zu finden. Wir müssen neue Möglichkeiten der Zusammenarbeit finden und einüben, die unser modernes Manko ausgleichen, dass wir unsere Mitarbeiter und Kollegen, unsere Chefinnen und Chefs immer seltener zu Gesicht bekommen.

Nehmen wir Brigitte Gerster. Als Chefsekretärin einer Anwaltskanzlei braucht sie das Greifbare. Sie und ihre Chefs, deren Laden sie schmeißen soll, sind durch die Entfernung und die lose Verbindung auf dem besten Weg, den Kontakt zur eigentlichen Arbeitsaufgabe und vor allem zueinander zu verlieren. Welche Arbeitsaufträge gibt es? Was genau landet als Arbeitsauftrag bei Gerster? Wie viel und welche Arbeit muss wirklich erledigt werden? Wer kann in der Firma was sinnvoll bearbeiten? Viele Fragen, keine Antworten: Lost in space! Wer Aufträge erteilt, sollte den Kontakt zu den Menschen, die sie übernehmen müssen, nicht verlieren. Und schon gar nicht zu den Inhalten – das, worum es eigentlich geht. Er sollte sehen, ob die Aufgabe und das Pensum zusammenpassen. Und er sollte auch verfolgen, wie sich ein Auftrag über die Zeit entwickelt. Bloßes Weiterreichen, ohne begriffen zu haben und sicherzugehen, dass die Aufgabe auch »gepackt« werden kann, ist Verschwendung von Ressourcen. Hier gilt: Verbindlichkeit ist ein wichtiger Wert, um Greifbarkeit herzustellen.

3. Wie wir uns Greifbarkeit schaffen können

3.1 Bodenhaftung trotz luftiger Höhen

Damit wir uns bei der Arbeit mit digitaler Technik im virtuellen Raum sicher bewegen können, brauchen wir Bodenhaftung: Greifbarkeit – das ist nach dem Panoramablick der zweite wichtige Aspekt unseres *Chamäleon-Prinzips.*

Das hat auch die Wissenschaft als Forschungsfeld erkannt: Max Mühlhäuser, Professor für Informatik an der Technischen Universität Darmstadt und Leiter der dortigen Telekooperationsgruppe, tüftelt daran, die Vorteile des guten alten »papierbasierten« Arbeitens mit dem elektronischen Arbeiten zu verbinden und so quasi einen Lift zwischen Baumkrone und Boden einzubauen. Denn es ist doch so: Vom Papier wollen wir *noch nicht* lassen, vom Computer können wir *nicht mehr* lassen. »Das elektronische Dokument und die elektronische Verarbeitung überhaupt haben viele Vorteile«, sagt der Professor. »Man kann enorm viel auf geringstem Platz archivieren, man kann schnell suchen, man kann die Texte problemlos in entfernte Büros versenden, man kann verteilt daran arbeiten.« Das alles funktioniert mit Papier nicht so einfach. Dafür gibt uns Papier ein Gefühl der Sicherheit – Bodenhaftung sozusagen. Wenn wir einen Stapel Papier sehen und anfassen, können wir sofort und ziemlich genau – uralte Codes – die Arbeitsmenge beurteilen, die auf uns zukommt. Überhaupt die Haptik: Das Fühlen, Greifen beruhigt. Wir fahren mit den Fingern über die Zeilen, blättern vor und zurück, verteilen ganz viele Papiere auf dem Schreibtisch und haben, anders als im Nirgendwo eines langen elektronischen Dokuments, die volle Orientierung. Jeder kommt täglich an diesen Punkt: Papier kostet doch fast nix! Und schon lassen wir unseren Drucker wieder ein paar Seiten ausspucken, Umwelt hin oder her. Gefaltet, gerollt, geknüllt – sie begleiten uns überall hin, und wir brauchen weder Akku und noch Bildschirm, um sie lesen und bearbeiten zu können. Alles Vorteile, die selbst einen Informatiker überzeugen: »Wenn ich auf einem Flug in die USA eine Doktorarbeit korrigieren will, dann mache ich das auf Papier«, gibt Mühlhäuser zu. »Weil ich dieses sichere Gefühl brauche, dass ich weiß, wo ich mich gerade in dem Text befinde. Wenn ich auf Seite 73 bin, wo bin ich da genau? Was kommt davor, was kommt danach?« Sein Fazit: »Elektronische Texte sind im wahrsten Sinne einfach sehr viel schlechter handhabbar.«

Wie lässt sich also die Verbindung zwischen den Vorteilen beider Arbeitsweisen herstellen? Wissenschaftler und Techniker wie Mühlhäuser arbeiten daran. Gerade ist zum Beispiel ein elektronischer Kugelschreiber in der Entwicklung, der uns das nachträgliche Eintippen von handschriftlichen Änderungen in ein elektronisches Dokument ersparen könnte. Die Änderungen, die wir mit dem elektronischen Stift in den ausgedruckten Text schreiben, werden gleichzeitig an den Computer gesendet.

Für mobile Arbeiter, die noch immer einen Computer mitschleppen müssen, weil die Displays von Smartphones zwar schick, aber zum richtigen Arbeiten viel zu klein sind, tüfteln Mühlhauser und seine Kollegen an einem ausrollbaren Display: »Das ist ein Bildschirm in ansehnlicher Größe, mit dem der Bistrotisch zum Office wird.« Prototypen gibt es schon, aber bis dieses ausrollbare Display tatsächlich auf den Markt komme, könnten noch Jahre vergehen, meint der Professor.

Und überall auf der Welt liefern sich Wissenschaftler und Ingenieure ein Rennen um das sogenannte »E-paper«. Damit meinen die Forscher nicht nur die Möglichkeit, sich ganze Zeitungen und Magazine auf Computer oder Smartphones zu laden. »E-paper sind dünne Folien, auf die man dann wie auf einem Bildschirm bestimmte Inhalte ausbringen kann«, erklärt Mühlhäuser. Statt morgens zum Briefkasten zu laufen, lädt man sich seine Zeitung zwar auch auf das E-paper, das aber würde in seiner Haptik eher unserem guten alten Papier entsprechen als die im Vergleich sperrigen Lesegeräte à la iPad. Zudem könnten wir am Arbeitsplatz mehrere nebeneinanderlegen, statt uns mit Bildschirmen zu umzingeln. Wir könnten sie locker an Kollegen weitergeben, sie im Zug auf dem Weg zur Arbeit lesen und natürlich auch für Videos nutzen. Schöne Aussichten also auf eine viel versprechende Kombination aus Greifbarkeit und Flexibilität. Arbeiten nach dem *Chamäleon-Prinzip*. Allerdings: Noch ist das Zukunftsmusik, bis die Technik so weit ist, bleiben wir auf uns selbst gestellt. Wir müssen selbst Hand anlegen und uns Greifbarkeit schaffen.

3.2 Die unsichtbaren Dritten – Greifbare Zusammenarbeit in virtuellen Teams

Auch im Umgang miteinander verlassen wir uns auf traditionelle, eingeübte Codes. Wir begrüßen unser Gegenüber mit einem Lächeln und signalisieren, dass wir ihr oder ihm wohlgesinnt sind, wir klopfen einer Kollegin auf die Schulter und meinen damit »gut gemacht«. Einer unserer Mitarbeiter zieht die Augenbraue hoch? Automatisch versuchen wir, diesen Code zu lesen: Hat er etwas nicht verstanden? Habe ich etwas Falsches gesagt? In Kontakt zu kommen, ist ein ganzheitliches Erlebnis. Denn wir kommunizieren über viele verschiedene »Kanäle« gleichzeitig und setzen fast alle Sinne dafür ein. Wir spüren, wenn Körpersprache und gesprochene Sprache gut übereinstimmen, oder auch, wenn sie es eben nicht tun. Wir sehen, wir fühlen, ja wir riechen den anderen sogar. Ohne es vielleicht bewusst zu tun, erschnüffeln wir, ob unser Gegenüber ängstlich ist, Wut im Bauch hat oder unter Stress steht. Der Ausdruck »Ich kann den nicht riechen« kommt deshalb nicht von ungefähr. Es ist tatsächlich so: Der Geruch entscheidet mit, ob wir jemanden sympathisch finden oder nicht.

Grundsätzlich gilt also: Je mehr Informationen wir über den anderen mit allen Sinnen sammeln können und je mehr alle diese Informationen für uns ein stimmiges Bild ergeben, umso sicherer fühlen wir uns und umso entschiedener fällt unsere Reaktion aus. Je mehr »Empfangskanäle« wegfallen, umso mehr hängen wir in der Luft. Wir interpretieren und phantasieren uns die anderen Informationen zusammen, puzzeln uns ein ganzheitliches Bild. Doch mit jedem fehlenden Puzzleteilchen wächst die Gefahr von Missverständnissen, steigt das Risiko, keine funktionierende Verbindung mehr herstellen zu können.

Genau das ist der Knackpunkt unserer modernen Arbeitswelt: Wir kommen seltener persönlich in Kontakt, arbeiten immer öfter komplett in virtuellen Teams. Wer Zusammenarbeit verbessern möchte, muss genau hier ansetzen. Wenn ich mit meinem Kollegen nur über Video, Telefon oder sogar nur per Mailkontakt verbunden bin, fallen viele Eindrücke im kollegialen Miteinander weg, aus denen ich bei einer realen Begegnung ganz selbstverständlich Informationen ziehe und mein Verhalten entsprechend abstimme. Bei einer Besprechung zum Beispiel, bei der ich mit mehreren Kollegen im Kreis zusammensitze. Während die Diskussion noch in vollem Gange ist, sehe ich, wie einer meiner Kollegen auf die Uhr sieht, auf seinem Stuhl nach vorne rutscht, anfängt, seine Papiere zusammenzuschieben und zu seiner Aktentasche zu greifen. Für mich und für alle anderen sind das untrügliche Zeichen: Der Mann will gehen. Letzte Gelegenheit also, noch etwas loszuwerden. Und so meldet sich eine Kollegin zu Wort und sagt: »Bevor du gehst, brauche ich noch unbedingt in der Sache xy deine Einschätzung.«

Anders in einer Telekonferenzsituation. Da reden auch alle und diskutieren, und plötzlich sagt einer: »Tschüs, ich muss jetzt weg.« Er denkt sich nichts Böses und hat auch extra bis zur letzten Minute gewartet, um die Diskussion nicht zu unterbrechen. Wie sich herausstellt, war seine Zurückhaltung genau das Falsche. Denn die anderen haben nicht mitbekommen, dass er sich gerade anschickt zu gehen. Sie konnten nicht erkennen, dass er auf dem Stuhl nach vorne gerutscht ist, seine Unterlagen eingesammelt und in seine Aktentasche gesteckt hat. Und so wäre die betreffende Kollegin in dieser Situation auch ziemlich verärgert, denn nun würde sich keine Gelegenheit mehr bieten, ihr Anliegen loszuwerden.

Eine Kleinigkeit? Unbedeutend? Nein. »Ich bekomme immer wieder von Mitarbeitern internationaler Unternehmen zu hören, dass es genau diese vermeintlichen Kleinigkeiten sind, die ihren Berufsalltag so schwierig machen«, betont Max Mühlhäuser. Deshalb arbeiten der Informatik-Professor und sein Team intensiv daran, die »Kollaboration auf Distanz« mit technischen Lösungen zu verbessern. Mit anderen Worten: Die Wissenschaftler liefern nach, was die Unternehmen aus dem Blick verloren haben. Dafür studiert Mühlhäuser zunächst eingehend, welche »sozialen Protokolle« und Arbeitsabläufe zum Beispiel in Konferenzräumen ablaufen. Wer hat welche Rolle? Wer verteilt die Unterlagen? Wer spricht als Erster? Wie wird Technik genau genutzt? Dann geht es darum, die Interaktion zum Beispiel durch interaktive Tische und Wände zu verbessern und die Distanzen mit Hilfe von technischen Möglichkeiten, wie Kameras, Mikrofonen, so zu überbrücken, dass möglichst viele Aspekte des menschlichen Miteinanders auch für die Kollegen in der Ferne sichtbar werden. Im besten Fall bekommt dann auch die Kollegin in Indien oder China rechtzeitig mit, dass der deutsche Kollege gerade dabei ist, zusammenzupacken und kann noch schnell ihre Frage an ihn loswerden, bevor er aus dem Blickwinkel der Kamera und damit aus ihrem Gesichtsfeld verschwindet.

Verbindlichkeit schaffen – Das Chamäleon als Brückenbauer

Trotz aller Möglichkeiten: Technische Finessen sind nur die halbe Miete beim Arbeiten in virtuellen Teams. Damit lassen sich zwar Distanzen überwinden, zwischenmenschliche Nähe schaffen sie deshalb aber noch lange nicht. Bei der virtuellen Teamarbeit geht die Selbstverständlichkeit verloren. Selbstverständlichkeit, die einfach da ist, solange man am selben Ort arbeitet und sich in derselben Zeitzone befindet. Virtuell ergibt sich nichts von selbst. Begegnungen, kreativer Austausch – einfach alles muss bewusst geplant werden. Die Folge: Terminabsprachen gestalten sich weitaus schwieriger, es gibt größeres Konfliktpotential, und weil die Hürde »Distanz« da ist, in der Regel weniger Feedback. Einschätzungen, Rückmeldungen, Lob verpuffen in den Weiten des Äthers. Überhaupt, die Zeitverschiebung. Sie muss in allen Arbeitsabläufen mitbeachtet werden. In internationalen Firmen werden zum Beispiel Powerpoint-Präsentationen in Indien erstellt, damit sie am nächsten Morgen in den USA gezeigt werden können: Follow the sun!

Eigentlich paradox: Da rückt die Welt durch die technischen Mittel näher zusammen, und zugleich schaffen dieselben Mittel eine größere Distanz.

Damit die Zusammenarbeit in virtuellen Teams gelingt, braucht es Chamäleon-Kompetenz: Um sich zu einem weit entfernten Ast ausstrecken zu können, nutzt das Tierchen seine Zangenfüße. Mit den Hinterbeinchen hält es sich am althergebrachten Platz fest, dann macht es sich gaaanz lang, umgreift mit den Vorderfüßen den neuen Ast und zieht sich dann hinüber. Das Chamäleon ist ein Brückenbauer zwischen den Welten. Übersetzt auf die Arbeitswelt bedeutet das: Wir brauchen einerseits die technischen Mittel und den Sachverstand, um Distanzen notfalls auch im Spagat überbrücken zu können. Andererseits müssen wir auf der menschlichen Ebene bewusst Verbindlichkeiten schaffen. Denn ohne ein gewisses Maß an Commitment, wie es neudeutsch heißt, funktioniert keine Beziehung. Hier eine Idee, wie das funktionieren könnte:

Die virtuelle Kaffeepause – Rituale schaffen Greifbarkeit

Ein bis zwei Mal die Woche hat Gesa Krämer bereits um acht Uhr morgens eine fixe Verabredung. Sie trifft sich mit einem Mitarbeiter zu einem morgendlichen Schwätzchen bei Kaffee, Croissants. Und Kamera. Die ist wichtig, denn die Schwäbin hat ihren Schreibtisch in Stuttgart, der Kollege sitzt in Berlin. Die beiden würden sich also nicht rein zufällig in der Firmen-Teeküche über den Weg laufen, sondern müssen ihr kollegiales Stelldichein minutiös und getrennt voneinander am jeweiligen »Heimatort« vorbereiten: Croissant kaufen, Computer hochfahren, Skype aktivieren, online gehen, eine Viertelstunde gemeinsam essen, trinken und schwatzen. Nicht nur über Firmendinge, das ist Gesa Krämer wichtig, sondern einfach auch über Sachen, die man gerade so erlebt hat oder die einen beschäftigen – ganz so, wie man es eben bei einer Begegnung in der Teeküche auch machen würde.

Gesa Krämer wendet bei ihrem Croissant-Treff im Praxistest an, was sie ansonsten ihren Klienten professionell nahebringt. Denn sie ist Mitgeschäftsführerin von consilia cct, einem Institut, das sich unter anderem auf das Coaching von virtuellen, international ausgerichteten Arbeitsteams spezialisiert hat. »Das ist für mich eine Möglichkeit, die Distanz zumindest ein bisschen zu kompensieren«, erklärt Krämer. Der Kollege, der für sie als Trainer in Berlin arbeitet, fühlt sich durch die ungeteilte Aufmerksamkeit der Chefin wertgeschätzt. Die Regelmäßigkeit, die persönliche und lockere Atmosphäre überbrücken die Distanz, schaffen Nähe und damit Vertrauen. Und Gesa Krämer kann ein ganz gutes Bauchgefühl dafür entwickeln, wie es um die Zusammenarbeit gerade bestellt ist. Ein großer Vorteil, wie sie sagt. Denn in der Regel »treffen« sich virtuelle Teams nämlich nur zu reinen Arbeitsgesprächen. Da geht es dann um inhaltliche Dinge. Wie ist der Stand eines Projekts? Wann muss was fertig werden? Der menschliche Aspekt hat keinen Raum im »virtual space«. Es ist aber wichtig, dass auch die Kollegen »auf dem anderen Ast« mitbekommen, wie gerade die Stimmung auf unserem »Baum« ist.

Das Ritual der gemeinsamen, virtuellen Kaffeepause ist eine gute Möglichkeit, dafür Raum zu schaffen – gerade auch für Führungskräfte.

Rituale begleiten uns von der Wiege bis zur Bahre. Taufen, Hochzeiten, Beerdigungen – mit ihnen werden Übergänge zwischen Lebensabschnitten sichtbar und damit greifbar. Rituale schaffen ganz im Sinne des *Chamäleon-Prinzips* eine Balance zwischen Wandel und Stabilität und bringen so Struktur in unseren Alltag. Sie geben dem sozialen Miteinander eine Form und einen Rahmen. Man denke nur an Begrüßungs- und Abschiedsrituale, an Geburtstage und Nationalfeiertage. Rituale verbinden, Rituale versöhnen sogar und sind deshalb bestens dafür geeignet, um in den luftigen Höhen des virtuellen Lebens, Greifbarkeit zu schaffen. Sie heben unser virtuelles Gegenüber aus der Anonymität, er ist keine »Funktionseinheit« mehr, sondern bekommt ein menschliches Gesicht. Das verbessert die Zusammenarbeit – auch und gerade die zwischen Angestellten und freien Mitarbeitern. Stichwort »Outsorucing«. Wer als »Freier« nicht in ein festes Team eingebunden ist, kennt die Abläufe nicht, hat keinen Einblick, warum wer welche Entscheidungen getroffen hat. Oft wird nur über Mail kommuniziert, was die Gefahr erhöht, dass sich Missverständnisse einschleichen oder beide Seiten aneinander »vorbeimailen«. Viele Freie fühlen sich deshalb »lost in space«, ohne Andockungspunkt an die Unternehmen. Rituale können ein solcher Andockpunkt sein – und wenn es nur ein fixer Telefontermin pro Woche ist. Gut ist es auch, den freien Mitarbeiter über interne Abläufe zu informieren – soweit sie seine Arbeit betreffen.

Motiviert bleiben trotz Distanz

Egal ob wir nach einem gemeinsamen Termin suchen, der die verschiedenen Zeitzonen mit berücksichtigt oder ob wir nur schnell einen Kollegen etwas fragen wollen, der nicht im Nachbarraum sitzt, sondern sein Büro in einer anderen Stadt hat – die Arbeit auf Distanz bedeutet mehr Aufwand und deshalb mehr Selbstdisziplin. Denn wir Menschen gehen nun mal prinzipiell gern den einfachsten und kürzesten Weg, den, bei dem wir den geringsten Widerstand und die niedrigsten Hürden erwarten können. Es ist schlichtweg eine größere Hürde mit China zu telefonieren, statt über den Schreibtisch zu rufen, wenn man eine Verständnisfrage hat. Sich dessen bewusst zu sein ist ein erster, wichtiger Schritt. Das bedeutet für die Führungskraft und für Mitarbeiter, proaktiv handeln zu müssen. Es braucht die Bereitschaft sich gaaanz lang zu machen und immer wieder Brücken zu bauen zwischen den verschiedenen Baumkronen, obwohl es viel bequemer wäre, nur das Leben auf dem eigenen Ast zu beachten.

Den Teamgeist wecken

Aber wie wird aus einer bunt zusammengewürfelten Truppe ein eingeschweißtes Team – über Länder- und Kulturgrenzen hinweg? Ein Team, das miteinander und nicht gegeneinander arbeitet? Das sich unterstützt und nicht behindert? Die Frage nach den Möglichkeiten der Teambildung wird in Seminaren besonders oft gestellt. Kein Wunder, die Qualität der Zusammenarbeit bestimmt maßgeblich den Erfolg eines Projektes. »Die Leute wollen wissen: ›Wie integrieren wir neue Kollegen, wie können wir Vertrauen aufbauen, wie können wir Konflikte vermeiden?‹«, zählt Krämer die häufig gestellten Fragen auf. Ihre Antwort: »Um die Motivation zu erhöhen, als Team gut zusammenzuarbeiten, brauche ich eine Identität, eine Identifikation.« Die Expertin ist überzeugt: »Je klarer das Team sich beschreibt und sich um sich selbst kümmert im Sinne von: ›Wer sind wir, was ist unser gemeinsames Ziel?‹, desto höher ist auch die persönliche Motivation der einzelnen Mitglieder.« Identität bringt Greifbarkeit. Übrigens: Sich gemeinsame Rituale schaffen – das ist auch im größeren Team oder bei einer ganzen Abteilung eine sehr gute Möglichkeit, um den Zusammenhalt zu verbessern.

Gut vorbereitet sein

Wer es bis jetzt noch nicht bemerkt hat: Damit die Zusammenarbeit über Entfernungen hinweg klappt, muss einiges beachtet werden. Tatsächlich gilt die Regel: Je gründlicher die Vorbereitung, umso besser ist das Resultat. Und gründlich vorbereitet meint nicht nur, dass alle Informationen zusammengetragen sind und der Zeitplan steht. »Das kennen Sie ja wahrscheinlich selbst, man hat ein Projekt, setzt sich zusammen und fängt an, inhaltlich zu arbeiten«, sagt Gesa Krämer. »Aber darüber zu beratschlagen, wie wir es denn gerne hätten und was wir worunter verstehen, das klären wir normalerweise nicht. Und dann kochen mitten im Projekt die Emotionen hoch, und das liegt daran, dass man im Vorfeld nicht gründlich genug gearbeitet hat.«

Nicht gründlich genug gearbeitet, das meint, dass man im Vorfeld nicht genug Dinge abgeklärt hat. Greifbar wird Zusammenarbeit, wenn jeder sich im Klaren ist über folgende Punkte: Was ist genau unser Ziel? Was brauchen wir, um erfolgreich zusammenarbeiten zu können? Wie wollen wir Schritt für Schritt vorgehen? Sind alle Handlungsschritte für alle transparent? Wer bringt was ein? Wie teilen wir uns die Zeit ein? Wer arbeitet wem zu? Wer ist verantwortlich für was? Wer springt im Notfall ein? Wie fällen wir Entscheidungen? Wer hat den Hut auf? Wie informieren wir uns? Und immer wieder auch die Frage: Verstehen wir alle das Gleiche unter dem, was besprochen wird?

Kultur- und Rollenkompetenz entwickeln

In Seminaren für Führungskräfte spielt Gesa Krämer gerne mit diesem Bild: Jeder sollte einen Rucksack haben, der alles »Werkzeug« enthält, was es für das Arbeiten in virtuellen Teams braucht. Diese Idee passt zum *Chamäleon-Prinzip:* Nur wer brauchbares Werkzeug hat, kann vielfältigen Aufgaben auch gerecht werden. Wer nur einen Hammer in der Hand hat, für den sieht alles aus wie ein Nagel.

Zu den Werkzeugen, die Krämer Führungskräften als Erstes in den Rucksack packt, gehört Kulturkompetenz. Sie ist die Basis für erfolgreiche Zusammenarbeit in multinationalen Teams. Das Wissen um die eigene und die fremde Lebenswelt, das Bewusstsein, dass es viele Ähnlichkeiten, aber eben auch viele Unterschiede gibt, sensibilisiert und schafft Gelassenheit im Umgang miteinander. Und Gelassenheit wiederum schafft ein Gefühl der Sicherheit.

»Kultur ist ein strategischer Kostenfaktor« erklärt Gesa Krämer. »Meist bringen es erst teure Konflikte an den Tag, dass die Beteiligten von unterschiedlichen Erwartungen ausgegangen sind.« Erwartungen, die sich eben ganz automatisch aus der eigenen, ganz spezifischen Weltsicht ergeben. Diese Sicht bestimmt unser Handeln.

Ein erster Schritt ist deshalb, sich bewusst zu werden, wo überall Kultur eine Rolle spielt und die eigenen kulturell bedingten Erwartungen kennenzulernen. Im nächsten Schritt geht es darum, Wissen über verschiedene kulturelle Hintergründe zu erwerben. Der dritte Schritt ist, für sich selbst herauszufinden, welche Haltung man persönlich dazu einnimmt, und gleichzeitig die eigenen Deutungen zu hinterfragen.

Und schließlich, im vierten Schritt, geht es um Handlungswissen: Methoden zu kennen, die das eigene Verhaltensrepertoire erweitern, und solche, die bei der Aushandlung von Gemeinsamkeiten helfen. »Ziel ist, am Ende eine neue gemeinsame Kultur zu erschaffen«, sagt Krämer. Eine spezifische Teamkultur, die Zusammenarbeit »greifbar« macht – trotz oder gerade wegen der kulturellen Unterschiede!

Übrigens: Kulturkompetenz ist nicht nur beim Umgang mit Menschen aus verschiedenen Ländern gefragt. Auch über unterschiedliche Berufskulturen muss ein Global Player Bescheid wissen. Und vor allem sollte er sicher sein, welche Rolle er selbst in all diesen Kontexten spielt.

Gesa Krämer nennt ein Beispiel für die Bandbreite der Herausforderungen: »Wir hatten einen Fall, da war jemand Leiter eines Consultant-Teams, dessen Teilnehmer in Brasilien, Indien und China saßen. Der Teamleiter selbst saß in Deutschland. Gleichzeitig hatte er noch ein anderes Projekt. Dort betreute er einen

Kunden, der Lieferanten überall auf der Welt hatte. Und zusätzlich betreute er noch ein drittes Projekt, wo er nicht international arbeitete und mit verschiedenen Länderkulturen zu tun hatte, wohl aber mit unterschiedlichen Berufskulturen, die alle auch gemeinsam geführt werden wollten. In dem Team war zum Beispiel jemand aus dem Bereich Forschung und Entwicklung, dann einer, der Datenbanken programmierte, ein Kaufmann, der Vertriebskanäle untersuchte, und ein Analyst. Die Mitarbeiter kamen zudem aus ganz unterschiedlichen Altersgruppen. Das heißt, der Teamleiter hatte durch die drei unterschiedlichen Projekte schon mal drei unterschiedliche Rollen. Außerdem musste er jedes dieser Projekte nach außen vertreten, dafür sorgen, dass jedes der drei Teams eine Identität bekam, gut zusammenarbeitete und dass jedes Teammitglied wusste, wer wo mitarbeitet und welche Ansprechpartner es in den verschiedenen Bereichen gibt.« Und schon schiebt sich vor unserem inneren Auge unser Chamäleon wieder ins Blickfeld: Gaaanz lang machen, aber ohne abzustürzen oder sich zu zerreißen.

Um Unterschiede in den Rollenerwartungen zu erkennen, muss man gar nicht weit reisen. In Frankreich zum Beispiel hat man bereits eine andere Vorstellung davon, was eine Führungskraft zu leisten und wie sie zu »sein« hat, als hierzulande. Denn während in Deutschland in der Regel jemand zum Leiter eines Teams berufen wird, der mit viel Erfahrung und Expertenwissen aufwarten kann, wird in Frankreich eher jemand Chef, der Generalist ist und Managementfähigkeiten besitzt. Dementsprechend wird von der deutschen Führungskraft in Frankreich eine andere Rollenkompetenz erwartet als im eigenen Land. »Da geht es eher darum, kann er oder sie Menschen miteinander vernetzen? Moderieren?«, erklärt Gesa Krämer. Die Rolle des Experten werde dagegen gar nicht so oft erwartet. Die Beraterin warnt: »Das muss man wissen, wenn man in einem internationalen Team arbeitet.«

Missverständnisse vermeiden

Wenn bei Telefonkonferenzen alle zwei Minuten die Leitung zusammenbricht, der Kollege in Indien oder China einfach nicht erreichbar ist oder Teams trotz aller Kulturkompetenz aneinander vorbeireden, dann sollte eine weitere Fähigkeit aus unserem Werkzeug-Rucksack eingesetzt werden: Frustrationstoleranz!

Quellen für Missverständnisse gibt es viele im virtuellen Arbeitsraum. Allein schon deshalb, weil Englisch zwar häufig als Lingua franca eingesetzt wird, aber selbst Briten und Amerikaner in ihrer Muttersprache aneinander vorbeireden können. Französisch ist nicht gleich Französisch. Und Spanisch nicht gleich Spanisch. Die Beraterin Gesa Krämer hat immer wieder die Erfahrung gemacht, dass Konflikte oft allein deshalb entstehen, weil Wörtern unterschiedliche Bedeutungen zugemessen wurden und auf diese Weise sogenannte »falsche Freunde«, also Übersetzungsfallen, entstanden sind. »Im Deutschen gibt es zum Beispiel das Wort ›Konzept‹«, sagt sie. »Wenn ich das mit ›concept‹ ins Französische übersetze, stimmt das erstmal. Nur die Bedeutung dahinter ist eine ganz andere: In Deutschland erwarte ich von einem Konzept ein ausgearbeitetes Papier, fünf Seiten mindestens und sehr detailliert. In Frankreich erwarte ich von einem ›concept‹ eine Idee, ein Brainstorming, fünf Schlagworte, und gut ist.« Das Ende vom Lied: Der französische Mitarbeiter liefert fünf Schlagworte hinter Spiegelstrichen, der deutsche Chef ist nicht zufrieden, hält den Franzosen gar für unzuverlässig, der wiederum kann nicht verstehen, was den Deutschen umtreibt, und so entsteht Frust auf beiden Seiten. Krämers Tipp bei Missverständnissen: Statt ellenlange Mails zu verfassen, lieber mal zum guten alten Telefon greifen. Dann kann man direkt nachhaken, ob man das Gleiche versteht. Da ist er wieder, der zweite Aspekt des Chamäleon-Prinzips: die Zangenfüße einsetzen, greifbar werden, Verbindlichkeit herstellen!

Für die Zusammenarbeit im digitalen Zeitalter geht es im Grunde immer um diese Frage: Wie (ver-) schaffe ich mir Greifbarkeit und damit ein Gefühl der Sicherheit? Gute Arbeit kann nur geleistet werden, wenn funktionierende Kontakte entstehen, wenn mein Gegenüber für mich (be-) greifbar und damit einschätzbar wird. Die Technik schafft die Voraussetzungen, Menschen weltweit miteinander zu verbinden. Für das tatsächliche In-Kontakt-Kommen sind wir jedoch selbst verantwortlich.

Was nun aber wie gemacht werden kann und muss, um erfolgreich zu sein, ist immer eine Frage des ganz konkreten Aushandelns. Und das gelingt wiederum nur in offenen Begegnungen: Wenn Menschen auch im Cyberspace genau herausfinden: Was will der andere? Wie passt das zu meinem Vorgehen und Anliegen? Wie geht's ihm mit der Arbeit und in der Zusammenarbeit in unserem Team?

Entscheidend ist dann, dass die virtuellen Teams nicht Sklaven der Technik sind, sondern sich fragen: Was passt zu meinem Anliegen? Welche Kontaktform ist gerade angebracht?

Oft ist ein Treffen von Angesicht zu Angesicht angebrachter und zielführender als eine E-Mail oder Videokonferenz. Die Business-Class mag in den vergangenen Jahren seltener gebucht worden sein, aber noch immer sind die Linienmaschinen voller Geschäftsreisender – erhöhter Aufwand, der sich letztlich aber lohnt.

Finden Sie gemeinsam heraus: Was ist uns trotz aller technischen Möglichkeiten wichtig und wertvoll? Worauf wollen wir trotz riesiger Entfernungen nicht verzichten?

Welche Rollenerwartungen gibt es? Was weiß ich über die Kultur des anderen? Wie sieht meine Arbeitskultur aus?

3.3 »Ich möchte die Menschen mit meiner Arbeit berühren!« – Ein Fotograf schafft sich Greifbarkeit

Den ganzen Nachmittag hat Achim Pohl durch den Sucher seiner Kamera geschaut, Licht gesetzt, sein Stativ immer wieder verschoben, er hat nach neuen Blickwinkeln und Perspektiven Ausschau gehalten, und dann hat er immer wieder auf den Auslöser gedrückt. Ein Mal, zehn Mal, hunderte Male. Klick, klick, klick. Aber während der freiberufliche Fotograf früher bei solch einem Shooting drei, vier Filme »verschossen« hätte, passt sein Tagwerk heute auf einen kleinen Chip.

Quadratisch, praktisch, gut? Tatsächlich wurde kaum ein Berufs- und Arbeitsfeld in den vergangenen zehn Jahren so durcheinandergewirbelt und nachhaltig verändert wie die professionelle Fotografie.

Pohl, groß und schlank, mit kurzen grauen Haaren und dunkler Brille, ist seit 20 Jahren im Geschäft und hat die Veränderungen am eigenen Leib erfahren. Spezialisiert ist er auf Sozialfotografie und Fotoreportagen aus Entwicklungsländern. Kambodscha, Kolumbien, Kuba: Pohl war in mehr als 80 Ländern auf Reportagereise unterwegs, er hat die Welt durch seine Kameralinse gesehen. Er war immer nah dran. Und er hat seine ganz eigene Art gefunden, mit den technischen Veränderungen umzugehen. Sein Beruf ist bestimmt vom ständigen Abwägen zwischen dem, was technisch möglich ist, und was er ganz persönlich braucht und möchte. Achim Pohl ist ein echtes Chamäleon: Sein Umgang mit dem technischen Wandel zeigt, wie es gelingen kann, auf äußere Herausforderungen flexibel zu reagieren, ohne die eigene innere Linie zu verlieren.

Technisches Wettrüsten

Um Kunden von der eigenen Leistung zu überzeugen, reicht es heute nicht mehr aus, eine Kamera mit guter Optik zu besitzen und auch bedienen zu können. Im digitalen Zeitalter wird Leistung in Bits, Bytes und Pixeln gerechnet. Innerhalb kürzester Zeit gibt es neue Modelle auf dem Markt. Und weil Amateurkameras mit etlichen Pixeln in jedem x-beliebigen Elektronikgroßhandel für wenig Geld angeboten werden, geraten auch die Profis unter Zugzwang. »Mein Equipment muss einfach besser sein als das, was mein Kunde zu Hause hat«, erklärt der Fotograf. »Und besser heißt für die meisten Nicht-Profis, und dazu zählen halt auch die meisten Kunden, eben mehr Megapixel. Obwohl es bei der Qualität nicht allein darauf ankommt. Aber das hat sich in den Köpfen so festgesetzt.« Pohls Umgang damit: Er kauft sich alle drei Jahre eine neue Kamera, auch wenn die alte in den allermeisten Fällen noch vollkommen ausreichen würde. Hat der Kunde zwanzig Megapixel, muss der Fotograf eben mindestens zweiundzwanzig haben. Das ist wichtig für die Außenwirkung.

Allerdings kauft sich Pohl nicht das allerteuerste Modell, das 6500 Euro kosten würde, sondern ein günstigeres für 2500. Die ist zwar nicht doppelt wasserdicht, reicht aber seiner Meinung nach qualitativ völlig aus. Eine Kosten-Nutzen-Rechnung nach dem *Chamäleon-Prinzip*. Und eine Lösung, die ihn trotzdem technisch am Ball bleiben lässt. Denn auch mit der günstigeren Profikamera sind Sachen möglich, die mit der alten Kamera schwieriger bzw. gar nicht möglich waren. Zum Beispiel bei ganz schwachem Licht zu arbeiten. »Die Grenzen dessen, was technisch möglich ist, werden immer weiter gesteckt«, sagt Achim Pohl. Das findet er spannend, da möchte er – nicht nur aus Wettbewerbsgründen – dabei sein. Sich gaaanz lang machen eben, ohne abzustürzen.

Der Fotograf als One-Man-Show

Doch die Kameras der neuesten Generation können noch mehr. Nämlich Videoaufnahmen machen. In Profi-Qualität. Einem freiberuflich arbeitenden Fotografen wie Pohl eröffnen sich damit zusätzliche Möglichkeiten der Vermarktung. Er kann, wenn er für einen Kunden in Entwicklungsländern unterwegs ist, um etwa Aufnahmen von humanitären Hilfsprojekten zu machen, gleich noch einen Film anbieten. Aber er braucht noch mehr Equipment, um das Rohmaterial in einen professionellen Film zu verwandeln. Das bedeutet: ständiges Dazulernen und in teure Software investieren. Denn hier läuft das gleiche Wettrüsten wie bei den Pixeln: Pohl muss mehr vorzeigen können als der Kunde im Elektronikmarkt bekommt – »hat der iMovie, brauche ich Final Cut«. Fast in Vergessenheit gerät dabei: Er muss auch noch besser sein als die Konkurrenz.

Die technische Entwicklung setzt eine regelrechte Spirale in Gang. Mit jedem Extra wachsen die technischen Möglichkeiten, steigen die Erwartungen der Kunden, erhöht sich der Anpassungsdruck auf die Fotografen. Sie müssen zunehmend Fotograf, Entwickler, Filmer, Cutter in Personalunion sein. Ihre Arbeit wird extrem verdichtet.

Im Print- und Radio-Journalismus ist die Entwicklung ähnlich. Freelancer liefern ihre Artikel bereits im fertigen Layout an die Redaktionen, professionelle Gestalter dort »sterben aus«. Und weil im Radiobereich mittlerweile alles digital läuft, erledigen auch hier immer mehr freiberufliche Radiojournalisten den Audioschnitt zu Hause. Es ist mittlerweile gang und gäbe, dass sie ihre Beiträge nicht mehr wie früher im Studio gemeinsam mit einem Techniker erarbeiten, sondern von vornherein sendefähige Beiträge abliefern.

Technik verlangt Technik

Doch die One-Man-Show kostet. Denn Technik zieht Technik nach sich. »In Vorgesprächen zu Aufträgen bekomme ich von Kunden immer wieder zu hören, dass sie weniger zahlen wollen, weil ich ja jetzt auch weniger Kosten hätte«, sagt Achim Pohl. Ihr Argument: Er müsse ja jetzt keine Filme mehr kaufen, und die Entwicklung im Labor, die Rahmung der Dias, das alles falle ja auch weg. »Zu kurz gedacht«, sagt Pohl und erklärt, warum: »Wenn ich eine neue Kamera habe, dann schreibt die auch wieder größere Dateien. Das heißt, der Computer wird bei der Bildbearbeitung mehr beansprucht. Das ist ja eine Wechselwirkung. Natürlich kannst du mit deinem alten Gerät weiterhin deine Bilder bearbeiten, aber irgendwann ist die neue Photoshop-Version da, und die läuft darauf nicht mehr. Außerdem wird der Rechner irgendwann elend langsam, weil er Zeit braucht, um die ganzen Daten zu berechnen.« Pohls Fazit: »Wenn man einigermaßen flott arbeiten will, braucht es gewaltige Technik.« Und das heißt, fortlaufend investieren: In neue Computer, Monitore, Software, Objektive und natürlich – in die nächste Kamera, neueste Generation.

Was greifbar bleibt

Wie kann man da noch den Überblick behalten, ohne sich zwischen dem täglichen Kleinklein und Einsätzen auf der halben Welt zu verlieren? Auf Reportagereisen nimmt Achim Pohl immer auch einen kleinen Laptop mit. Dann kann er sich nach einem Arbeitstag abends im Hotel schon einmal die Bilder ansehen. Das reicht, um festzustellen, was gut und weniger gut gelaufen ist und wo noch etwas fehlt. So verschafft er sich noch vor Ort Sicherheit.

Das Endprodukt entsteht nach der Rückreise. Während sich

Pohl dafür früher an sein Leuchtpult stellte und mit der Lupe die einzelnen Negative oder Dias der Reihe nach durchging, muss er heute Datenberge in den Computer laden und Bild für Bild auf einem riesigen Monitor überprüfen. Das dauert. Denn Pohl hat – der digitalen Technik sei Dank – viele hundert Fotos gemacht, ein Vielfaches dessen, was mit klassischem Filmmaterial bezahlbar gewesen wäre.

Trotz vollständig digitaler Abläufe muss jedes einzelne Foto individuell behandelt werden. »Das Bild wird praktisch wie in einem Entwickler entwickelt«, beschreibt Pohl den Vorgang. »Nur dass du eben keine Schale mit Entwicklerflüssigkeit mehr hast, sondern die Arbeit am Computer stattfindet.«

Während Laborarbeit früher Handarbeit war, wird sie heute am Computer erledigt. In den Händen hat Achim Pohl dadurch immer weniger. Während er früher dicke Umschläge mit vielleicht 100 Dias an seine Kunden geschickt hat, versendet er nun schlanke CDs mit 500 und mehr Fotos darauf. Der Vorteil: Jede Abteilung oder sogar jeder Mitarbeiter kann eine eigene CD mit allen Bildern bekommen. Früher hat Pohl seine Dias wieder eingesammelt, wenn die Arbeit an einem Auftrag beendet war. »Da fehlte dann bestimmt ein Drittel der Bilder, die waren dann irgendwo auf irgendwelchen Schreibtischen gestrandet oder in Schubladen verschollen«, erinnert er sich.

Der Wermutstropfen: Es gibt keine Originale mehr. Nicht das eine Bild, das gehütet wurde wie ein Schatz. Und statt Belegexemplaren, die er in den Händen halten und durchblättern kann, heißt es immer öfter: »Ihr Foto können Sie unter der und der Webadresse ansehen.« Das macht sein Werk nicht nur weniger greifbarer, sondern auch flüchtiger. Ein Klick, und das Foto ist ausgetauscht.

Privat liebt Pohl deshalb Fotoalben. Von jedem Urlaub oder wichtigem Ereignis legt er eines an. Eine ganz persönliche Würdigung seines eigenen Handwerks.

Die rasante Entwicklung empfindet der Fotograf aber nicht als Bedrohung. »Ja, die technischen Umstände sind anders, und die Kunden erwarten heute mehr, weil die Möglichkeiten jetzt einfach größer sind. Aber grundsätzlich hat sich für mich nichts geändert«, ist Achim Pohl überzeugt. Für ihn zählt bei seiner Arbeit, Grenzen zu überwinden und Nähe und Vertrauen zu den Menschen aufzubauen, die er fotografieren möchte. Egal ob sie in einem Altenheim im Ruhrgebiet leben oder in einem indischen Dorf. Viel hängt von der Atmosphäre ab: »Bin ich in der Lage ein Bild zu machen, das den Betrachter berührt?« Diese Frage leitet Pohl. Sie macht seine Arbeit für ihn greifbar. »Wenn mir das gelungen ist, bin ich zufrieden. Und hinterher fragt doch keiner mehr, wie hat er das gemacht, digital oder analog?« Das Wissen, dass es ihm im Laufe seiner Berufsjahre immer wieder gelungen ist, solche Bilder zu machen, gibt ihm Sicherheit. Und das nötige Selbstvertrauen, dass er den Veränderungen gewachsen sein wird, die noch kommen werden.

Und: Es geht auch darum, sich trotz der gewachsenen technischen Möglichkeiten selbst treu zu bleiben. Pickel, Falten, Speckröllchen, eine fremde Hand, die gerade noch so ins Bild ragt und so die »Gesamtkomposition« stört, rote Blitzaugen, die Kaninchen aus uns machen oder Essensreste im Zahnpastagrinsen? Alles, was nicht ins Bild passt, lässt sich am Computer ausmerzen. Technisch überhaupt kein Problem, wird daraus ein echtes moralisches Dilemma für viele Profis. Wie viel Manipulation ist erlaubt? Achim Pohl hat hier die Grenze ganz bewusst für sich gezogen. »Ich habe für mich das Prinzip entschieden, dass ich nur Bearbeitungen mache, die genauso im Fotolabor früher gängig waren.« Mit Farbfiltern arbeiten oder die Helligkeit steuern, zum Beispiel. »Auch beim Kontrast konnte man früher mit ein bisschen Trickserei und unterschiedlichen Fotopapieren was machen. Deshalb erlaube ich mir das auch – in Grenzen allerdings.« Diese freiwillige Selbstbeschränkung ist Achim Pohl wichtig. Bei aller Anpassung, bewahrt er sich diese Eigenart. Sie ist für ihn eine sichtbare Richtlinie in einer Welt, deren Grenzen sich durch die technischen Möglichkeiten immer mehr auflösen.

3.4 Innere Greifbarkeit

Tun wir einmal so, als richteten wir unseren Sucher auf den Fotografen: Achim Pohl möchte Menschen mit seinen Bildern berühren. Wenn ihm das gelingt, dann wird seine Arbeit für ihn greifbar. Das macht ihn zufrieden und nicht zuletzt auch seine Kunden. Oberflächlich betrachtet, entstehen diese Bilder durch seinen professionellen Blick, solides Handwerk und gute technische Voraussetzungen. Tatsächlich aber ist die Basis für seine Arbeiten aber der authentische Kontakt zu den Menschen, die er fotografiert. Authentizität entsteht durch Bodenhaftung – im Sinne von echtem Einlassen auf die Arbeit, auf das Thema, das Motiv und den Menschen hinter dem Motiv. Greifbarkeit entsteht also durch Nähe und Kontakt. Achim Pohls Anliegen wird von Technik unterstützt, nicht umgekehrt. Die Technik dient dazu, konkurrenzfähig zu bleiben, aber er lässt sich von ihr nicht verleiten, Fotos zu produzieren, die ihn weit von den wirklichen Personen entfernen, von denen seine Bilder erzählen. Achim Pohl beschränkt sich aus Überzeugung selbst. Authentische Fotos sind das Markenzeichen seiner Arbeit, Authentizität ein wichtiger Wert für ihn. Er verweigert sich dem bedingungslosen technischen Wettrüsten und kann sich so trotzdem in den Baumkronen bewegen und ausgezeichnete Arbeit leisten, ohne Bodenhaftung zu verlieren. Arbeiten nach dem Chamäleon-Prinzip.

Es hilft, wenn wir uns wie der Fotograf Achim Pohl unserer Werte im Berufsleben bewusst werden. Wir brauchen in der sich konstant verändernden Arbeitswelt dringend Dauerhaftes, Beständiges, das nicht unablässig dem Wandel unterworfen ist.

Es ist gut, für sich herauszufinden, festzuhalten, zu greifen, was uns ganz persönlich wichtig und unentbehrlich ist, was wir in unserer Arbeit schätzen und was wir brauchen, um freudvoll und mit Energie unser Tagwerk vollbringen zu können. Mit anderen Worten: Definieren Sie Ihre persönlichen Werte. Werte geben Orientierung. Wenn sie uns bewusst sind, können wir Grenzen abstecken, uns flexibel zwischen ihnen bewegen und damit die Balance zwischen Anpassung und Eigenart finden.

In der Fotografie gibt es zum Beispiel einen Kodex. Er beschreibt Regeln bei der Aufnahme und Bearbeitung von Bildern.

Fotografen, die sich freiwillig verpflichten, nach diesem Kodex zu arbeiten, erstellen hochwertige Aufnahmen, bei denen sie das Wesentliche der Bildaussage auf keinen Fall verändern. Sie verzichten auf inhaltliche Korrekturen und Verschönerungen. Und die jeweiligen Schritte der Bearbeitung sind für alle Interessierten transparent nachvollziehbar.

Die gemeinsame Vereinbarung darüber, was ihnen in der Fotografie wichtig und wertvoll ist, der Kodex, unterstützt jeden einzelnen Fotografen und stärkt seine Position im Dschungel der Hochglanz-Manipulationsfotografie.

Diese Werteordnung gibt Orientierung. Sie stellt Bodenhaftung her und ermöglicht, im Zeitalter der unbegrenzten technischen Möglichkeiten nicht verloren zu gehen, sondern handlungsfähig zu bleiben. Zu wissen: Was ist mir bei all dem, was möglich ist, dennoch wichtig, wertvoll »heilig«? Mit unseren eigenen Werten setzen wir uns selbst den Rahmen, innerhalb dessen unser kreatives Potenzial sich nun frei entfalten kann.

4. Die Zangenfüße – ganz praktisch

Um unsere Arbeit in der digitalen Welt greifbar machen zu können, lohnt es sich, Fragen zu stellen wie: Was macht meine Arbeit aus? Was ist das Ziel meiner Arbeit? Was möchte ich erreichen? Diese Fragen führen uns zur ursprünglichen Motivation unseres Handelns: Warum mache ich diese Arbeit? Was macht meine Arbeit wertvoll?

Lassen Sie sich nicht von der Technik dominieren! Stellen Sie sich umgekehrt die Frage: Wie kann ich die Technik in meinen Dienst stellen? Welche Vorteile kann sie mir verschaffen, mit welchen Schwierigkeiten muss ich rechnen? Wohin führt mich das? Brauche ich mehr Bodenhaftung? Wie kann ich meine Arbeit greifbarer machen? Und schließlich: Was verbessert die Zusammenarbeit im (virtuellen) Team?

Stellen Sie sich diese Fragen immer wieder. Setzen Sie im übertragenen Sinne Ihre Zangenfüße ein. Sorgen Sie auf diese Weise für Bodenhaftung. Finden Sie heraus, was Ihnen in Ihrem Beruf Greifbarkeit und damit Sicherheit gibt. Suchen Sie immer wieder »echten« Kontakt zum Kern Ihrer Aufgabe und zu den Menschen, mit denen Sie sie gemeinsam bewältigen. Denken Sie an das Chamäleon und seine Zangenfüße: Nur wer alles im Griff hat, kann sich in virtuellen Welten frei bewegen, die Balance immer wieder finden und sich so weiterentwickeln.

Der Wickelschwanz – Verankerung in bewegten Zeiten

»Fiel die Jagd in der letztvergangenen Zeit ungenügend aus, so versucht es das Chamäleon wohl auch, ein Wild zu beschleichen.(...) Hierbei entfaltet er der raubsüchtige Schütz eine überraschende Behendigkeit, und alle Künste des Kletterns, alle Fähigkeiten der einzelnen Glieder kommen zur Geltung. Nicht allein die Zangenfüße werden unter solchen Umständen beansprucht, sondern auch der Wickelschwanz muß ausgiebige Dienste leisten. Gar nicht selten hängt an ihm das Chamäleon sich schwebend auf und dehnt und reckt sich, so lang es kann, um noch einen nach der Tiefe gerichteten Treffer zu gewinnen.«

AUS: BREHM, ALFRED: THIER-CHARAKTERE.
5. DAS CHAMÄLEON.
IN: DIE GARTENLAUBE, HEFT 9, S.135. 1869.

1. Arbeit macht mobil

1.1 »Dabei habe ich doch einen guten Job gemacht« – Der Journalist und die Karrierefalle

Wir treffen Dirk Reiter in einem Café, irgendwo in einer deutschen Medienstadt. München, Köln, Berlin, Hamburg – es ist besser für ihn, wenn wir das hier offen lassen.

Dirk Reiter, der eigentlich nicht Dirk Reiter heißt, sitzt an einem der blankgescheuerten Holztische beim Fenster, vor sich eine aufgeschlagene Zeitung, daneben eine halbleere Tasse Kaffee, auf einem Teller Croissantkrümel. Reste des »Französischen Frühstücks«. Doch das Koffein kann seine Stimmung nicht heben, und die Marmelade auf dem Croissant versüßt ihm nicht den Tag. Der Mann sieht hundemüde aus und ist es auch. Die vergangenen Wochen waren turbulent, gefühlsmäßig eine einzige Achterbahnfahrt. Jetzt steht fest: Er wird nicht mehr lange hier in dieser Stadt sein. Bereits ab kommenden Monat hat er einen anderen Arbeitsort. Dirk Reiter, Journalist, festangestellt in einem großen deutschen Medienunternehmen, wird zurückversetzt in die Provinz.

Angefangen hat er vor neun Jahren in einer der vielen Redaktionen des Unternehmens in Süddeutschland. Reiter ist von Haus aus Betriebswirt und berichtete deshalb über Wirtschaftsthemen. Dann, vor fünf Jahren, tat sich eine Chance zum Wechsel in die Metropole auf. Reiter ergreift sie mit beiden Händen. Ihn reizt die Stadt, die neuen Herausforderungen, außerdem glaubt er fest daran, dass sich seine Bereitschaft zur Mobilität positiv auf seine Karriere auswirken wird. Erst in die Großstadt, dann in die weite Welt!

Wie und warum man sich für ihn entschied? Das weiß der Journalist bis heute nicht so genau. Richtige Personalgespräche hat es nie gegeben. »Die Umstände waren offenbar günstig«, versucht er eine Erklärung. »Es ist ja nicht wirklich so, dass man sich bei uns auf solche Stellen bewerben kann. Also, man muss sich bewerben, aber es ist ja schon vorher klar, wer die Stelle bekommt oder eben nicht bekommt.«

Zugegeben: Alles etwas diffus. Doch Reiter verdrängt das in diesem Moment. Er hat seine Chance bekommen und ist wild entschlossen, sie zu nutzen. Er legt sich ins Zeug, übernimmt Verantwortung, wird Chef vom Dienst, erarbeitet sich ein Spezialgebiet. Und tatsächlich: Seine Bereitschaft zur Mobilität und sein Engagement scheinen sich zu lohnen. »Ich hab mir viele neue Kompetenzen erworben«, bestätigt Reiter. Kompetenzen, auf denen er und auch das Unternehmen aufbauen könnten. Personalentwicklung nennt man das eigentlich. Auch bei Reiter entwickelt es sich. Allerdings in die falsche Richtung. Statt »große weite Welt« heißt es für ihn: »Zurück auf Los«. Und das Schlimmste: Dort, wo er künftig arbeiten wird, sind seine neuen Kompetenzen überhaupt nicht gefragt. »Da hatte ich ja früher, am Anfang, mehr Verantwortung!«, ärgert sich der 36-Jährige. »Dabei habe ich doch einen guten Job gemacht.« Reiter versteht die Welt nicht mehr. Vor allem mit einer Sache hadert er: »Der Knackpunkt ist, dass sie einfach keine adäquate Nachfolgeposition für mich haben, sondern dass ich irgendwohin gestopft werde, wo man mich nicht wirklich braucht.« Diese Perspektivlosigkeit sei in einem Gespräch, das er mit seinen Chefs führte, mehr als deutlich geworden. »Sie sagten doch tatsächlich zu mir, Achtung Zitat: ›Sie wollen jetzt sicherlich von mir wissen, lieber

Herr Reiter, was wir so in zwei bis fünf Jahren mit Ihnen vorhaben?‹ Ich sagte: ›Ja, gerne.‹ Darauf sie: ›Das können wir Ihnen jetzt auch nicht sagen.‹« Personalentwicklung? In diesem Unternehmen offenbar Fehlanzeige.

Er wolle ja gar nicht auf Händen getragen und auch nicht Chefredakteur werden, stellt der Journalist klar. Sondern er möchte lediglich, dass irgendwo sichtbar wird, dass die Leistungen, die er erbracht hat, vom Unternehmen anerkannt werden. Dass sie sich in irgendeiner Form positiv auf seinen Karriereweg auswirken. Stattdessen hat er das Gefühl, gar nicht gebraucht und nicht wertgeschätzt zu werden. »Ich glaube, das ist denen völlig Wurst, was ich hier die ganze Zeit gemacht habe.« Motivierte Mitarbeiter reden anders.

Ja, natürlich. Er habe von Anfang an gewusst, dass die Stelle in der Stadt befristet sei, dass er sich bereithalten und flexibel bleiben müsse, denn in seinem Unternehmen gibt es ein Rotationsprinzip. »Ja, das war okay«, betont er. Er sei flexibel. Aber er habe sich die gleiche Flexibilität eben auch von seinen Vorgesetzten gewünscht. Ein bisschen Entgegenkommen. Ein bisschen Gegenseitigkeit. Ein bisschen Verständnis für seine Situation. »Man hätte doch zum Beispiel noch ein paar Monate warten und meinen Vertrag entsprechend verlängern können, dann hätte sich vielleicht etwas Neues aufgetan, und ich wäre nicht an einer für mich völlig unpassenden Stelle geparkt worden.« Etwas Neues, das eine Weiterentwicklung für den Journalisten bedeutet hätte. Doch von Entgegenkommen konnte keine Rede sein. Reiter erzählt: »Als ich vor ein paar Monaten in der Personalabteilung anrief und fragte, was denn nun sei, schließlich laufe mein Vertrag bald aus, da sagten die mir, machen Sie sich mal keine Sorgen, das wird verlängert. Und nun heißt es ganz plötzlich knallhart: In zwei Monaten läuft Ihr Vertrag aus, und dann müssen Sie gehen. Sofort.« Der Journalist schüttelt den Kopf bei der Erinnerung an das kurze Gespräch. »Ja, um Gottes willen, was passiert da? Du kommst dir schlecht vor, so als hättest du silberne Löffel geklaut. Und dann sagst du dir immer wieder, das hat nichts mit deiner Person zu tun, sondern mit irgendwelchen dubiosen Umständen. Aber das hilft nichts.« Reiter nimmt einen Schluck aus seiner Tasse. Er verzieht das Gesicht. Kalter Kaffee!

Gerade habe er ein Vorstellungsgespräch in der Presseabteilung eines Unternehmens gehabt, erzählt er dann. Gut gelaufen? Reiter ist sich nicht sicher. »Man wird sehen«, sagt er und schaut aus dem Fenster. Ein trüber Tag in der Medienstadt. In Reiter sieht es nicht besser aus. Der Journalist rappelt sich hoch und bestellt noch einen Kaffee. Er will die Zeit hier noch so gut es geht genießen. Schließlich sind das seine letzten Tage in der Stadt. In ein paar Wochen zieht er um. Mal wieder. Diesmal in ein möbliertes Zimmer in der Provinz. Ein Provisorium, wie er hofft. Eine kurze Zwischenstation. Und dann wird es losgehen mit der Karriere.

1.2 Erfolgsfaktor Flexibilität?

Karriere machen. Wie sagt man sonst noch dazu? Berufs*weg*, *Lauf*bahn, Werde*gang*. Das Arbeitsleben als Reise? Und wir? Wir stechen mutig in See, machen ordentlich Strecke. Wir haben ein Ziel, auch wenn es noch so fern ist. Und nach jeder Etappe laufen wir in einen Hafen ein, der sichere Firmenhafen sozusagen. Hier können wir unser Schiff sorglos an vorbereiteten Haltepunkten festmachen, hier sind wir willkommen, hier werden wir mit allem Notwendigen versorgt.

So in etwa stellen wir uns das doch vor, oder? Dirk Reiter auch. Deshalb ist er bereitwillig losgeschippert, und der erste Hafen, in den er einlief, war ja auch ganz manierlich. Doch nun muss er wieder in See stechen, und diesmal ist weder das Ziel bekannt noch wartet ein ansprechender Hafen auf ihn. Stattdessen heißt es: Station machen an einer ziemlich ungeschützten Nothaltebucht, irgendwo im Nirgendwo. Nein. Einen solchen Trip hat er nicht gebucht. Wenn seine Firma ein Reiseveranstalter wäre, er würde sie verklagen.

Arbeit macht mobil. Lebenslang an einem Ort, in einer Firma, in Dauerstellung, das war einmal. Früher ging es innerhalb der Firma aufwärts, die Reise verlief linear, die Karriereschritte waren festgelegt, die Ziele gut sichtbar. Je länger die Betriebszugehörigkeit, umso höher die Stellung – so in etwa lautete die Erfolgsformel. Heute müssen wir immer öfter Jobhopping betreiben, um weiterzukommen. Das bedeutet, dass wir selbst Verantwortung für unseren Berufsweg übernehmen müssen. Auf die Firma als Reiseveranstalter, die im nächsten Hafen schon ein Zimmer gebucht und die Ausflüge geplant hat, ist kein Verlass mehr.

Wir müssen beweglich sein, wenn wir Karriere machen wollen. Räumlich, zeitlich, aber auch mental. Denn wir sollen uns ja möglichst problemlos anpassen an neue Orte, zurechtkommen mit den Dienstreisen rund um den Globus, mit den Entsendungen, die uns für drei oder mehr Jahre an einen fremden Ort führen. Irgendwie hat sich die Vorstellung festgesetzt: Der Grad der Beweglichkeit bestimmt über den Erfolg der Karriere. Doch wie viel Flexibilität tut uns persönlich tatsächlich gut? Mancher »Trip« entspricht einfach nicht unseren Talenten, Fähigkeiten, Werten. Sollen und müssen wir uns wirklich für alles bereithalten? Was gibt uns Orientierung auf dem weiten Meer der Möglichkeiten? Wie können wir flexibel sein und trotzdem fest verankert bleiben?

2. Die Fähigkeit, sich zu verankern

Jede Reise, auch die berufliche, braucht beides: Phasen des Unterwegsseins, in denen wir vorankommen, Strecke machen, unsere Fähigkeiten erproben, uns neue Kompetenzen erarbeiten. Phasen, in denen wir im positiven Sinne mittendrin stecken im Job, in denen wir engagiert und fokussiert sind.

Und eine Reise braucht Zwischenstopps. Denn wenn wir in Fahrt sind, können wir uns nur schwer besinnen. Wir müssen hin und wieder bewusst Halt machen, um unsere Position neu zu bestimmen, um zu kontrollieren, ob wir noch auf Kurs sind und ob das Ziel, auf das wir zusteuern, überhaupt noch unseres ist. Das Haltmachen an Etappenpunkten zeigt uns beispielsweise, ob wir Arbeitsbereiche oder Aufgaben übernommen haben, die doch nicht unseren Fähigkeiten oder Interessen entsprechen oder ob ein verlockendes Angebot uns karrieremäßig wirklich weiterbringen oder eher in eine Sackgasse führen könnte.

Die Balance zwischen Bewegung und Stillstand. Zwischen Flexibilität und Halt. Wie soll das gehen? Es geht, wenn wir uns innerlich ein Stück weit unabhängig machen von Firmen, Arbeitgebern und betrieblichen Strukturen, wenn wir nicht dringend darauf angewiesen sind, dass ein Hafen mit Komplettverpflegung auf uns wartet.

Es geht, wenn wir auf unserem Berufsweg stets einen eigenen »mobilen« Anker dabeihaben. Ihn können wir werfen, wenn es im Außen mal wieder allzu bewegt zugeht und wir uns innerlich Klarheit über unseren bisherigen und unseren weiteren Berufsweg verschaffen wollen, aber auch, wenn wir an einen anderen Ort gezogen sind und Möglichkeiten suchen, dort wirklich anzukommen und heimisch zu werden. Und: Wenn wir einen Neuanfang wagen wollen!

Stellen Sie sich das Chamäleon vor: Unser farbenfrohes Vorbild ist, was Anker angeht, bestens ausgerüstet. Der kleine Balancekünstler hat nämlich einen Wickelschwanz serienmäßig eingebaut. Ein paarmal flott um den Ast geschwungen und schon ist für Verankerung gesorgt.

Aber es kommt noch besser: Ebendieser Wickelschwanz, der unser Chamäleon so sicher an einem Punkt festhält, hilft ihm gleichzeitig, besonders ferne Ziele zu erreichen. Denn schließlich gibt es die kleinen Drachen nicht nur auf Madagaskar, sondern auch auf dem afrikanischen Festland, und auch auf dem indischen Subkontinent haben sie sich breitgemacht. Wie habe Sie das geschafft?

Die Chamäleons sind dorthin geschippert, behaupten Wissenschaftler. Sie sind in Madagaskar in See gestochen und haben die Weltmeere sozusagen per Floß bereist! Und das ging so: Ein Baum, ein Ast, ein Windstoß, der Ast bricht ab, fällt ins Wasser, drauf hockt das Chamäleon, und los geht die Floßtour Richtung Indien. Dort haben sie sich dann einen neuen Lebensraum erschlossen. Und was hielt das Chamäleon auf dem Ast? Na klar, der Wickelschwanz!

Warum das Bild auf Ihr Berufsleben passt? Die Fähigkeit, sich zu verankern, ist in bewegten Zeiten eine große Hilfe. Nur wer hin und wieder Halt macht, sich besinnt, wer nicht ständig auf der Durchreise ist, sondern sich gelegentlich bewusst verortet und damit ganz auf die Situation einlässt, der kann auf Dauer mobil bleiben und seine Ziele erreichen. Das gilt nicht nur für den Berufsweg an sich, sondern auch ganz konkret für Versetzungen, Ortswechsel. Und wer seine inneren Ankerpunkte kennt, dem fällt es in Krisensituationen leichter, sich neu zu orientieren.

Verankerung schafft Beweglichkeit – der dritte Aspekt unseres *Chamäleon-Prinzips*.

3. Wie wir Halt finden können

3.1 Karriereanker – Fixpunkte in der Berufslaufbahn

Kennen Sie *Takeshi's Castle,* diese japanische Gameshow, bei denen die Teilnehmer auf einen anstrengenden Parcours geschickt werden, der zum Beispiel über ein riesiges Schwimmbecken führt? Heil, das heißt, trocken auf der anderen Seite anzukommen, ist fast unmöglich, denn überall auf dem Weg sind die wahnwitzigsten Hindernisse eingebaut. Deshalb heißt es ziemlich schnell: Abgang in den Pool.

Es gibt Phasen im Berufsleben, die kommen einem ähnlich abenteuerlich vor. Zum Beispiel wenn ständig Projekte in unvorstellbar kurzer Zeit gestemmt werden müssen, wie es der Ingenieur Peter Schneider erlebte. Oder wenn Versicherungsvertreter oder Bankangestellte ihren Kunden Produkte verkaufen sollen, von denen sie selbst nicht überzeugt sind. Oder der Fall des Journalisten Dirk Reiter. Er hat das Gefühl, dass er ins berufliche Aus katapultiert wurde und künftig in einer Position arbeiten muss, in der er seine Stärken, Interessen und Fähigkeiten nicht entfalten und nutzen kann. Und tschüss …

In Situationen wie diesen hadern wir mit unserem beruflichen Schicksal. Der Karrierepfad, auf dem wir uns gerade durch den

Jobdschungel schlagen, fühlt sich zu steinig und irgendwie falsch an, oder wir haben das ungute Gefühl, dass wir gänzlich in die verkehrte Richtung laufen. Und das, obwohl wir uns vielleicht sogar selbst entschieden haben, einen bestimmten Auftrag anzunehmen, auf Provisionsbasis zu arbeiten oder ins Ausland, in den Außendienst oder in die Selbstständigkeit zu gehen. Warum also haben wir den Job-Blues?

Vielleicht liegt es daran, dass der Weg, den wir eingeschlagen haben, doch nicht zu uns passt. Es lag zwar nahe, den äußeren Bedingungen entsprechend jetzt diesen Schritt zu tun, weil die Firmenstruktur es erlaubte oder das Jobprofil es vorsah, aber vielleicht haben wir nicht gründlich genug überprüft, ob der Schritt auch zu uns passt. Wir haben uns hauptsächlich an den äußeren Möglichkeiten und Anforderungen orientiert. Unsere inneren Strebungen, das eigene Selbstbild – damit meinen wir unsere eigenen Werte, Motive, Fähigkeiten, Möglichkeiten, Wünsche und Ziele – sind zu sehr aus dem Blick geraten. Wir haben den äußeren Berufspfad nicht gut genug abgestimmt mit dem »inneren« Karriereweg.

Wenn beide Karrierepfade, der äußere und der innere, in dieselbe Richtung führen, dann hat das einen Turboeffekt. Wir fühlen uns gut, kommen voran. Problematisch wird es dagegen, wenn die Wege auseinandergehen. Denn dann geraten wir unter Hochspannung. So ist für jemanden, dessen Selbstbild auf Sicherheit und Beständigkeit ausgerichtet ist, die Freiberuflichkeit nicht unbedingt der Königsweg. Am Monatsanfang nicht zu wissen, was am Monatsende sein wird, setzt sie oder ihn unter Druck. Kann ich genug Aufträge an Land ziehen? Wird der Kunde wieder bei mir kaufen? Genauso handeln Menschen gegen ihr Selbstbild, wenn sie einer Arbeit nachgehen, die sie immer wieder in Konflikt mit ihren moralischen Grundsätzen bringt. Und eben auch, wenn sie wie Dirk Reiter das Gefühl haben, dass sie ihre Stärken und Fähigkeiten nicht nutzen und ihre Träume nicht ansatzweise erfüllen können.

Der amerikanische Organisationspsychologe Edgar Schein vergleicht das Selbstbild oder das Selbstkonzept, wie er es nennt, mit einem Anker, der fest in uns verhakt ist. Dieser Anker legt einen bestimmten Radius oder beruflichen Handlungsspielraum fest, der sozusagen im Einklang mit unserem Selbstbild ist. Bewegen wir uns durch berufliche Entscheidungen oder Ereignisse zu weit von diesem Anker weg, entfernen wir uns also zu weit von unserem Selbstbild, dann entsteht Zug auf der Kette und damit Spannung. Wir werden buchstäblich zu unserem Anker zurückgezogen. Überlegen Sie mal, wo gab es in Ihrem Berufsleben solch eine Spannung? Als Sie einen 20-Stunden-Job angenommen haben, um in Ihrer Freiberuflichkeit ein Stück Sicherheit zu haben? Oder umgekehrt, als Sie als Festangestellter um flexiblere Arbeitszeiten und größeren Handlungsspielraum gebeten haben? Mit genau solchen Entscheidungen versuchen wir, zu unserem Anker zurückzurudern, um Spannung abzubauen. Gelingt das nicht und überdehnen wir die Ankerkette dauerhaft, kann sie reißen.

Ohne Verbindung zu uns selbst treiben wir dann ziellos umher, wir verlieren die Balance zwischen Anpassung und Eigenart, sind unzufrieden und unglücklich. Wenn es uns nicht gelingt, unsere Arbeit einigermaßen wieder in Einklang mit unserem Selbstbild zu bringen und damit wieder zu verankern, besteht die Gefahr, dass wir krank werden.

Es ist deshalb wichtig, dass wir uns mit unserem Selbstbild beschäftigen. Je mehr wir darüber wissen, umso »selbst-bewusster« können wir unseren Berufsweg planen, umso besser können wir bei Schwierigkeiten handlungsfähig bleiben und umso leichter werden uns künftige Entscheidungen fallen. Unser Selbstbild ist der Fixpunkt auf unserer beruflichen Reise, es hilft uns, unsere Karriere bewusster zu steuern, weil wir Entscheidungen treffen können, die unser inneres Bestreben mit berücksichtigt und ihm nicht zuwiderläuft.

Maßgeblich geht es um folgende Fragen, die sich jeder stellen und beantworten sollte, um seinem Selbstbild auf die Spur zu kommen:

Welche besonderen Fähigkeiten und Fertigkeiten habe ich?

Wo liegen meine Stärken und Schwächen?

Was für Kompetenzen habe ich mir erworben?

Was motiviert mich bei meiner Arbeit?

Welche Wünsche und Ziele habe ich?

Im beruflichen Alltag: Was will ich, was auf keinen Fall?

Welche Werte vertrete ich?

Lässt sich meine Arbeit mit diesen Werten vereinbaren?

Macht mir meine Arbeit Freude? Befriedigt sie mich?

Was ist mir wichtig: Möglichst eine dauerhafte Anstellung oder größtmögliche Freiheit?

Und worum kreisen Sie?

Wenn Sie nun die Fragen zu Ihrem Selbstbild beantwortet haben, dann können Sie ganz konkret überprüfen, welcher Anker für Ihre berufliche Reise passt.

Das Konzept der Karriereanker entstand 1990 und geht auf eine empirische Langzeitstudie zurück, die Edgar Schein bereits in den sechziger Jahren an der MIT Sloan School of Management in Massachusetts durchgeführt hat.

Schein fand dabei heraus, dass acht verschiedene Aspekte für Berufslaufbahnen von Bedeutung sind:

1. die technisch-funktionale Ausrichtung
2. die Befähigung zu Führungsaufgaben/General Management
3. der Wunsch nach Selbstständigkeit/Unabhängigkeit
4. der Wunsch nach Sicherheit/Beständigkeit
5. unternehmerische Kreativität

6. Hingabe für eine Idee oder Sache
7. totale Herausforderung
8. Lebensstilintegration

Aus diesen acht Aspekten oder Kategorien leitete Schein dann seine Idee vom Karriereanker ab. Denn der Wissenschaftler fand heraus, dass für jeden von uns eine dieser Kategorien besonders große Bedeutung hat. Diese Kategorie ist uns wichtiger als die restlichen. Sie bündelt besonders viele Teile unseres Selbstbildes. An ihr orientieren wir uns, an ihr richten wir bewusst oder unbewusst unsere Karriere aus. Deshalb nennt Schein diesen entscheidenden Aspekt, um den wir im Laufe unseres Berufslebens kreisen, unseren Karriereanker. Welcher davon ist Ihrer? Finden Sie es heraus:

Technisch-funktionale Ausrichtung

Menschen mit diesem Anker legen besonderen Wert darauf, ihre Arbeit fachlich gut zu machen. Nicht die Arbeitsform oder der Arbeitsort, sondern der Arbeits*inhalt* ist für sie ausschlaggebend. Die »Techniker« wollen in dem, was sie tun, besser werden, Spezialisten sein. Hier suchen sie die Herausforderung. Sie haben häufig ein besonderes Talent oder eine besondere Begabung. Diese Begabung wollen sie im Beruf anwenden und »leben« können. »Techniker«, egal ob sie nun als Ingenieure, Juristen oder im Vertrieb arbeiten, stoßen deshalb meist auf Schwierigkeiten, wenn sie einer Arbeit nachgehen, bei der es nicht um Fachlichkeit geht. Es demotiviert sie, wenn ihre Fachkompetenz nicht gefordert und gefördert wird. Managementaufgaben locken sie deshalb eher weniger. Anerkennung von Fachkollegen zu erfahren, spielt dagegen für »Techniker« eine wichtige Rolle.

Fragen Sie sich: *Wollen Sie Experte sein?*

Führungsaufgaben/General Management:

Menschen mit diesem Anker begeistern sich für Führungsaufgaben. Sie wollen in der betrieblichen Hierarchie möglichst hoch aufsteigen, um viel gestalten und beeinflussen zu können. Es motiviert sie, wenn sie mitentscheiden, Verantwortung übernehmen und zum Erfolg des Unternehmens beitragen können. Sie sehen sich eher als Generalisten denn als Spezialisten, haben analytische Fähigkeiten, können Probleme erkennen und dafür sorgen, dass sie von den Mitarbeitern mit der entsprechenden Fachkompetenz gelöst werden. Deshalb sollten sie die Fähigkeit zur Mitarbeiterführung besitzen und Konflikte aushalten und lösen können. Die »Manager« identifizieren sich stark mit ihrer Firma. Ist sie erfolgreich oder nicht? Das ist der Maßstab, an dem sie ihren eigenen beruflichen Erfolg messen.

Fragen Sie sich: *Sind Sie ein Entscheider?*

Sicherheit/Beständigkeit

Menschen mit diesem Anker suchen vor allem eine dauerhafte Beschäftigung und eine regelmäßige Aufgabe. Für sie ist es wichtig, dass Aufgaben und berufliche Entwicklungen möglichst vorhersehbar und gut planbar sind. Sie wissen gerne, welche Leistung von ihnen erwartet wird. Wenn sie wählen sollen, entscheiden sie sich eher für Beständigkeit als für Risiko. Die »Beständigen« identifizieren sich in hohem Maß mit »ihrer« Organisation oder »ihrem« Unternehmen. Arbeitsumgebung und Arbeitsbedingungen müssen stimmen, der Arbeitsinhalt kommt erst an dritter Stelle bei den »Beständigen«. Meist sind sie auch gerne bereit, die Verantwortung für ihre berufliche Entwicklung ihrem Arbeitgeber zu überlassen.

Fragen Sie sich: *Ist Ihnen Planbarkeit wichtig?*

Selbstständigkeit/Unabhängigkeit

Menschen mit diesem Anker schätzen die Freiheit, sie brauchen Projekte oder Arbeitsbereiche, in denen sie selbstbestimmt schalten und walten können – nach ihren eigenen Regeln, ihrem eigenen Rhythmus, ihren eigenen Bewertungsmaßstäben. Müssen sie sich zwischen zwei Arbeitsstellen oder Aufgaben entscheiden, wählen sie die, die ihnen mehr Autonomie ermöglicht. Menschen mit diesem Anker arbeiten oft freiberuflich, zum Beispiel im Wirtschaftsbereich als Berater, oder sie suchen sich eine Lehrtätigkeit. Das heißt aber nicht, dass in der Selbstständigkeit/Unabhängigkeit verankerte Menschen keine Rahmenbedingungen brauchen, im Gegenteil, sie haben gern klar umrissene und zeitlich begrenzte Aufgaben in ihrem jeweiligen Fachgebiet. Diese Aufgaben erfüllen die Selbstständigen dann durchaus sorgsam, aber eben auf ihre eigene Art und Weise.

Fragen Sie sich: *Lieben Sie die Freiheit?*

Hingabe für eine Idee oder Sache

Menschen mit diesem Anker geht es um die Verwirklichung ihrer Werte. Es interessiert sie deshalb eher weniger, ob sie in einem Fachgebiet besonders glänzen können oder in einem bestimmten Betrieb arbeiten oder ob sie möglichst viel Verantwortung tragen können, sondern sie interessiert das Ergebnis: eine bessere Welt! Oder zumindest eine, in der sich die Werte, die sie vertreten, wiederfinden. In den sogenannten »helfenden Berufen«, zum Beispiel im Sozialbereich, in der Medizin, Krankenpflege, Psychotherapie oder der Pädagogik trifft man häufig auf Menschen, die in diesem Aspekt verankert sind. Passende Bezahlung, gute Zusammenarbeit, soziales Betriebsklima: Fairness ist wichtig für diejenigen, die mit Hingabe bei der Sache sind.

Finden Sie heraus: *Haben Sie ein Anliegen? Welches?*

Unternehmerische Kreativität

Menschen mit diesem Anker wollen etwas Eigenes auf die Beine stellen – eine Firma gründen, neue Produkte entwickeln, Dienstleistungen anbieten. Es geht ihnen um Besitz und öffentliche Anerkennung. Motto: Erfolg hat einen Namen – meinen eigenen! Die Unternehmer werden oft schon als Jugendliche aktiv – sie machen erste Geschäfte, kaufen und verkaufen etwas und freuen sich an dem Gewinn, den sie machen.

Unternehmer entwickeln oft unermüdlich neue Ideen. Haben sie dann tatsächliche ihre Firma gegründet, überlegen sie bereits, wie sie den Betrieb ausbauen können oder wie sich wieder etwas ganz Neues und komplett anderes auf die Beine stellen lässt. Selbstständig bedeutet für diesen Typus: »selbst« und »ständig«.

Wie sieht's aus: *Sind Sie ein Unternehmer?*

Totale Herausforderung

Menschen mit diesem Anker lieben den Wettbewerb. Es motiviert sie, wenn sie sich gegenüber anderen behaupten und gewinnen können. Ihre größte Befriedigung? Wenn sie Aufgaben bewältigen, die andere für unlösbar halten. Routine ist den »Herausforderern« ein Gräuel, sie freuen sich, wenn sie in einem Bereich arbeiten, in dem die Anforderungen ständig wechseln oder wachsen – und sie mit ihnen!

Fehlen diese Herausforderungen, langweilen sie sich schnell und werden unzufrieden. Auf der anderen Seite sind sie Unternehmen gegenüber ziemlich loyal, wenn diese ihnen stetig die Möglichkeit zur Weiterentwicklung bieten.

Seien Sie ehrlich zu sich: *Sind Sie eine Kämpfernatur?*

Lebensstilintegration

Menschen mit diesem Anker richten ihr Leben nach einem bestimmten Lebensstil aus. Es ist für sie wichtig, dass sich ihr Beruf in diesen Lebensstil einbinden lässt. Ein Beispiel: Jemand reist mit Begeisterung in die entferntesten Winkel der Welt, ist dann am liebsten über Monate unterwegs. So jemand braucht einen Beruf, der ihr oder ihm diesen Freiraum ermöglicht und finanziert. Um auf ihre eigene Art und Weise leben zu können, verzichten Menschen mit diesem Anker sogar auf Aufstiegsmöglichkeiten oder Privilegien. Während andere leben, um zu arbeiten, arbeiten sie, um zu leben. Sie wählen Unternehmen danach aus, inwieweit diese ihnen die Möglichkeit geben, ihre Interessen mit dem Arbeitsalltag zu verbinden. Flexibilität ist oberstes Prinzip. Aber auch wer Angehörige pflegt oder Familie hat, setzt oft auf den Anker der Lebensstilintegration.

Finden Sie heraus: *Wollen Sie sich nach dem Job richten? Oder soll sich der Job nach Ihnen richten?*

Haben Sie bei einer oder mehreren Beschreibungen aufgehorcht und sich selbst darin wiedererkannt? Dann haben Sie ja bereits eine Ahnung, was Ihr persönlicher Karriereanker sein könnte. Um der Sache noch etwas besser auf die Spur zu kommen, können Sie nun noch eine kleine Reise zum Anfang Ihrer Berufslaufbahn machen. Schnappen Sie sich Papier und Stift, und dann überlegen und notieren Sie:

Was hat Sie damals bewogen, Ihre Ausbildung oder Ihr Studium zu beginnen?

Welche Schwerpunkte haben Sie gesetzt und warum?

Wenn Sie an diese Zeit zurückdenken, was empfinden Sie?

Gehen Sie Schritt für Schritt Ihre Berufsbiographie durch. Wo gab es markante Veränderungen? Einen Arbeitsplatzwechsel zum Beispiel. Warum haben Sie sich für die neue Stelle entschieden?

Was sprach dafür? Was dagegen? Welche Ziele, Empfindungen, Wünsche hatten Sie zu diesem Zeitpunkt?

Gab es in einem neuen Job Probleme? Welche?

Was lief gut in den einzelnen Etappen Ihres Berufslebens? Was weniger?

Wenn Sie sich nun Ihre Aufzeichnungen anschauen, entdecken Sie Ähnlichkeiten in den einzelnen Etappen? Hatten Sie zum Beispiel stets die gleichen Beweggründe, wenn Sie die Stelle gewechselt haben? Haben Sie sich aus denselben Gründen in einem Team wohl oder aber abgelehnt gefühlt? Gab es immer wieder die gleichen Schwierigkeiten? Oder haben Sie mehrmals die Stelle gewechselt, weil Sie sich unterfordert und gelangweilt fühlten? Was hat Ihnen Freude gemacht, wo waren Sie erfolgreich – gemessen an Ihren eigenen Maßstäben?

Schreiben Sie all jene Punkte heraus, die mehrmals auftauchen. Es geht hier darum, Verhaltensmuster herauszuarbeiten, die ein Hinweis darauf sein können, welches Ihr Hauptanker ist. Meist gibt es noch ein oder zwei weitere Aspekte, Nebenanker sozusagen, die ebenfalls für Sie von besonderer Bedeutung sind.

Wenn Sie als Angestellter in Ihrer Berufslaufbahn zum Beispiel immer wieder unzufrieden sind, weil Ihnen nicht genügend Verantwortung übertragen wird oder weil Sie mehr Dinge selbst entscheiden wollen, dann könnte das darauf hindeuten, dass Sie eher für eine Führungsposition geeignet sind. Oder vielleicht versetzt Sie Ihre freiberufliche Tätigkeit immer wieder unter Stress? Die Arbeit macht Ihnen zwar sehr viel Spaß, und Sie genießen es durchaus, dass Sie Ihre Zeit relativ frei einteilen können. Trotzdem: Überprüfen Sie, ob nicht im Endeffekt das Bedürfnis nach Sicherheit stärker ist als das nach Freiheit. Dann sollten Sie versuchen, Ihren beruflichen Schwerpunkt entsprechend zu verlagern. Vielleicht passt eine feste Anstellung mit etwas Bewegungsspielraum besser zu Ihnen als die völlige Selbstständigkeit?

Finden Sie für sich heraus: Was ist mein Hauptanker, und was sind die Nebenanker?

Immer mal wieder Halt machen

Karriereanker sind in unserem Berufsleben das, was der Wickelschwanz für das Chamäleon ist: Sie verleihen uns den notwendigen Extrahalt, stabilisieren uns, stellen sozusagen die direkte Verbindung zum Grund, zu unserem ureigenen Selbstbild her. Diesen Halt brauchen wir, wenn wir uns gedanklich strecken und unsere berufliche Reise überdenken und planen wollen. Das ist nicht mit einem Mal getan. Immer wenn uns nach einem Zwischenstopp zumute ist und besonders wenn wir in Turbulenzen geraten, sollten wir uns eine geschützte Stelle suchen und erstmal unseren (Karriere-) Anker werfen. Denn dann ist es Zeit für eine Bestandsaufnahme: Wo deckt sich unsere Arbeit mit unserem Selbstbild? Wo zeigen der innere und der äußere Karriereweg in unterschiedliche Richtungen? Wie groß ist die Spannung auf der Ankerkette? Welche Möglichkeiten gibt es, um die Spannung zu mindern? Wo sollten wir zurückrudern? Und wohin?

Pass dich an und bleib du selbst – die Balance gelingt, wenn wir bei allen beruflichen Entscheidungen, Schritten und Veränderungen gedanklich den Karriereanker werfen. Dann zeigt sich unser Handlungsspielraum ganz selbstverständlich. Und damit bekommen wir Sicherheit.

3.2 In weiter Ferne so nah – mobil und trotzdem fest verankert

Wo sind Sie gerade? In Ihrer Wohnung? Im Büro? Schon Mittagspause gemacht? Wo gehen Sie da hin? In die Kantine? Zum

Italiener, weil es da immer so guten und obendrein günstigen Mittagstisch gibt? Und nach der Arbeit? Kaufen Sie noch schnell etwas ein? Wie gewöhnlich im Supermarkt an der Ecke? Ach ja, und zum Bäcker wollen Sie auch noch, der wie immer Ihr Lieblingsbrot für Sie zurückgelegt hat? Schließlich kaufen Sie schon seit Jahren dasselbe. Auch über den Heimweg müssen Sie nicht nachdenken. Zwischen hier und zu Hause kennen Sie jeden Stein. Und die Nachbarn sowieso. Denn das ist Ihre Lebenswelt. Alles bekannt, alles erprobt. Soziologen nennen dies das »fraglos Gegebene«. Je mehr in unserer Lebenswelt fraglos gegeben ist, also ohne hinterfragt zu werden, von uns angenommen wird, umso größer ist unser Sicherheitsgefühl, umso entspannter sind wir. Eine einfache Gleichung.

Was aber, wenn Sie für drei, fünf oder mehr Jahre nach Indien, China oder Japan gehen, etwa weil Sie da für Ihre Firma ein Bauprojekt begleiten, ein internationales Forschungsvorhaben leiten oder als Controllerin arbeiten sollen? Da ist erst mal nichts mehr fraglos gegeben. Alle Gewohnheiten stehen in Frage: Wie komme ich am besten zur Arbeit? Wo soll ich zu Mittag essen? Der Nachhauseweg, ein einziges Schauen und Staunen. Alles ist neu, alles ist fremd. Und die Nachbarn? Unbekannt.

Wenn das fraglos Gegebene sich verabschiedet, werden plötzlich Fragen nach Zugehörigkeit, Verlust, Gewinn und Identität essenziell. Gut beraten ist, wer sich bewusst mit ihnen auseinandersetzt, wenn sie auftauchen, und Antworten für sich findet. Denn dann ziehen sie uns nicht allmählich den Boden unter den Füßen weg, sondern wirken im Gegenteil wie Ankerpunkte inmitten der Fremde.

Wie mobil sind Sie wirklich?

Eine Frage sollten Sie unbedingt für sich klären, *bevor* Sie für mehrere Jahre in Mumbai, Tokio oder Rio sitzen. Und diese alles entscheidende Frage lautet: Wie mobil bin ich wirklich?

Wie viel vom fraglos Gegebenen sind Sie bereit aufzugeben? China kennen Sie bereits von vielen Dienstreisen, sagen Sie? Glauben Sie uns, es ist ein riesengroßer Unterschied, ob Sie nur für ein paar Tage dort sind und schnell wieder in Ihre vertraute Lebenswelt zurückkehren können oder ob Sie ein paar Jahre dort leben. Seien Sie deshalb bitte wirklich ehrlich zu sich selbst. Wie mobil sind Sie? Erinnern Sie sich an Ihre Karriereanker. Wie steht es zum Beispiel mit Ihrer Lebensstilintegration? Passt das zu einem Leben in Indien oder China? Nein? Aber Sie denken trotzdem, dass »man« heutzutage einfach mobil sein muss? Dann beruhigt Sie ja vielleicht, was Heiner Minssen, Professor für Arbeitswissenschaft an der Ruhr-Universität Bochum, herausgefunden hat: Das Bild vom international aktiven, vollmobilen Manager, der mal drei Jahre hier, mal drei Jahre dort ist, ist ein Mythos. Minssen muss es wissen, denn er hat über die globalen Arbeitnehmer geforscht. Ergebnis: »Wir reden hier über eine erheblich geringere Gruppe als von der Allgemeinheit angenommen wird«, stellt der Professor klar.

»Wir wissen aus Untersuchungen, dass es gerade mal jeder Sechste aus dem Topmanagement der großen Unternehmen ist, der überhaupt jemals im Ausland gewesen ist, die Studienzeit mit eingerechnet. Länger andauernde Auslandsaufenthalte sind erheblich weniger verbreitet, als man oft meint.«

Aber woher kommt dann unser Bild vom mobilen Manager? »Das hängt stark mit der Verbreitung eines Selbstbildes zusammen«, glaubt Minssen. »Wir leben nun mal in einer globalisierten Welt, und da gehört es gewissermaßen zur Reputation eines Managers – oder zu der völlig selbstverständlich unterstellten

Reputation – dazu, dass er Auslandserfahrung hat und fließend mehrere Sprachen spricht.«

Auf der anderen Seite gibt es aber auch einige, die unbedingt ins Ausland möchten. Auch das zeigt Minssens Studie. Sie wählen ihre Jobs bereits danach aus, ob es in den Unternehmen die Möglichkeit dazu gibt. »Es ist häufig so, dass diese Leute bereits mit ihren Eltern im Ausland gewesen sind«, erklärt der Professor. »Oder dass sie einen Schüleraustausch gemacht haben oder Bücher gelesen haben, die sie inspiriert haben.« Sie sind bereit, das fraglos Gegebene aufzugeben und sich mit Haut und Haaren und oft auch mit Kind und Kegel ins Unbekannte zu stürzen.

Ins Ausland? Anker nicht vergessen!

Minssen hat mit seiner Studie noch eine weitere häufig zu findende Vorstellung entzaubert: Die Entsendungsprozesse laufen in vielen Firmen weitaus weniger geplant ab, als man denkt. Das fängt schon mit der Auswahl an. Interkulturelle Kompetenzen? Besondere Befähigung? Der Professor lacht. »So etwas wird meist gar nicht überprüft.« Auch standardisierte Auswahlverfahren gebe es in den von ihm untersuchten Unternehmen so gut wie gar nicht. Die Auswahl sei eine merkwürdige Mischung aus der Selbstbewerbung der Mitarbeiter, »die Leute wollen unbedingt ins Ausland« und der Intuition des Vorgesetzten, »der sich denkt, der oder die werden das schon irgendwie hinkriegen«.

Und auch die Rückkehr verläuft häufig einigermaßen chaotisch ab, von planvoller Gestaltung könne auch hier keine Rede sein. »Die Leute kommen zurück, und erst dann wird in vielen Unternehmen ein Arbeitsplatz gesucht.« Erinnern Sie sich? Dirk Reiter, dem Journalisten, ging es ähnlich, und der war nur innerhalb Deutschlands unterwegs.

Erst eine dilettantische Vorbereitung, dann ist man vor Ort so ziemlich auf sich allein gestellt, und hinterher findet man sich karrieremäßig in der Abstellkammer der Personalabteilung wieder. Wer diesem Drahtseilakt entgehen will, der muss sich vor, während und nach seinem Auslandsaufenthalt jeweils einen schönen Ast suchen und den Wickelschwanz drumherum schlingen.

Vorbereitung ist alles

Schauen wir zunächst auf das »Vorher«: Auch wenn Ihre Firma Ihre Eignung für eine Entsendung ins Ausland nicht überprüft, Sie selbst sollten es tun. Die passende Frage dafür lautet: Kann ich das? – Sie haben keine Ahnung? Dann stellen Sie sich bitte folgende Situation vor: Sie arbeiten in Japan. Eines Tages kommt einer Ihrer japanischen Kollegen zu Ihnen und sagt: »Meine Mutter ist gestorben.« Und während er das sagt, lacht er übers ganze Gesicht. Sie wissen nicht, wie Sie reagieren sollen. Normalerweise würden Sie Ihrem Bedauern Ausdruck geben, aber weil der Japaner lacht, denken Sie, dann lache ich eben mit. Daraufhin ist Ihr Kollege völlig entsetzt und lässt Sie beleidigt stehen. Sie sind jetzt natürlich auch entsetzt, denn Sie wollten ja nur das Beste tun. Als Sie die Begebenheit einem Bekannten erzählen, klärt der Sie auf: »Der Japaner hat gelacht, damit dir die Nachricht nicht so schwerfällt. Der wollte es dir gewissermaßen leichter machen, mit der Nachricht vom Tod seiner Mutter umzugehen. Wenn du jetzt aber ebenfalls lachst, machst du genau das Falsche.«

Es gibt Dinge, die kann man einfach nicht wissen, und Situationen, auf die man sich nicht vorbereiten kann – interkulturelle Kompetenz hin oder her. Gerade bei einem längeren Aufenthalt in einem fremden Land läuft man ständig Gefahr, in irgendwelche Fettnäpfchen zu treten. Mit diesen Misserfolgserlebnissen muss man klarkommen. Können Sie das? Und wie viel können Sie wegstecken?

Sind Sie in der Lage, sich selbst zu beruhigen? Wie gehen Sie mit Scham- und Schuldgefühlen um? Auch Unsicherheit und Angst tritt womöglich öfter auf, bei all dem Unbekannten. Können Sie sich diesen Gefühlen stellen? Lassen Sie sich lähmen oder kommen Sie bald wieder ins Handeln? Wie begegnen Sie den berühmt-berüchtigten Wechselfällen des Lebens? Fällt es Ihnen leicht, kreative Lösungen zu finden? Um es mit einem Wort aus der Psychoanalyse zusammenzufassen: Haben Sie die nötige »Ich-Stärke«? Ja? Wenn dann noch Offenheit und eine wertschätzende Grundhaltung als weitere Charaktereigenschaften dazukommen, dann haben Sie gute Voraussetzungen, in der Fremde heimisch zu werden und gleichzeitig bei sich selbst heimisch zu bleiben.

Mitentscheidend, ob man sich an einem neuen Ort verankern und heimisch werden kann, ist aber auch der Grund, warum man überhaupt dorthin geraten ist. Was ist Ihre persönliche Motivation? Wollen Sie nach Indien, weil Sie das Land, die Kultur, die Menschen, die besondere Aufgabe dort reizt, oder weil Sie denken, dass ein Auslandsaufenthalt Sie beruflich voranbringt? Letzteres? Dann bedenken Sie besser noch einmal, was Heiner Minssen in seiner Studie herausgefunden hat: »Ein längerer Auslandsaufenthalt ist nicht unbedingt günstig für die Karriere. In der Regel machen die Leute, die längere Zeit im Ausland gewesen sind, die Erfahrung, dass sie, wenn sie zurückkommen, erst einmal den gleichen Job bekommen, den sie vorher gehabt haben.« Anders die Kollegen, die zu Hause geblieben sind. Die seien karrieremäßig oft viel weiter gekommen, sagt Minssen und erzählt von einem Produktmanager aus einem Chemieunternehmen, den er im Rahmen der Studie befragt hat: »Der sagte mir: ›Wenn man ins Ausland geht, sollte man sich darüber im Klaren sein, dass man als Produktmanager geht und auch als Produktmanager wieder zurückkommt.‹« Und das, obwohl der Mann durch seinen Ortswechsel neue Kompetenzen erworben hat. »Der hatte völlig andere Erfahrungen gemacht, hat ganz eigenverantwortlich gearbeitet, hatte Verantwortung für mehrere Firmen und ein Millionenbudget«, zählt Minssen auf. »Und hinterher kommt er auf denselben Job wie vorher.« Selten verhalten sich Unternehmen so unökonomisch wie im Umgang mit Auslandseinsätzen: Eine Entsendung, wie es im Fachjargon heißt, ist schließlich teuer. Sehr teuer. Amerikanische Untersuchungen belegen, dass Mitarbeiter, die für zwei oder mehr Jahre ins Ausland geschickt werden, die Unternehmen vier- bis fünfmal so viel kosten wie die Kollegen, die im Land bleiben. Denn die sogenannten »Expatriates« oder auch »Expats« verdienen weiter ihr Gehalt, sind weiter sozialversicherungspflichtig beschäftigt und bekommen den Aufenthalt mit hohen Zuschlägen versüßt. »Aber die Investitionen, das Humankapital, nutzen die Unternehmen hinterher nicht so, wie sie es eigentlich laut betriebswirtschaftlichen Lehrbüchern tun sollten«, wundert sich auch der Professor.

Verlassen Sie sich daher nicht darauf, dass Ihr Arbeitgeber seine erhöhten Investitionen in Sie später automatisch auch mit einer höheren Position verbindet.

Überprüfen Sie vorher genau, wie der Karrieresprung aussehen könnte, den Sie sich von Ihrem Auslandsaufenthalt erhoffen. Sprechen Sie mit Ihren Vorgesetzten über die Beweggründe der Firma, Sie ins Ausland zu senden, sprechen Sie über das Danach. Treffen Sie Vereinbarungen. Das mag Ihre Chefin oder Ihren Chef verwundern, weil Sie ja noch gar nicht losgezogen sind. Und da wollen Sie schon wissen, was nach Ihrer Rückkehr sein wird? Ja, genau. Trauen Sie sich: Fragen Sie, welche Pläne die Firma nach dem Auslandseinsatz mit Ihnen hat, überhaupt, was sie langfristig mit Ihnen vorhat. Personalentwicklung ist ein stetiger Prozess! Bringen Sie Ihre eigenen Vorstellungen mit ein. Treffen Sie möglichst verbindliche Verabredungen für das Jetzt und das Danach.

Begleitet Sie Ihr Partner, Ihre Familie? Ja? Dann beziehen Sie möglichst alle von Anfang an mit ein. Erfragen Sie ihre Motive. Geht Ihr Mann, Ihre Frau notgedrungen mit, weil Sie die eine, große Chance bekommen haben, die sie oder er Ihnen nicht verbauen möchte? Oder weil es ein lang gehegter Traum von Ihnen ist? Das ist heikel. Die Zeit wird zäh, wenn man an einem Ort ist, an dem man nicht sein möchte. Da sind Konflikte vorprogrammiert.

Damit eine positive Grundeinstellung entsteht, ist es wichtig, dass Sie wirklich ausführlich mit Ihrer Familie sprechen – auch über Ängste und Befürchtungen, und mögen sie auch noch so banal erscheinen. Und dass Sie sich ein möglichst genaues Bild davon machen, wie das Leben für Ihren Partner und Ihre Kinder ablaufen würde. Wie lebt es sich in diesem Land als Ausländer? Wie sieht der Alltag aus?

Erkundigen Sie sich im Vorfeld, wo es Clubs gibt, in denen andere Expats zusammenkommen. Sprechen Sie mit Menschen, die in diesem Land gelebt haben. Auch wenn man sich nicht auf alle Eventualitäten vorbereiten kann und jeder Auslandsaufenthalt anders verläuft, so bieten die Informationen erste Ankerpunkte in der Fremde.

Mittendrin – Heimisch werden in der Fremde

Während des Auslandsaufenthaltes empfiehlt sich die Strategie des Doppelankers. Lassen Sie sich mit Haut und Haaren auf Ihr neues Zuhause ein, machen Sie sich mit allem vertraut, werden Sie heimisch. »Die Kunst besteht darin, in der sogenannten ›Honeymoon-Phase‹, also in den ersten hundert Tagen, eine gute Vernetzung in der Zielkultur hinzubekommen und gleichzeitig mit der Heimatkultur Kontakt zu halten«, sagt Kirsten Nazarkiewicz, wie Gesa Krämer Geschäftsführerin bei consilia cct. Richten Sie sich zum Beispiel in Ihrer Wohnung eine typisch deutsche Ecke ein. Mit allem, was Sie an Ihrem Heimatland schätzen, mit Fotos von Landschaften, Plätzen, von Ihrer Familie. Das Heimische schafft hier die Verbindung zum Fremden, und das Fremde wird heimischer. Auch Gespräche innerhalb der Familie sind weiterhin wichtig.

Im Grunde geht es um einen gemeinsamen Suchprozess: Wie können wir den Auslandsaufenthalt so gestalten, dass es uns allen damit gutgeht? Im Laufe der Zeit verändert sich da durchaus die Wahrnehmung. Die Beraterin erzählt von einem Ehepaar, das mit seinen Kindern nach China gegangen ist. »Das waren gute Bedingungen. Alle waren begeistert, und die Ehefrau sprach Mandarin. Am Anfang sind sie ständig in die chinesischen Restaurants gegangen, und alle fanden das ganz toll, weil es da so schön laut zuging, weil das Essen so aufregend anders war, und die Kinder konnten so schön am Tisch rumklecksen. Nach einem halben Jahr sah alles völlig anders aus. Da hieß es dann plötzlich: ›Ach, in den Restaurants ist es immer so laut, und wir wollen endlich mal wieder Nudeln und nicht immer nur Reis. Und das ganze Chinesische geht uns auf die Nerven.‹ Dieselbe Situation wird von der Familie nun komplett anders wahrgenommen. Die haben das dann super gelöst. Sie haben sich ein Kochbuch schicken lassen, auf Englisch, mit deutschen Gerichten. Und sie haben eine Köchin eingestellt, die das deutsche Essen für sie kochte. Sie sind nicht mehr so oft essen gegangen, sondern haben nun auch viel daheim zusammengesessen.« Dadurch behielt die chinesische Kultur ihren positiven Reiz, und auch die Wertschätzung des Eigenen ging nicht verloren. Ein Entwicklungsprozess, an dem die ganze Familie beteiligt war, und ein schönes Beispiel für doppelte Verankerung.

Beruflich können Sie es genauso handhaben: Einerseits geht es darum, sich mit den besonderen Arbeitsbedingungen vertraut zu machen und sie anzunehmen. »Entscheidend ist hierbei nicht nur das, was im Organigramm steht, wer der Chef ist, wer seine

Mitarbeiter«, sagt der Forscher Heiner Minssen. »Sondern entscheidend sind die kleinen Dinge.« Wer macht wann für wen den Kaffee? Wer hat wem was zu sagen und zwar völlig unabhängig von der Hierarchie? »Betriebliche Sozialordnung« nennen die Arbeitswissenschaftler das. »Das sind bestimmte informelle Regeln, die muss man kennen, wenn man nicht anecken möchte«, erklärt der Professor. Und ergänzt: »Diese betriebliche Sozialordnung wird noch mal verschärft dadurch, dass sie im Ausland, in einem anderen Kulturkreis ist.« Zum Beispiel sei man in Japan außerordentlich hierarchisch orientiert. Ein Expat, der dort als Chef hingehe, müsse sich deshalb auch wie ein Chef verhalten, meint Minssen. Alles andere würde ihm sonst als Ausländer als Einschmeichelei ausgelegt werden.

Gleichzeitig ist es gut, mit dem Heimatunternehmen in Kontakt zu bleiben. Sich zum Beispiel mit einem Kollegen, mit dem man sich gut verstanden hat, regelmäßig auszutauschen – nicht nur über aktuelle Projekte. Das tun Sie ja sowieso, sondern auch über alltägliche Ereignisse in der Firma. Zum Beispiel bei einem gemeinsamen Kaffee via Skype. Warum und wie das geht, haben wir ja im vorherigen Kapitel beschrieben. Setzen Sie Ihre Zangenfüße ein!

Und Sie sollten ernsthaft darüber nachdenken, ob Sie nicht zumindest für die großen gesellschaftlichen Ereignisse des Jahres, zum Sommerfest oder zur Weihnachtsfeier, in die Heimat fliegen sollten. Auch das ist ja ein wichtiger Aspekt der Firmenkultur. So bleiben Sie in ihr verankert, wenn Sie schon Ihrem Chef oder den Kollegen nicht mehr jeden Tag in der Kantine begegnen.

Nach der Rückkehr: Abschluss mit Startschuss

Und bei der Rückkehr? Auch da gilt die Doppelanker-Strategie. Nur umgekehrt. Jetzt sind es Ihre Erinnerungen an Ihren Auslandsaufenthalt, die Sie als Anker nutzen können. Setzen Sie sich am Ende Ihrer »Reise« mit der Familie zusammen, oder überlegen Sie, was Sie sich bewahren wollen. Was haben Sie gelernt? Wo hat sich Ihre Sicht verändert? Welche Rituale wollen Sie auch zu Hause pflegen? Das, was zu Beginn Ihres Aufenthaltes das Fremde war, ist für Sie im Laufe der Jahre bis zu einem gewissen Grad zum fraglos Gegebenen geworden. Nehmen Sie einen Teil davon mit. Das gibt Sicherheit. Denn auch wenn Sie in die Heimat zurückkehren, so hat sich dort mit Sicherheit einiges verändert. Und sei es nur Ihr Blickwinkel auf Dinge und Gewohnheiten, die zuvor so vertraut und selbstverständlich waren.

Ebenso gilt es zu bedenken, dass auch für Ihre Freunde das Leben weitergegangen ist, während Sie im Ausland waren. Viele Familien, die von einem Auslandsaufenthalt zurückkehren, müssen schmerzhaft feststellen, dass ihre Freunde ihren Erlebnissen nicht mit der Begeisterung lauschen, wie sie sich das wünschen, oder dass sie sogar überhaupt nicht daran interessiert sind. Umso besser, wenn Sie die Zeit für sich selbst wertschätzen. Überhaupt: Das Beste, was Sie nun tun können, ist nicht, krampfhaft nach dem zu suchen, was vor drei, vier, fünf Jahren war, sondern das Alte neu zu entdecken. Sich quasi neu im Alten zu verankern.

Auch in Ihrer Firma heißt es, neu zu lernen und neu zu starten. Sich wieder in das Gefüge einzupassen, seinen Platz neu zu finden und auszufüllen. Es kann sein, dass es die Abteilung, in der Sie damals waren, gar nicht mehr gibt, dass Mitarbeiter nun woanders arbeiten, der Chef pensioniert wurde. Sehen Sie Ihre Ankunft nicht als Paukenschlag, sondern als Prozess, der nicht mit einem Tag erledigt ist. Seien Sie bereit, sich einzulassen, sich neu in der Realität zu verankern. Auch wenn die weite berufliche Reise vielleicht nicht den erhofften Karriereschritt gebracht hat, dann sind Sie doch mit Sicherheit persönlich gewachsen. »Von den Mitarbeitern, mit denen ich im Rahmen der Studie gesprochen habe, gibt es keinen, der gesagt hat: ›Es hat sich gar nicht gelohnt‹«, bestätigt Heiner Minssen. Der Ortswechsel wird zur Bereicherung, wenn wir uns im Hier und Jetzt verankern. Wenn wir das wertschätzen, was gerade ist. Nehmen Sie den Abschluss ihres Auslandsaufenthalts als Startschuss für die neue Phase, die vor Ihnen liegt.

3.3 »Umwege erhöhen die Ortskenntnis« – Ein Vertriebsleiter sattelt um

Das Gespräch mit seinem Chef ist das Ende seiner bisherigen Karriere. Und der Anfang einer neuen. Aber das ahnt Marcus van Riet noch nicht, als die Assistentin seines Vorgesetzten bei ihm anruft: Er soll kommen. Und zwar sofort. Er weiß nur: Das heißt nichts Gutes. Schon öfter ist er in den vergangenen Monaten beim Chef gewesen und hat sich seine »Packung abgeholt«, wie er sagt. Deshalb muss er sich nach dem Anruf auch erst einmal kurz hinsetzen, weil sein Herz vor Aufregung wie wild rast. Schließlich macht er sich auf den Weg, steigt langsam die Treppe hinunter. Als er im Büro seines Chefs ankommt, lässt der ihn am großen Besprechungstisch Platz nehmen und kommt gleich zur Sache: Van Riet soll umgehend den überwiegenden Teil der Mitarbeiter aus seinem Verantwortungsbereich entlassen. Van Riet ist geschockt. Er hat die Leute erst vor einem halben Jahr eingestellt, weil seine Firma eine neue Vertriebsmannschaft aufbauen wollte und dafür mehr Personal gebraucht wurde. »Ich hatte unzählige Vorstellungsgespräche geführt«, erzählt van Riet. »Ich habe die Leute aus festen Jobs rausgeholt, hab sie fit gemacht für den Vertrieb.« Doch nun hat seine Firma plötzlich die Strategie geändert. Die Leute müssen weg. Hire and fire. Van Riet will das so nicht akzeptieren. »Gibt es keine Alternative?«, fragt er seinen Chef. »Ja, klar gibt es die«, antwortet der. »Ich schmeiße Sie raus und stelle jemanden an, der es kann.« In diesem Augenblick sei etwas zerbrochen in ihm, erinnert sich Marcus van Riet. »Das war so hart, da habe ich gedacht, so etwas will ich nie wieder erleben.« Klar müsse man sich hin und wieder von Mitarbeitern trennen, fügt er hinzu. Das sei nicht der Punkt. »Sondern der Punkt ist, dass hier leichtsinnig mit Menschenleben kalkuliert wurde, dass die Leute mal eben so eingestellt und genauso leichtfertig wieder entlassen werden und mit ihren Existenzen gespielt wird.«

Marcus van Riet steht auf, verlässt wie in Trance das Büro seines Chefs. Diesmal wählt er nicht den direkten Weg durchs Treppenhaus, sondern geht die Gänge entlang. »Und da ist mir aufgefallen, dass hier jeder mit einem unglücklichen Gesicht herumlief«, erinnert er sich. »Dass das Prinzip der Führung Angst ist in diesem Unternehmen.«

Als er wieder in seinem Büro angekommen ist, hat er eine Entscheidung gefällt: Raus hier!

Ein großer Schritt. Denn Marcus van Riet ist zu diesem Zeitpunkt ganz oben auf der Karriereleiter angekommen. »Ich habe nie studiert«, erzählt er. »Dass ich einmal Vertriebsleiter für einen der größten Dienstleister Deutschlands werden könnte, dass ich so viel verdienen und einen eigenen Firmenwagen haben würde, das hatte ich zwar gehofft, aber es schien mir damals kaum erreichbar.«

Und doch fühlt sich Marcus van Riet nicht zufriedener als am Anfang seiner beruflichen Laufbahn, als er sich für eine technische Ausbildung entschied, weil er keinen blassen Schimmer hatte, was seine Stärken sind und was er beruflich machen möchte. Van Riet empfindet nun eine innere Leere – etwas Entscheidendes fehlt, etwas, das nichts mit seiner steilen Karriere, nichts mit seinem Bankkonto und schon gar nichts mit seinem Firmenwagen zu tun hat.

»Ich hatte immer das Gefühl, dass ich zweigleisig fahre«, erinnert sich van Riet. Dass ich zwei parallele Leben führe und die nicht zusammenbekomme.«

Die eine Seite, das eine Leben, das ist sein Berufsweg, die Herausforderungen, die er ganz bewusst suchte. Er will weiterkommen, »wahrgenommen werden«, wie er sagt. Und tatsächlich, nach Bundeswehr und Ausbildung bekam van Riet die Chance, als Selbstständiger eine Firma aufzubauen. »Das war fernab von dem, was ich bisher gemacht habe«, sagt er. »Aber es barg die Chance, endlich aus meinem introvertierten Verhalten rauszukommen, denn bis dato war ich eher schüchtern und zurückhaltend.« Nach vier Jahren hat er es geschafft, der Laden läuft, er führt 20 freiberufliche Mitarbeiter. Und er hat seine Ängste und Hemmungen überwunden. Oder zumindest gelernt, sie nicht zu zeigen. »Ich habe mir Techniken angeeignet, die andere nicht merken lassen, was in mir vorgeht. Damit war zum Beispiel das Unbehagen vor Präsentationen nicht weg, aber man hat es mir nicht mehr angemerkt.«

Die andere Seite hat nichts mit der Ellenbogenmentalität zu tun, die van Riet täglich erlebt. Nichts mit den Techniken, die er sich angelernt hat. Nichts mit seinem 14-Stunden-Tag, nichts mit dem Dauerstress, unter dem er steht. Die andere Seite hat mit Meditation zu tun, mit Fokussierung, mit Tiefgang und mit Spiritualität. Van Riet findet sie in den großen Weisheitslehren, beim traditionellen Shaolin-Kung–Fu-Training, das er fast täglich praktiziert, und in der energetischen Meditation. Hier, wo der wertschätzende Umgang miteinander Teil der Philosophie ist, hat er – anders als in seinem Berufsalltag – das Gefühl, bei sich selbst zu sein und zur Ruhe zu kommen.

Äußerlich merkt man Marcus van Riet seine Zerrissenheit nicht an. Er klettert stetig die Karriereleiter hinauf, wechselt zu einem Dienstleistungsunternehmen, arbeitet sich dort vom Berater zum Vertriebsleiter hoch. Und immer feilt er an seinem Selbstmarketing. Während andere im Pulli herumlaufen, trägt er Anzug, und wenn sich die Gelegenheit bietet, nutzt er die Chance, sich zu positionieren. Er will in den inneren Kreis derer, die die Fäden ziehen, wie er sagt.

Die Kehrseite seiner Anstrengungen: »Du musst immer darauf bedacht sein, wie deine Außenwirkung ist, das ist sehr anstrengend. Du kannst dich nicht mal gehen lassen, sondern musst immer gucken, dass du sichtbar bist. Das ist ein ganz anderer Stresspegel als bei jemandem, der sich hinsetzt und sagt: ›Ich mache einfach meinen Job, völlig egal, wie die anderen mich sehen.‹«

Der Stress hat Auswirkungen. Van Riet hat mehrere Bandscheibenvorfälle, einen Hörsturz und andere Burn-out-Symptome, aber er macht weiter. Beruflich hat er gewonnen. Und trotzdem verloren. Denn sein äußerer Berufsweg und sein innerer Weg laufen längst nicht mehr parallel nebeneinander her, sondern im Gegenteil in entgegengesetzte Richtungen. Marcus van Riet hängt voll drin und hält die Spannung kaum noch aus. »Im Vertrieb hatten wir völlig absurde Zielsetzungen, die ich mit meinen Leuten gar nicht erreichen konnte«, sagt er. »Und immer gab es diese Gespräche, wo es hieß, dass unsere Anstrengungen noch lange nicht ausreichen. Das führte dann irgendwann dazu, dass ich resigniert habe. Ich sagte mir nur noch, ja klar, jetzt gehst du wieder zum Chef runter und holst dir deine Packung ab.«

Der Tag, an dem er sich seine letzte Packung abholte und an dem er das Ruder herumriss, ist jetzt fast zwei Jahre her. Marcus van Riet empfängt uns in seinem Haus. Es steht in der Nähe von Bonn, ist neu gebaut, am Ortsrand mit Blick auf Berge und Felder. Der ehemalige Vertriebsleiter bittet in den oberen Stock. Dort ist, nahe beim Fenster, eine Sitzgruppe arrangiert, im Regal dahinter stehen Kerzen und Fachbücher. Van Riet empfängt hier seine privaten Klienten, außerdem hat er Räume in einem kleinen Schloss angemietet. Der 38-Jährige ist nun selbstständiger Coach und Seminarleiter in der Führungs- und Persönlichkeitsentwicklung. Die Ausbildung dazu hat er in seiner Freizeit schon während seiner Zeit als Angestellter abgeschlossen. Ein glücklicher Zufall und eine glückliche Entwicklung. Denn als Coach kann van Riet endlich beide Wege, den inneren und den äußeren, miteinander verbinden und so beides gleichermaßen leben. Ein Aspekt verankert sich sozusagen im anderen und umgekehrt. Das gibt doppelte Sicherheit und auch Lebensfreude. So vereinigt sich sein Antrieb vorwärtszukommen, etwas zu schaffen im Leben, mit seiner Sehnsucht nach Fokussierung, Entspanntheit und gelebter Spiritualität. Sein Verkaufstalent findet seine Ergänzung in seinem Wunsch nach einem wertschätzenden Miteinander, nach Respekt und Echtheit. »Mir ist damals, vor zwei Jahren, klar geworden, dass ich nicht in einer Funktion arbeiten möchte, wo es darum geht, Mitarbeiter aus kaum nachvollziehbaren Gründen zu sagen, dass sie nicht mehr gebraucht werden. Von solchen Unternehmen wenden sich die Käufer ab«, ist van Riet überzeugt. »Sondern ich möchte den Unternehmen, Führungskräften und Mitarbeitern helfen, ein Umfeld zu schaffen, in dem Leistung und Erfolg Spaß machen und nicht krank.«

Diese neue Verankerung hat auch seine Definition von Erfolg verändert. »Früher dachte ich immer, Erfolg sei, Karriere zu machen«, sagt er. »Heute bedeutet Erfolg für mich, dass ich etwas in diese Welt hineingeben kann. Etwas, was nicht in dieser Form da wäre, wenn es mich nicht gäbe.«

Van Riet blickt aus dem Fenster in den Garten. Oft, wenn er dort draußen arbeitet, wenn er Unkraut jätet oder Schnee schaufelt, dann melden sich leise seine Rückenschmerzen. »Dann denke ich daran, dass die Bandscheiben vielleicht nie mehr ganz in Ordnung kommen werden, und erinnere mich an die Ursache dafür.« Eine schmerzhafte Erinnerung? »Ja«, gesteht er. Aber er blickt trotzdem ohne Bitterkeit zurück. »Die vergangenen 15 Jahre als Führungskraft, die sehe ich als meine Ausbildungszeit«, erklärt er. Denn die Erfahrungen, die er gemacht hat, sind eine wesentliche Grundlage seiner heutigen Arbeit. Er ist überzeugt: Sie machen ihn zu einem besseren Coach und seine Seminare, zum Beispiel zu Stressprävention und Verkaufsförderung, authentisch und praxisnah. Wie heißt es doch so schön: »Umwege erhöhen die Ortskenntnis.«

3.4 Sich neu verankern

Ein Neuanfang, wie ihn Marcus van Riet gewagt hat, ist mit Unsicherheit verbunden. Das bringen Veränderungen immer mit sich. Werden wir wieder Fuß fassen? Werden wir die neue Aufgabe bewältigen können? Werden wir ein ausreichendes Einkommen haben? Beim Alten wissen wir, was wir haben, auch wenn es uns nicht gefällt oder sogar belastet. Wir wissen, was Sache ist. In die Zukunft können wir nicht schauen. Wir haben eine Idee, was werden könnte, genau wissen wir es nicht. Unsicherheit führt zu Angst. Angst, den Schritt nicht zu schaffen und dann herauszufallen aus der Arbeitsgemeinschaft. Das hält viele davon ab, den Schritt in eine Veränderung zu tun. Im Endeffekt geht es darum zu entscheiden: Möchte ich mein Berufsleben so unzufrieden weiterleben, oder möchte ich einen Neuanfang wagen, der viel Überraschendes mit sich bringen kann, der mir eine Entwicklung ermöglicht?

Wenn wir uns gut auf den Neuanfang vorbereiten und uns sozusagen mit Haut und Haaren darauf einlassen, dann gewinnen wir Sicherheit. Und: Wenn wir den Schritt in Richtung Neuanfang gut überlegt haben, wenn wir uns mit unserer Situation und uns selbst auseinandergesetzt haben, dann können wir auch darauf vertrauen, dass sich neue Möglichkeiten für uns ergeben. Es öffnen sich plötzlich neue Türen, neue und alte Kontakte können belebt werden. Die Energie, die sonst im Frust des unbefriedigenden Arbeitsverhältnisses gebunden war, kann für die neue

Aufgabe eingesetzt werden. Oft ergeben sich Möglichkeiten, an die man vorher gar nicht gedacht hat, weil der Blick nun wieder frei ist. Davon sind wir überzeugt. Deshalb möchten wir Ihnen auch unbedingt Mut machen, einen (gut durchdachten) Neuanfang zu wagen, wenn der Job belastet, keine Freude mehr bringt oder sogar krank macht. Leichter gesagt als getan? Sehen Sie das Ganze als Prozess, zerlegen Sie den Neuanfang in einzelne Schritte. Dann gelingt das Loslassen.

Schritt 1: Wahrnehmen und ernst nehmen. Wie geht es mir im Job? Nicht gut? Dann:

Schritt 2: Überlegen, sich auseinandersetzen. Was ist mir wichtig in meiner Arbeit? Kann ich das in meinem jetzigen Arbeitsverhältnis, in meinem Beruf umsetzen? Was sind meine Stärken? Was ist mein Karriereanker?

Schritt 3: Vortasten. Bei welcher Aufgabe, in welchem Beruf könnte ich meine Ideen umsetzen, meine Stärken einbringen?

Schritt 4: Strategisches Planen. Wie gehe ich nun vor?

Schritt 5: Strategie umsetzen. Kontakte aufnehmen, sich fortbilden (wenn nötig), sich informieren bei anderen, die den Schritt gewagt haben, sich bewerben beziehungsweise Maßnahmen für eine Selbstständigkeit angehen.

Lassen Sie sich Zeit für die Schritte. Und vor allem, holen Sie sich bei Bedarf Unterstützung bei einem Coach oder Freund. Wenn Sie Ihre Gedanken, Bedenken und Ideen teilen können, dann zeigen sich oft noch neue Anregungen, und es entsteht Klarheit und Entscheidungsfreude.

4. Der Wickelschwanz – ganz praktisch

In bewegten Zeiten brauchen wir innere Anker. Wir brauchen Klarheit über uns selbst, über unsere Fähigkeiten, Werte und unser Selbstbild. Nur wenn wir in uns selbst verankert sind, können wir mobil und flexibel sein. Machen Sie sich Ihre Karriereanker bewusst: Sind Ihr inneres Selbstbild und Ihr äußerer Berufsweg in Einklang miteinander? Oder ist Spannung auf der Ankerkette? Wie mobil sind Sie? Planen Sie einen Auslandsaufenthalt? Oder fühlen Sie sich dafür noch nicht sicher genug? Sorgen Sie für festen inneren Halt – vor, während und nach der Entsendung. Fahren Sie die Doppelankerstrategie. Werden Sie heimisch in der Fremde. Definieren Sie, was Ihnen in Ihrem beruflichen und privaten Leben wichtig ist. Ist es Zeit für einen Neuanfang? Zeit loszulassen, in Fahrt zu kommen, um sich dann neu zu verankern? In einem Beruf, bei einer Tätigkeit, die Ihnen besser entspricht? Was müsste sich ändern? Was wäre der erste Schritt in eine neue Richtung? Denken Sie an das Chamäleon: Weil es stets einen Anker dabeihat, kann es sich problemlos und sicher in den Baumwipfeln bewegen. Verankerung schafft Beweglichkeit!

Hitzestarre

Selbstreflexionskompetenzen

Zeit nehmen u. herausfinden, wo die eigenen Potenziale liegen, was wirklich Spaß macht u. was mit Herz und Engagement gemacht wird.

Wie sieht meine momentane Lebenssituation aus?

Was nimmt wie viel Zeit
in Anspruch?
Wie viel Zeit kann ich –
realistisch gesehen – investieren?
Wer sind Energieräuber
oder Energiespender
Prioritäten u. Schwerpunkte
setzen..
Bei allen Entscheidungen =
weniger = mehr

Zeitlupe und Zungenschuss – Die eigene Zeitrechnung aufstellen

»Ungestört treibt es das Chamäleon im Freien genau eben so wie in Gefangenschaft. Es bewegt sich sehr wenig, ohne Noth kaum oder nicht. Vermittels seiner Klammerfüße und des Wickelschwanzes an einem oder mehreren Zweigen festgeheftet, erwartet es Beute, mit einer Beharrlichkeit und Ausdauer, mit einer Anstandsruhe und Unbeweglichkeit, welche sich jeder Sonntagsjäger zum Muster nehmen kann. (…) Eine kleine Heuschrecke schwirrt, eine Fliege summt daher und lässt sich auf einem Zweige in der Nähe nieder. (…) Jetzt öffnet er [der überaus geschickte Schütz] langsam und bedächtig das Maul, so weit, als eben nöthig, die dickkolbige Zungenspitze wird zwischen den Lippen sichtbar, – und heraus schnellt das wunderbare Werkzeug mit einer fast unfehlbaren Sicherheit, buchstäblich pfeilschnell, und ist im nächsten Augenblick mit der angeleimten Beute wieder in das Maul zurückgezogen worden.«

BREHM, ALFRED: THIER-CHARAKTERE.
DAS CHAMÄLEON, S. 135

1. Arbeit ist zeitlos

Eigentlich sollten wir Zeit haben. Also, richtig viel Zeit, so technisch hochgerüstet wie wir hier alle sind. Gleich morgens geht's los. Da weckt uns längst nicht mehr der gute alte Rasselwecker, sondern unser Smartphone. Damit können wir gleich auf der Bettkante unsere Mails checken und müssen das nicht im Büro tun. Das spart doch schon mal Zeit, oder?

In der Küche macht uns der Kaffeevollautomat den Latte Macchiato – noch nicht einmal den Milchschaum müssen wir selbst herstellen, vom Kaffee filtern und brühen mal ganz zu schweigen. Wieder ein paar Pluspünktchen auf unserem Zeitkonto.

Haben wir einen Termin an einem Ort, an dem wir noch nie waren, dann schalten wir im Auto das Navi ein und brüten nicht mehr ewig über dem Stadtplan. Pluspunkt. Anderen Terminen rasen wir mit Hochgeschwindigkeitszügen entgegen oder wir fliegen hin und am selben Tag zurück. Pluspunkte!

Im Büro machen wir sowieso immer mehrere Sachen parallel: Mails checken, Dokumente öffnen und bearbeiten, telefonieren – das übliche technikgenerierte Multitasking eben.

Und dann kommen die täglichen Anfragen, für die wir mal flugs unsere eigentliche Arbeit unterbrechen: Können Sie schnell mal die Mappe XY durchsehen, überlegen, wie wir mit der Sache Z weitermachen, und hätten Sie kurz Zeit für ein Gespräch?

Was wollten wir noch gleich tun? Ach ja, uns Pluspunkte geben. Aber schnell, denn wir wollen heute noch zwischendrin mal eben zum Friseur gehen, keuch, das Kind vom Kindergarten abholen, hechel, und dann wieder zurück an den Arbeitsplatz flitzen bzw. zu Hause im Homeoffice weiterarbeiten, während wir die Waschmaschine befeuern. Massenhaft Pluspunkte, man stelle sich nur vor, wie die früher, hechel, hechel, keuch, gewaschen haben, so ohne Maschine!? Ach ja essen machen, überhaupt kochen, früher war das ja auch viel aufwändiger, da musste man erst mal Holz holen und hacken und so, aber wir treffen Freunde, abends, natürlich virtuell, spart Zeit. Plus, plus, plus!!!

Warum nur fühlen wir uns trotzdem immer häufiger erschöpft, gehetzt, gereizt, gefrustet? Warum hat die tägliche Arbeit irgendwie nie ein Ende, während wir längst am Ende sind? Warum müssen wir überall verfügbar und ständig auf Abruf sein, am Morgen, am Abend, im Büro, zu Hause?

Je mehr Technik, umso weniger Arbeit, die wir selbst machen müssen, umso mehr Zeit, die wir haben. So in etwa lautet die Formel der technologischen Glückseligkeit. Sie mag so heißen, aber sie geht ganz offensichtlich nicht so ganz auf. Wir haben Miese auf dem Zeitkonto, obwohl wir doch eigentlich überall Plus machen. Und neue Zwänge, wo Technik doch eigentlich frei machen soll. Wenn das so weitergeht, dann landet das Wort »Muße« bald auf der Roten Liste der aussterbenden Wörter.

Manchmal möchte man es dem Zauberlehrling gleichtun und mit flehender Stimme ausrufen: »Besen! Besen! Seid's gewesen!«

Denn, mal ehrlich: Was ist eigentlich das Ziel des Immerschneller-Werdens, wenn am Ende weniger, statt mehr Zeit für den Einzelnen bleibt? Und, um Himmels willen: Wofür die ganze Eile?

1.1 Zeitfressern auf der Spur

Experten verwenden viel Zeit, um dem Zeitdruck und seinen Folgen auf die Spur zu kommen. Ein Ergebnis der Forschung: Technik mag Zeit sparen, aber sie kostet eben auch Zeit. Zeit, die zum Beispiel draufgeht, weil wir immer seltener kontinuierlich bei einer Tätigkeit bleiben, sondern zwischen mehreren Aufgaben hin- und herhüpfen. Unterbrechungen und das so genannte Multitasking zählen deshalb für Anja Baethge zu den größten Herausforderungen in der modernen, beschleunigten Arbeitswelt. Baethge ist Arbeits- und Organisationspsychologin und gehört zu einem Forschungsteam, das beide Phänomene im Rahmen einer Studie erforscht. In Auftrag gegeben wurde die Erhebung von der Bundesanstalt für Arbeitsschutz und Arbeitsmedizin (BAuA). »Wir wollen herausfinden, inwieweit sich Multitasking und Arbeitsunterbrechungen auf die Gesundheit und die Leistungsfähigkeit von Arbeitnehmern auswirken«, erklärt die Leipziger Psychologin. Ihre Befragungen, unter anderem in Krankenhäusern, zeigen: nicht eben positiv.

Fangen wir mit dem Multitasking an. Der Begriff stammt ursprünglich aus der Informatik und bezeichnet die Eigenschaft des Computerprozessors, mehrere Vorgänge simultan ablaufen zu lassen. Übertragen auf uns Menschen meint Multitasking die Fähigkeit, mehrere Dinge gleichzeitig zu tun. Nun sind wir aber keine Computer. »So richtig können wir gar nicht mehrere Sachen gleichzeitig machen«, klärt Anja Baethge auf. »Man denkt vielleicht, dass man das tut, aber in Wirklichkeit switcht man innerhalb von Millisekunden oder auch längeren Abständen zwischen den Tätigkeiten hin und her.« Mit anderen Worten: Wir zerlegen unsere Arbeit in winzige Teilabschnitte und müssen uns deshalb höllisch konzentrieren. Das kostet Ressourcen und kann auf Dauer ziemlich belastend sein, hat die Wissenschaftlerin herausgefunden. Denn für diese Art der Daueraufmerksamkeit sind wir eigentlich nicht angelegt. Die Folgen: Wir fühlen uns unter Zeitdruck und sind erschöpft. Diese Erschöpfung kann Fehler verursachen oder dazu führen, dass wir keine Ressourcen mehr haben, die wir für unsere Hauptaufgaben aber dringend gebrauchen können. Wir sind nicht mehr in der Lage, auf andere Belastungen angemessen zu reagieren oder auf Dinge, die im täglichen Berufsalltag halt so nebenher laufen. Das macht noch mehr Stress, es passieren wieder Fehler. Sie zu beheben, kostet Zeit. Zeit, die wir nicht haben. Ein Teufelskreis. Und ein Abschied vom Mythos Multitasking: »Manche denken immer noch, sie sparen Zeit, wenn sie Multitasking machen«, sagt Baethge. Ihre Untersuchungen zeigen: Das Gegenteil ist wohl eher der Fall.

Genauso Unterbrechungen. Auch sie kosten gehörig Zeit, weil wir aus unserer Arbeit herausgerissen werden und uns in die zweite Aufgabe hineinfinden müssen, um dann diese zu beenden und wieder zu unserer ersten Tätigkeit zurückzukehren. Doch selbst wenn wir die zweite Aufgabe auf später verschieben, sind wir trotzdem aus unserer eigentlichen Tätigkeit herausgerissen worden, müssen folglich wieder hineinfinden und hinken erstmal hinterher. »Resumption lag« heißt das Phänomen deshalb bei den Experten.

Diese Wiederaufnahmezeiten summieren sich, und so kann Stress entstehen. Manchmal vergessen wir vor lauter Unterbrechungen auch, was wir eigentlich tun wollten, unser »Resumption lag« wird größer, der Stress auch. Wir haben ständig das Gefühl, dass wir unsere Arbeit nicht so gut machen, wie wir eigentlich würden, wenn die äußeren Umstände denn andere wären und wir kontinuierlich an einer Sache dranbleiben könnten.

Am Abend überfällt uns dann das Gefühl, dass wir am Tag nichts Richtiges zustande gebracht haben, weil nichts wirklich abgeschlossen ist. Das Phänomen, dass wir Menschen nach Vollendung und Abschluss suchen, haben die Gestaltpsychologen eingehend untersucht. Aus gestaltpsychologischer Sicht ist es ein menschliches Bedürfnis, »offene Gestalten« zu schließen. Wir streben in unseren verschiedenen Lebensbereichen nach Ganzheit. Das betrifft zwischenmenschliche Themen genauso wie die Aufgabe, die wir gerade erledigen.

Kennen Sie das Gefühl, dringend eine Aussprache mit einer Kollegin führen zu müssen, um das Konfliktthema ad acta legen zu können? Kennen Sie das unangenehme Gefühl, von unerledigten Aufgaben im Ungewissen und auf Trab gehalten zu werden wie durch einen Cliffhanger in einer Fernsehserie? Das gilt auch im familiären Bereich. Zum Beispiel suchen wir unser Leben lang nach Anerkennung unserer Eltern, wenn wir sie als Kinder nicht von ihnen bekommen haben. Zahllose Filme haben genau das zum Thema.

Wenn wir dagegen etwas abgeschlossen und die »offene Gestalt« geschlossen haben, dann haben wir ein gutes Gefühl. Gute Arbeit ist vollendete Arbeit.

Ist sie nicht vollendet, dann ist sie noch präsent und will vollendet werden. Zur Not auch nachts. Deshalb denken wir noch zu später Stunde nach. Und wir fragen uns, was wir eigentlich den Tag über geschafft haben. »Das ist eine Sorgenkomponente, die da häufig noch dazukommt«, erklärt Anja Baethge. »Wir nennen das ›emotionale Irritationen‹. Dass man eben am Abend gereizt ist und nachgrübelt.«

1.2 »Können Sie mal eben schnell …«

Zeit frisst aber mitunter noch eine andere moderne »Erfindung«: die flexible Arbeitszeit. Ja, Sie haben richtig gelesen. Ausgerechnet jene Neuerung, die uns das (Arbeits-) Leben eigentlich erleichtern soll. Forscher haben herausgefunden, dass Arbeitszeitflexibilisierungen, wie Gleitzeit oder die so genannte Vertrauensarbeitszeit, wenn man nicht besonders achtsam damit umgeht, letztlich dazu führt, dass wir mehr arbeiten. »Es trägt weniger dazu bei, dass man zum Beispiel sein Kind vom Kindergarten abholen oder zwischendrin einen Arztbesuch machen kann, wie das eigentlich angedacht war, sondern dass sich die Personen mehr Ziele setzen für ihren Tag, als sie das in einem Job mit festen Arbeitszeiten tun würden«, führt Anja Baethge aus. Man nimmt sich also mehr vor und muss dieses Pensum dann auch schaffen. Und wenn man das Gefühl hat, man schafft es nicht, dann arbeitet man eben noch eine Stunde mehr. Oder zwei.

Das führt dann dazu, dass Rhythmen nicht mehr eingehalten oder dass aus Pausen sogenannte Arbeitspausen werden: »Das können wir doch schnell beim Mittagessen besprechen.« Was entgegnet man seinem Chef, wenn er so etwas vorschlägt? Dass man dann weder richtig isst, noch im Gespräch voll bei der Sache ist und einem die ganze Angelegenheit für den Rest des Tages wie Wackersteine im Magen liegt?

Und überhaupt: Was entgegnet man auf die vielen »Können Sie mal eben schnell…«, die unseren Arbeitstag zerstückeln? Dass wir, wenn wir viel mal eben schnell machen, wenig wirklich richtig tun?

Immer wieder haben uns Leute erzählt, dass in ihren Unternehmen das »Machen Sie mal eben schnell« wie eine Seuche grassiert. Dass es immer öfter gar nicht mehr darum geht, *eine* Aufgabe möglichst gut zu erledigen, in der Zeit, die es eben braucht, sondern dass erwartet wird, dass möglichst viele Aufgaben in möglichst wenig Zeit abgearbeitet werden, irgendwie.

Von allem ein bisschen gemacht und nichts richtig. Und vor allem nicht das gemacht, was gerade jetzt, an diesem Ort, zu dieser Zeit ansteht. Auch das führt zu Frust. Und es führt dazu, dass es uns immer schwerer fällt, bei der Sache zu bleiben. Das »Attention Deficit Trait (ADT)«, eine Konzentrationsschwäche bei Kopfarbeitern, diagnostiziert der amerikanische Psychotherapeut Edward Hallowell als die neue Managerkrankheit schlechthin. Nach Angaben des Arztes leiden bis zu 40 Prozent der Führungskräfte unter ADT. Wie wenig wir Menschen tatsächlich dafür gemacht sind, viele Dinge parallel laufen zu lassen und über ein halbes Dutzend Kanäle gleichzeitig zu kommunizieren, zeigt auch die öffentlichkeitswirksame Studie von Forschern des Londoner King's College. Sie ließen zwei Versuchsgruppen dieselben Aufgaben erledigen. Die eine bekam gleichzeitig mehrere E-Mails zugesandt. Die andere Gruppe rauchte Joints vor der Arbeit. Das Ergebnis: Die Kiffer erzielten bessere Ergebnisse als die Probanden, die gleichzeitig mit ihren E-Mails beschäftigt waren.

2. Zeitlupe und Zungenschuss – Die Fähigkeit, in sich zu ruhen und gezielt zu handeln

Möglichst schnell, möglichst alles auf einmal, möglichst immer und überall: Mitarbeiter, in deren Firmen diese Maxime herrscht, stehen maximal unter Druck. Was immer mehr Unternehmen fehlt, ist eine Firmenkultur, in der Aufträge besonnen vergeben werden und ausreichend Zeit bleibt, sie zu erfüllen. Eine Firmenkultur, in der Mitarbeiter einen realistischen, das heißt ressourcenschonenden (Zeit-) Rahmen vorfinden, an dem sie sich orientieren können und der ihnen gleichzeitig den nötigen Entscheidungsspielraum für die Bewältigung ihrer Aufgaben einräumt. Anpassung und Eigenart!

Arbeitsprozesse sollten sinnvoll aufeinander abgestimmt und Zeit als wichtige Ressource gesehen werden. Zeit, die es braucht, um Qualität zu erzielen. Eine Firmenkultur, in der Mitarbeiter ernst genommen und gehört werden, die sagen, dass sie ihr Pensum nicht schaffen.

Aber es ist auch an uns selbst, dies einzufordern und gemeinsam an einer zeit- und ressourcenschonenderen Arbeits- und Aufgabenverteilung zu arbeiten. Oft gibt es mehr Handlungsspielraum, als wir denken. Wenn wir jedoch unter Zeitdruck stehen, erkennen wir diesen Handlungsspielraum meist nicht mehr. Wir benehmen uns tatsächlich wie der Hamster im Rad, sind blind und taub für Warnungen aus unserem Umfeld, unfähig, einen klaren Gedanken zu fassen und vor allem unfähig, aus dem Rad auszusteigen. Zum »äußeren« Antreiber gesellt sich oft noch einer, der tief in uns selbst sitzt. »Das schaffst du schon! Streng dich nur genug an!«, ruft er uns zu. Die Lage wird nicht eben besser dadurch.

Damit es gar nicht so weit kommt, sollten wir den sorgsamen Umgang mit unseren Zeitreserven lernen. Wir brauchen ein sicheres Grundgefühl für das eigene (Zeit-) Maß, Aufmerksamkeit für den Moment und eine innere Alarmglocke, die uns rechtzeitig alarmiert, wenn wir uns zu viel vorgenommen haben und Gefahr laufen, unser (Zeit-) Pensum zu überschreiten.

Chamäleons sind perfekte Wächter über ihre Zeit. Weil sie, wie wir ja schon wissen, die Fähigkeit besitzen, mit ihren Augen in unterschiedliche Richtungen zu schauen: Nach vorne, zur Seite und nach hinten. Damit steht das Chamäleon in einigen Kulturen symbolisch für die Einheit von Vergangenheit, Gegenwart und Zukunft.

Grund genug, sich das »Zeitmanagement« unseres Mini-Dinosauriers mal genauer anzusehen. Und zwar am besten beim Beutemachen, das ist ja in etwa so, wie wenn wir arbeiten gehen: Eine ganze Weile passiert gar nichts. Das Chamäleon sitzt seelenruhig auf seinem Ast, der Wickelschwanz sorgt für Halt, die Zangenfüßchen für Greifbarkeit in Form eines sicheren Stands. Doch – Moment mal – es tut sich sehr wohl etwas, die Augen sind nämlich ständig in Bewegung und scannen das Umfeld. Wo sitzt die fette Beute? Nichts in Sicht. Zeit, die Position zu wechseln. Das Chamäleon setzt sich in Bewegung, immer schön langsam, immer schön im Schaukelgang. Chamäleons imitieren so Blätter, die sich im Wind bewegen. Der Schaukelgang als Sicherheitsmaßnahme. Vorwärtskommen in Zeitlupe. Gar nicht schlecht. So übersieht man auch nicht die Chancen, die sich rechts und links des Weges bieten. In diesem Fall ist es eine Fliege. Das bedeutet: Jetzt ist die Zeit des Handelns gekommen! Unser Chamäleon richtet beide Augen nach der Beute aus, fokussiert sie, und dann geht alles blitzschnell: Mit einer gezielten Bewegung schießt die Zunge heraus, ein Happs, und die Fliege summt nicht mehr. Danach ist dann wieder Zeitlupe angesagt, entspanntes Vorwärtsschaukeln, der nächsten Herausforderung entgegen.

Zeitlupe und Zungenschuss. Was heißt das für uns? Wir brauchen die Fähigkeit, unser Tempo und unsere Aufmerksamkeit so regulieren zu können, dass uns unsere Arbeit nicht erschöpft. Wir brauchen die Fähigkeit, unsere Energie gezielt einsetzen zu können. Wir brauchen Zeiten des kontinuierlichen ruhigen Schaffens, um im entscheidenden Moment blitzschnell handeln zu können. Wir brauchen beides in stetem Wechsel: Zeitlupe und Action.

Lernen wir, uns zu konzentrieren und zu fokussieren, lernen wir das eigene Maß kennen und einzuhalten, lernen wir, Pausen zu machen, um dann bei Bedarf prompt reagieren zu können. Lernen wir vom Chamäleon. Zeitlupe und Zungenschuss – der vierte Aspekt unseres *Chamäleon-Prinzips*.

3. Wie wir unsere eigene Zeitrechnung aufstellen können

3.1 Das eigene Maß finden

»Ein voller Terminkalender
ist noch lange kein erfülltes Leben.«

KURT TUCHOLSKY

Für manche Menschen ist Zeit etwas, das sie überlisten müssen. Etwas, das sich ständig vor ihnen versteckt hält. Und so brauchen sie immer neue Kniffe und Tricks aus dem Fundus der Zeitmanagement-Ratgeber, um »Tempus« aus seiner Höhle zu locken und ihm ein paar Extra-Minuten und -Stunden abzutrotzen. Das tun sie einzig und allein deshalb, um noch mehr in den Tag hineinpacken zu können. Wahre Zeitjäger. Sie sind quasi dauerbeschäftigt. Keine Zeit zu haben, ist für sie so etwas wie ein Statussymbol. Wer busy, busy ist, ist wichtig. Meinen sie. Unter Zeitdruck zu stehen, wertet sie auf. Pause machen, grundlos abhängen, ist für die Zeitjäger dagegen negativ besetzt.

Hand aufs Herz: Wie halten Sie es mit der Zeit? Steckt irgendwo auch ein kleiner Zeitjäger in Ihnen? Oder wollen und können Sie sich als ausgeglichener, ausgeruhter und konzentrierter Arbeitskollege und Zeitgenosse präsentieren?

Was für eine blöde Frage? Schließlich lesen Sie ja dieses Kapitel, weil Sie nach einem Weg Ausschau halten, wie Sie besser mit Ihrer Zeit umgehen können, und nach Methoden gegen die Hetze und den Druck suchen. Klar. Es ist nur so: Bevor man sich mit Techniken auseinandersetzt, die helfen können, sich seine Zeit effektiver einzuteilen, ist es wichtig, sich die grundsätzliche Frage zu stellen: Wie viel kann und möchte ich eigentlich wirklich erleben und verarbeiten? Wenn das Gefühl, ständig beschäftigt zu sein, doch irgendwo positiv für Sie besetzt ist oder Sie nach Zeitlücken suchen, um mehr Aktivitäten hineinzupacken, dann werden Sie Ihren Erfolg beim eigenen Zeitmanagement unbewusst selbst torpedieren. Das Gefühl, mehr Raum und Zeit zur Verfügung zu haben, wird sich nicht einstellen.

Im modernen Zeitmanagement geht es nicht nur um Techniken, die uns helfen, die Minuten und Stunden, die uns an einem Tag zur Verfügung stehen, zu ordnen, sondern zunächst um ganz entscheidende Fragen: Wie möchte ich leben? In welchem Tempo möchte ich leben? Was tut mir gut? Was bedeutet es für mich und meine Umwelt, in Hochgeschwindigkeit zu leben und ein Dasein in Hetze zu führen?

Es geht darum, das Karussell anzuhalten, innezuhalten und wahrzunehmen: Was ist mein Maß? Was ist wichtig in meinem Leben? Wie viel Zeit möchte ich mir nehmen für das, was essenziell ist für mich? Womit habe ich Spaß und Vergnügen, was regt mich an und bewegt mich? Was möchte ich genießen? Wie viel Zeit möchte ich mir zum Beispiel zum Essen nehmen, wie viel zum Ausruhen, wie viel zum Sporttreiben, wie viel zum Zusammensein mit mir wichtigen Menschen? Wie viel Zeit brauche ich, um meine Aufgaben zu bewältigen? Wie viel Zeit lasse ich den Menschen, mit denen ich zusammenarbeite und denen ich begegne, damit sie ihre Aufgaben bewältigen können?

Das eigene Maß bestimmen. Im weiteren Sinne gehören auch diese Fragen dazu: Wie möchte ich konsumieren? Bin ich aus auf Fastfood und schnell produzierte Schnäppchenware bei Kleidung, Mobiliar und Technik? Auf wessen Kosten lebe ich eigentlich so schnell? Wie wirkt sich die Eile auf meine Gesundheit aus? Was oder wer treibt mich eigentlich an? Was möchte ich persönlich durch mein Tempo erreichen?

Und eine wichtige Frage bleibt auch zu stellen: Was würde bleiben, wenn ich nicht in Hast bin? Was eröffnet sich im Guten für mich? Kann ich damit leben, Zeit zu haben?

Wenn Sie diese Fragen für sich beantwortet haben, dann können Sie Methoden aus dem Zeitmanagement für sich nutzen. So können Sie mit einer einfachen Methode den Ist-Zustand Ihrer Zeiteinteilung feststellen und dabei herausfinden, inwieweit bei Ihnen Wunsch und Wirklichkeit auseinanderliegen:

Schnappen Sie sich dafür bitte ein Blatt Papier und zeichnen Sie einen großen Kreis darauf. Der Kreis stellt die Zeit dar, die Sie außerhalb der Schlafenszeit jeden Tag zur Verfügung haben.

Nun schreiben Sie auf einem anderen Blatt Papier die für Sie wichtigen täglichen Aktivitäten auf. Das könnte sein: Arbeitszeit, Weg zur Arbeit, Haushalt und Einkauf, Zeit mit Ihren Kindern, Zeit mit der gesamten Familie, Zeit mit Ihrem Partner, Zeit allein für sich und so weiter und so fort.

Als Nächstes gewichten Sie die Zeiten: Wie viel Zeit verbringen Sie jeweils mit den einzelnen Aktivitäten? Vergeben Sie entsprechend große oder kleine »Tortenstückchen«, und zeichnen Sie diese in Ihren Kreis ein.

Sehen Sie sich Ihre Lebenszeit-Torte an. Sind Sie überrascht? Sind Sie zufrieden? Welche Tortenstückchen hätten Sie gern größer, welche kleiner?

Manche stellen hier fest, dass es zwischen ihrem Wunsch, möglichst viel Zeit mit der Familie oder allein zu verbringen, und der Realität einen großen Unterschied gibt. Das ist der erste, kleine Schritt in die richtige Richtung. Denn dann können Sie überlegen, was Sie tun können, um Ihre »Torte« so zu arrangieren, dass Sie damit zufrieden sind.

Natürlich kann man den Tortentrick auch im Job anwenden, dann müssten Sie festhalten, mit welchen Tätigkeiten Ihr Berufsalltag ausgefüllt ist. Wie viel Zeit verbringen Sie in Besprechungen, bei der Beantwortung von Post oder bei Kontakten mit Kollegen? Auch da sehen Sie dann Ihre persönliche »Zeittorte«. Sind Sie so zufrieden? Lässt man Ihnen genug Zeit, um Ihre Aufgaben zu bewältigen?

Gehen Sie dann ans Feintuning: Erstellen Sie ein Zeitprotokoll von Ihrer Arbeitswoche. Es wird Ihnen dabei helfen, noch einmal genauer zu sehen, welchen Zeitrahmen welche Arbeitsfelder einnehmen.

Nehmen Sie also wieder ein Blatt Papier, und zeichnen Sie darauf eine Tabelle. Ganz links notieren Sie im Laufe der Woche jede Ihrer Tätigkeiten, daneben, wie viel Zeit Sie für einzelne Aufgaben investieren. Und ganz rechts daneben notieren Sie, wie gewinnbringend Sie diese Tätigkeit einschätzen und ob Sie diese geplant oder spontan ausgeführt haben.

Anhand dieses Protokolls können Sie eine Menge über Ihre eigene Zeiteinteilung erfahren.

Zum Beispiel: Wann, wie oft und von wem werden Sie in Ihrem Arbeitsfluss unterbrochen? Lässt sich da etwas verändern? Gehen Sie zum Beispiel ständig eingehenden E-Mails nach, und das stresst Sie? Dann empfehlen wir Ihnen, sich zwei Zeiten am Tag für die Beantwortung Ihrer Mails zu reservieren, vielleicht ein Mal am Morgen und ein Mal am Abend. Und: Schalten Sie die akustische und visuelle Benachrichtigung von E-Mail-Eingängen einfach ab!

Haben Sie für bestimmte Tätigkeiten unverhältnismäßig viel Zeit benötigt? Woran liegt das? Können Sie zukünftig darauf Einfluss nehmen? Waren bestimmte Tätigkeiten wiederholt für Sie nicht gewinnbringend? Finden Sie heraus, woran das liegt.

Können Sie etwas daran ändern? Oder vielleicht erkennen Sie, dass Sie bestimmte Tätigkeiten, mit denen Sie viel Zeit verbringen, auch gut delegieren könnten?

Sind Sie sich bewusst geworden, wie Sie sich Ihre Zeit einteilen und wo und inwieweit Wunsch und Wirklichkeit auseinanderklaffen? Dann arbeiten Sie daran, dem Wunsch etwas näher zu kommen: Lernen Sie, Prioritäten zu setzen! Gehen Sie zum Beispiel nach dem sogenannten Eisenhower-Prinzip vor: Nehmen Sie sich einen Stapel Karteikarten. Schreiben Sie nun alle Aufgaben, die Sie haben, auf je eine Karte. Ordnen Sie dann diese Karten nach zwei Gesichtspunkten: 1. Wichtig bzw. unwichtig und 2. eilig bzw. nicht eilig. Sie erhalten dann eine Einteilung Ihrer Karten bzw. Ihrer Aufgaben in vier Gruppen:

- Aufgaben, die wichtig und eilig sind
- Aufgaben, die wichtig, aber nicht eilig sind
- Aufgaben, die unwichtig, dafür aber sehr eilig sind
- Aufgaben, die unwichtig und nicht eilig sind

Mit diesen vier Gruppen gehen Sie nun folgendermaßen um:

Alle Aufgaben, die sowohl unwichtig als auch nicht eilig sind, werfen Sie in den Papierkorb. Sind die Aufgaben zwar unwichtig, aber eilig, dann versuchen Sie, sie zu delegieren. Die wichtigen Aufgaben, die nicht eilig sind, übertragen Sie in Ihre Zeitplanung und sorgen dafür, dass sie zur rechten Zeit tatsächlich angepackt werden. Die Aufgaben, die gleichzeitig wichtig und eilig sind, packen Sie sofort an.

Sind es größere Aufgaben, dann strukturieren Sie sie in überschaubare Zeitabschnitte, und schaffen Sie sich ein übersichtliches Ordnungssystem!

Noch einmal, weil es wichtig ist: Methoden sind hilfreich, wenn wir im Auge behalten, warum wir sie anwenden: Sie sollen uns helfen, uns zu organisieren, uns weder zu unter- noch zu überfordern. Sie sollen uns helfen, die Balance zu finden zwischen Phasen des kontinuierlichen Arbeitens, des Vorbereitens und unvermeidlicher Arbeitsspitzen. Zwischen Zeitlupe und Zungenschuss! Sie helfen uns, unseren eigenen Rhythmus zu finden und beizubehalten, auch wenn's mal wieder hektisch zugeht.

3.2 Zeitverständnisse

Ein Chamäleon braucht kein Zeitmanagement, um seinen Rhythmus zu finden. Es hat ihn einfach drauf. Schlafen, Jagen, Fressen, sich paaren und dann wieder eine Mütze Schlaf nehmen, wenn die Sonne hinter den Urwaldbäumen verschwunden ist. Instinktiv folgt unser Mini-Dino dem Kreislauf der Natur und läuft deshalb auch nicht Gefahr, ein Burn-out zu erleiden. Ganz einfach.

Auch Naturvölker leben weitestgehend nach Zyklen. Sie richten sich nach der Sonne, nach Trocken- und Feuchtperioden, teilen ihre Zeit nach Ereignissen ein, nach Phasen wie Säen und Ernten und nicht, wie wir Westeuropäer, nach dem strengen Maß der Uhr. Sie haben ein Zeitverständnis, das sich von unserem stark unterscheidet. Während wir mit unserem Zeitmaß die Zeit als etwas Vergängliches betrachten, sehen sie Zeit als etwas sich ständig Wiederholendes. Bildlich ausgedrückt sehen wir linear die Zeit Sekunde für Sekunde »verschwinden«. Der lineare Zeitstrahl ist fest in unserem »Zeitbewusstsein« verankert. Mit dem linearen Zeitverständnis ist die Vorstellung von stetem Wachstum und exakter Planbarkeit verbunden. Es geht kaum ums Jetzt und Hier, sondern ums weiter, voran, aufwärts. »Den Blick nach vorn richten!« ist das Mantra der modernen westlichen Gesellschaft.

Anders bei den Menschen, die sich an natürlichen Zyklen orientieren. Ihnen geht die Zeit nicht »verloren«. Sie erneuert sich in zuverlässigen Rhythmen immer wieder. Ihre Zeitvorstellung ist demnach ein sich immer wiederholender Kreislauf.

Daher macht es für sie auch keinen Sinn, Zeit zu sparen oder zu gewinnen. Sie laufen der Zeit nicht hinterher, wie wir es oft zu tun scheinen. Menschen mit zyklischem Zeitverständnis – wie die Hopi-Indianer aus Nordamerika – orientieren sich an natürlichen Rhythmen, ihr Tag beginnt »wenn der Hahn kräht« und endet mit dem Sonnenuntergang. Das Leben folgt den Jahreszeiten. Es wird von ihnen bestimmt.

Bei uns hingegen entscheidet die Uhr, wann wir mit der Arbeit beginnen, egal ob im Winter oder Sommer. Und wenn die Sommerzeit uns vorgibt, dass der Morgen jetzt einfach eine Stunde früher beginnt, dann verstellen wir die Uhr und richten uns halt danach.

Für Menschen mit zyklischem Zeitverständnis ist ein Gespräch beendet, wenn alles gesagt ist. Für uns, in vielen Fällen, wenn uns der nächste Termin treibt. Die Uhr scheint unser Leben zu beherrschen. Obwohl sie doch zu unseren Diensten stehen sollte.

Ein afrikanisches Sprichwort lautet daher: »Als Gott die Welt erschuf, gab er den Afrikanern die Zeit und den Europäern die Uhr.«

Wir entfernen uns mit Blick auf die Uhr also immer weiter von unserem ursprünglichen Rhythmus. In unseren Breiten sind Babys die Einzigen, die noch ganz nach ihrem inneren Takt leben. Sie kennen noch keine Uhr. Sie schlafen ein, wenn es für sie Zeit ist, sie wollen essen, wenn sie Hunger haben – und das ganz entschieden und ganz unabhängig davon, ob das nun in unseren Terminplan passt oder nicht.

Manchmal erleben wir einen Hauch von dem Leben nach dem eigenen Rhythmus im Urlaub, wenn wir fern von allen Verpflichtungen den Tag nach unseren Bedürfnissen gestalten können. Und wir fragen uns: Gibt es eine Möglichkeit, dieses Gefühl ein wenig in das heutige Arbeitsleben hinüberzuretten?

Ganz klar, wir brauchen in der globalisierten Arbeitswelt dringend verbindliche Verabredungen, feste Termine und einen guten Zeitplan. Wie sollten wir sonst auch miteinander in Kontakt kommen, sowohl über Ländergrenzen hinweg als auch mit der Kollegin im Büro? Aber bedeutet das, dass wir alle natürlichen Rhythmen deshalb aus den Augen verlieren müssen? Gibt es nicht doch auch Möglichkeiten, sie wahrzunehmen und den Tag danach zu gestalten?

Wir glauben schon! Wir sollten versuchen, trotz tickender Uhren mehr auf unseren eigenen immer wiederkehrenden Takt zu achten: Wann brauchen wir Pausen? In welchen Zeiten sind wir produktiv? Besonders gesprächsbereit? Wann brauchen wir Rückzug?

Können wir unseren Arbeitsbeginn flexibel gestalten? Können wir unsere Pausen so gestalten, wie es unserem Biorhythmus entspricht? Kurze Pause mit Spaziergang? Kurzes Nickerchen, ohne als Faulpelz zu gelten oder uns selbst als solchen zu sehen?

Und wenn wir nach unserem inneren Rhythmus leben und ihn eine Weile beobachtet haben, können wir viel leichter entscheiden, wann ein guter Zeitpunkt ist, um ein neues Projekt in Angriff zu nehmen. Wann die Energie vorhanden ist für einen Neubeginn, fürs Wachsen oder den richtigen Zeitpunkt, um etwas abzuschließen. Denn auch Loslassen braucht seine Zeit!

Natürlich ist es schwer, solche Veränderungen anzustoßen, wenn der Berufsalltag bis ins kleinste Detail durchgetaktet ist. Aber wir sollten es auf einen Versuch ankommen lassen. Wenn wir immer wieder bewusst abwägen, was das Außen an zeitlichen Abläufen und »Zwängen« vorgibt und wie wir dies mit unseren eigenen Bedürfnissen verbinden können, dann sorgen wir Schritt für Schritt für eine Veränderung. Erst bei uns selbst und dann auch in unserem Umfeld.

Menschen in Führungspositionen tragen hier eine besondere Verantwortung. Sie können Kulturen in Unternehmen maßgeblich mitentwickeln und Einfluss nehmen. Sie können ihren Mitarbeitern Zeit geben, sie ihre Arbeitszeit flexibel einteilen lassen. Dass das keine Utopie ist, zeigen wir im Kapitel 3.5.

3.3 Nichtstun mit Gewinn

Kein Zungenschuss ohne Zeitlupe. Keine Arbeit ohne Pause – eine einfache Regel nach dem zyklischen Zeitverständnis, die sich auch in unserem linear verlaufenden Joballtag problemlos anwenden lässt. Und ja auch angewendet wird. Wir machen schließlich alle Pause. Irgendwie, irgendwo, irgendwann. Wir machen Mittagspause, Kaffeepause, Zigarettenpause. Wo liegt also das Problem? In unserer Einstellung zu den Pausen. Wir behandeln sie oft ziemlich stiefmütterlich. Weil wir der Ansicht sind, dass Zeit Geld ist oder eher gesagt, dass aktive Zeit Geld bringt. In Pausen, da sind wir nicht aktiv, also bringen sie kein Geld, also sind sie vertane Zeit.

Vielleicht nicht ganz vertan, denn eigentlich wissen wir ja, dass wir Pausen brauchen, zur Regeneration und so. Also machen wir Pause, aber bringen noch ein wenig Gewinn mit rein: Wir lesen noch schnell die Mails, die sich seit dem Morgen angesammelt haben, wir sprechen mit dem Kollegen den Ablauf des nachfolgenden Meetings durch oder erledigen schnell ein paar Einkäufe. Ja, wir machen Pause. Aber wir schalten dabei nicht auf Standby, wir nehmen uns keine wirkliche Auszeit.

Und wie ist es mit Urlaub? Das ist doch Pause pur? Drei, vier Wochen lang am Stück Ferien machen, während wir vorher über Monate hinweg gerackert haben. Das ist ein Hin- und Herspringen zwischen Extremen: Arbeite effektiv, entspanne effektiv. Wir versuchen mit einer Verbissenheit runterzukommen, die mit einem zyklischen Zeitbewusstsein wenig zu tun hat.

Zeitlupe *und* Zungenschuss: Unser *Chamäleon-Prinzip* macht deutlich, dass aktive und ruhige Phasen Teile eines zusammenhängenden Prozesses sind. Das eine funktioniert nur in Verbindung mit dem anderen. Schon im täglichen Arbeitsleben braucht es die Balance zwischen Erholungs- und Anspannungsphasen, nicht erst im Urlaub. Entwicklung und Wachstum vollzieht sich in Schüben. Pausen sind Teil jeder Entwicklung. Auf Ruhephasen folgt Bewegung. Auf Bewegung Ruhe. Niemand kann immer in Bewegung sein.

Wenn wir in Arbeitsphasen den Stein ins Rollen gebracht haben, entwickeln sich in den Pausen, in Mußezeiten hilfreiche Gedanken, Ideen, Bilder, Lösungen. In Pausen, in der Entspannung können unverarbeitete Eindrücke wirken und sinnvoll verbunden werden. Unverbundene Teile werden zu einem Ganzen, Zusammenhänge werden deutlich, Orientierung möglich. Und das ist besonders wertvoll. Nichtstun bedeutet: sich selbst Raum für Wachstum und Entwicklung zu geben.

In Pausen können wir uns auf uns selbst besinnen, um dann in aktiven Phasen daran zu arbeiten, die Erkenntnisse in die Tat umzusetzen.

Im Strudel der Hochgeschwindigkeit dient die Zeitlupe als Ruhepol. In diesem Modus kommen wir mit uns selbst in Kontakt. Wir erkennen, was uns wichtig ist. In Pausen können wir entspannen, können wirken lassen, loslassen, um später wieder aufzunehmen. »Beim Nichtstun bleibt nichts ungetan«, wusste schon der chinesische Philosoph Laotse. So gesehen ist auch Nichtstun ein Teil des Tuns.

Ohne Zeitlupe kein Zungenschuss – unser Körper weiß das. Deshalb sendet er in bestimmten Abständen Signale, um dem Kopf, der gerade mit einer wichtigen Aufgabe beschäftigt ist, mitzuteilen, dass es Zeit für eine Pause ist. Signale wie Gähnen zum Beispiel. Oder Tagträumen. Oder wir verspüren Hunger, werden grantig, weinerlich oder vergesslich. Die Konzentration lässt nach. Das ganze System meldet also »Fehler« – doch statt auf Standby zu schalten, versuchen viele, ihr System mit allen Mitteln am Laufen zu halten. Sie trinken eine Tasse Kaffee nach der anderen, futtern Süßes, rauchen oder schlucken sogar Pillen. Ihr Ziel: der nächste Arbeitsschritt, der nächste Zungenschuss.

Wer aber »seine Zunge« pausenlos hinausschnellen lässt, muss damit rechnen, dass sie ihm irgendwann buchstäblich aus dem Hals hängt – vor lauter Erschöpfung und Stress. Ernest Rossi, Therapeut und Forscher auf dem Gebiet der Psychobiologie, hat nachgewiesen, dass es zu einer Vielzahl von psychosomatischen Krankheiten wie Bauch-, Rücken- oder Kopfschmerzen und Schwindel führen kann, wenn wir unser Erholungsbedürfnis dauerhaft missachten. Oder zum Burn-out. Alle 90 bis 120 Minuten sei es für jeden von uns Zeit für eine Pause, sagt der Forscher und empfiehlt, diesem natürlichen Rhythmus zu folgen und 20 Minuten Auszeit zu nehmen. Wie soll das gehen, wenn man mitten im Arbeitsleben steckt? Entwicklungsingenieur Peter Schneider, der, wie wir beschrieben haben, ausbrannte, weil bei seinem extremen Arbeitspensum keine Zeit für Regeneration blieb, hat sich Rossis Empfehlungen zu Herzen genommen. Er schafft es mittlerweile tatsächlich, nach diesem Zeitlupen-Zungenschuss-Rhythmus zu arbeiten. Er hat festgestellt, dass er nun wieder »hört«, wenn sich sein Körper zu Wort meldet. Früher hat er die Signale gar nicht mehr wahrgenommen. Burn-out durch Überschreiten der Anwendungsgrenze. Peter Schneider merkt nun wieder, wo sie liegt.

Alles hat seine Zeit, heißt es schon in der Bibel. Pflanzen hat seine Zeit, und ernten hat auch seine Zeit. Weinen und Lachen, Schweigen und Reden. Arbeiten hat seine Zeit. Und Nichtstun eben auch. Das Warten-Können hat eine wichtige Funktion im Prozess des Wachstums.

Warten, sich Zeit nehmen, Nichtstun, Aushalten. Wie wenig wir heutzutage davon halten, wird deutlich am Beispiel moderner Bahnhöfe. Sie sind umgebaut zu Shopping- und Eventcentern. Der Wartesaal ist abgeschafft. Zeit soll genutzt werden. Wir vertreiben (uns) die Zeit. Wie gut würde es uns tun, sie stattdessen herbeizulocken und willkommen zu heißen. Was meinen Sie? Ist es Zeit, sich gedanklich ins Wartehäuschen zu begeben? Zeit für Zeitlupe *und* Zungenschuss?

3.4 Fokussiert sein und ins Jetzt kommen

Wenn wir Stress haben, wenn wir unter Zeitdruck stehen, laufen in uns blitzschnell Reaktionsketten ab. Wir sehen den riesigen Berg Arbeit vor uns oder das leere Blatt Papier, gleichzeitig gleichen unsere Gedanken das, was gerade passiert, mit der Vergangenheit ab: Ach, damals hat es genauso angefangen. Und böse geendet. Und dann eilen wir gedanklich in die Zukunft: Wenn ich das heute nicht fertig bekomme, dann muss ich morgen noch länger bleiben, dann ist mein Wochenende im Eimer, und wahrscheinlich kommt dann zu allem Überfluss der Chef am Montag auf eine neue Idee und schmeißt alles wieder um.

Wie empfinden wir die Lage? Als ziemlich unangenehm. Am liebsten wären wir jetzt gar nicht hier. Und das sind wir auch nicht wirklich. Wir hüpfen ja im Geiste ständig zwischen Vergangenheit und Zukunft hin und her. Ein echtes Gedanken-Squash! Das blockiert uns für die Gegenwart, und wir schaffen es nicht, die Arbeit zu tun, die eigentlich gerade jetzt ansteht. Das bedeutet aber, dass sich der Zeitdruck, unter dem wir stehen, weiter erhöht.

Wie kommen wir raus aus dem Gedanken-Squash? Indem wir im Jetzt ankommen. Uns auf das fokussieren, was jetzt gerade zählt. Das gelingt zum Beispiel, indem wir uns auf unseren Atem konzentrieren, ein paarmal ganz bewusst durch die Nase ein- und ausatmen und gleichzeitig wahrnehmen, wie die Luft durch die Nase herein- und wieder herausströmt und wie sich unser Bauch hebt und senkt. Wir spüren unseren Körper, und das Gefühl von Lebendigkeit kommt zurück. Wir atmen. Wir leben. Im Moment ist alles gut. In diesem beruhigten und gleichzeitig aufmerksamen Zustand können wir nun viel eher schauen, was wir jetzt tun müssen, um unsere Aufgabe erfolgreich zu erledigen.

Ins Jetzt zu kommen, um wieder handlungsfähig zu werden. Das ist etwas, was wir beispielsweise mit einem sogenannten Achtsamkeitstraining einüben können. »Mindfulness-based Stress Reduction« (MBSR), zu Deutsch »Stressbewältigung durch Achtsamkeit« heißt die Methode, die von dem amerikanischen Molekularbiologen Jon Kabat-Zinn entwickelt wurde und Elemente aus dem Hatha-Yoga, der Vipassana-Meditation und dem Zen enthält.

Achtsamkeit ist im Grunde eine besondere Form der Aufmerksamkeit. Es geht darum, seine Gedanken zu beobachten, die Emotionen und die Empfindungen im Körper. Machen wir das nicht alle ständig? »Ja, das kann im Grunde genommen erst mal jeder«, sagt die MBSR-Trainerin Isabella Winkler. »Aber wenn man sich dabei beobachtet, wird man sehr schnell feststellen, dass man das in der Regel nur 10, maximal 20 Sekunden schafft.« Dann beginne der Geist zu wandern und sich mit anderen Dingen zu beschäftigen, insbesondere eben mit Plänen oder Sorgen um die Zukunft oder mit Gedanken an Vergangenes, mit Erinnerungen, die man alle noch mal im Geiste wiederkäut. Wenn wir jedoch in der Achtsamkeit geschult sind, dann könnten wir die Präsenz des Moments über einen längeren Zeitraum aufrechterhalten und unsere Aufmerksamkeit ganz auf ein Objekt oder eine Tätigkeit lenken. Dadurch entwickle sich eine starke Konzentrationsfähigkeit.

Eine Kraftquelle in stressigen Zeiten, wenn's mal wieder schnell gehen muss. Nur weil unser Chamäleon wachsam und gleichzeitig entspannt ist, kann es im richtigen Moment den Zungenschuss blitzschnell und gezielt ausführen.

Wer gelernt hat, achtsam zu sein, wird sich auch immer mehr seiner kreisenden und springenden Gedanken bewusst werden und in der Lage sein, das nervenaufreibende Spiel zu beenden. Die Achtsamkeitstrainerin ist überzeugt: »Diese Form von Schulung müsste Teil der Ausbildung von Berufsgruppen sein, die sich besonders häufig verausgaben, weil sie unglaublich gefordert und ständig in Kontakt mit anderen Menschen sind. Lehrer zum Beispiel oder Ärzte und Krankenpfleger. Weil es eben halt auch hilft, bei sich zu bleiben und sich von diesen vielen Anforderungen, die auf einen einströmen, nicht vereinnahmen zu lassen.« Pass dich an und bleib du selbst!

Eine achtsame Grundhaltung ist eine freundliche, gewährende Haltung. Das bedeutet, dass man das, was einem im Jetzt begegnet, erst einmal so nimmt, wie es ist. Auch die Gedanken. Wir beobachten sie zwar, bewerten sie aber nicht.

Das Achtsamkeitstraining hilft auch, sich eher Unangenehmem erfolgreich zu stellen. »Mit dem Verdrängen von uns Unangenehmem oder gar Schmerzhaftem verschwenden wir eine Menge Kraft«, erklärt Winkler.

Wenn wir nun aber versuchen, das, was wir als unangenehm empfinden, nicht zu verdrängen, sondern einfach da sein zu lassen, dann können wir verschiedene Erfahrungen machen. Einmal, dass wir es auch schaffen, unangenehme und schmerzhafte Momente auszuhalten. Momente, die einfach auch Teil des Lebens sind. Und zum anderen, dass uns gar nicht so viel Unangenehmes im Laufe des Tages passiert, sondern dass die meisten Erlebnisse eher »neutral« sind. Es scheint nur so, denn die Spezies Mensch nimmt viel stärker das wahr, was unangenehm ist. Womöglich liegt das daran, weil schlechte Erfahrungen uns in vergangenen, wilden Urzeiten davor bewahrt haben, noch einmal in eine tatsächlich unser Überleben gefährdende Situation zu kommen. Neandertaler sei wachsam.

Heute jedoch besteht der größte Teil unseres Lebens aus neutralen Momenten. Für eine Klientin von Isabella Winkler war diese Erkenntnis ein Aha-Erlebnis: »Sie fing an, die neutralen Momente sehr bewusst zu erleben und stellte dabei fest: Das Neutrale ist für mich das neue Angenehme in meinem Leben.«

Eine Bestätigung für unser *Chamäleon-Prinzip,* denn das Neutrale ist ein Zustand der Balance. Dieser Zustand tut unserem Organismus gut, denn das Neutrale schafft die Balance zwischen den Extremen »himmelhochjauchzend« und »zu Tode betrübt«. Und ist damit ein Gewinn an Lebensqualität.

Kennen Sie die Geschichte von dem Zen-Mönch, der von seinen Schülern gefragt wird, warum er trotz seiner vielen Beschäftigungen immer so glücklich ist? Der Mönch antwortete: »Wenn ich stehe, dann stehe ich, wenn ich gehe, dann gehe ich, wenn ich sitze, dann sitze ich, wenn ich esse, dann esse ich.« Seine Schüler waren mit der Antwort nicht zufrieden. Sie fielen ihrem Meister ins Wort und sagten: »Aber genau das tun wir doch auch! Was machst du darüber hinaus?« Da wiederholte der weise Mann seine Antwort: »Wenn ich stehe, dann stehe ich, wenn ich gehe, dann gehe ich, wenn ich sitze, dann sitze ich.« Und wieder beteuerten seine ratlosen Schüler, dass sie genau das auch tun würden, aber im Gegensatz zu ihrem Meister häufig unzufrieden seien. Da entgegnete ihnen der Mönch: »Nein – wenn ihr sitzt, dann steht ihr schon, wenn ihr steht, dann lauft ihr schon, wenn ihr lauft, dann seid ihr schon am Ziel.« Und die Moral von der Geschichte?

Mit einer neuen, achtsamen Haltung, die den Augenblick wertschätzt, können auch einfache Tätigkeiten eine neue Qualität bekommen. Die Arbeit macht Spaß! Einfach, weil wir dann ganz in ihr aufgehen, ohne sie zu bewerten. Das, was wir tun, ist nicht mehr belastet von Vergangenheit und Zukunft. So ein Zustand beflügelt, Neues kann wachsen.

Auch in Arbeitsgesprächen. Weil wir dem anderen Raum geben, erst einmal seine Sicht der Dinge dazulegen und wir nicht gleich mit der Bewertungskeule dazwischengehen. Wie solche Gespräche ablaufen, in dem jeder Teilnehmer »Farbe bekennt«, behandeln wir ausführlich im Kapitel »Die Schillerschuppen«.

Immer mehr Firmen haben offenbar die Vorteile des Arbeitens im Hier und Jetzt erkannt und ermöglichen ihren Mitarbeitern Achtsamkeitstrainings als Fortbildungsmaßnahme. Nicht nur, weil sie merken, dass ihre Mitarbeiter entspannter, fitter, wacher, kommunikativer werden. Sondern auch, weil sie feststellen, dass die Leute effizienter arbeiten.

Allerdings ist es nicht ohne, das Fokussieren und Ins-Jetzt-Kommen zu praktizieren. Es braucht Übung. Am Anfang kann man schon froh sein, wenn man es schafft, wenigstens 10 oder 20 Sekunden im Jetzt zu bleiben. Kein Grund, sich entmutigen zu lassen, jeder kleinste Fortschritt zählt!

Am besten geht es, wenn man nicht um die Achtsamkeit ringt, sondern schlicht und einfach damit aufhört, das Gegenteil zu tun: Sobald man also zum Beispiel feststellt, dass man mal wieder Gedanken-Squash spielt, sollte man still und leise den Schläger niederlegen und vom Platz gehen. Wir erinnern uns: nicht bewerten, nicht damit hadern, sondern einfach die Gedanken beobachten, sie registrieren und dann ziehen lassen. Damit kommen Sie der Achtsamkeit Schritt für Schritt näher. Natürlich können und sollten wir uns auch weiterhin Gedanken über die Zukunft machen. Nur eben bewusst und fokussiert, ohne uns zu verlieren.

3.5 »Arbeitszeit ist eine begrenzte Ressource« – Eine Softwarefirma geht neue Wege

Wenn sich die Mitarbeiter der Freisinger Firma Lorenz Software morgens an ihren Rechner setzen und ihr Outlook-Programm öffnen, dann finden sie dort eine genaue To-do-Liste mit ihren Aufgaben für den Tag vor. Ihre Kundentermine stehen auch darin, und alles ist fein säuberlich nach Prioritäten geordnet. Wenn die Programmierer im Laufe des Tages ihr Pensum abgearbeitet haben, dann geben sie in die Datenbank der Intranet-Plattform ein, an welchen Aufgaben sie an diesem Tag gearbeitet und wie viele Stunden sie jeweils dafür gebraucht haben. Wurde etwas fertiggestellt und an einen Kunden geschickt, wird auch das vermerkt, samt Uhrzeit. Sind alle Infos abgespeichert, können die Programmierer Feierabend machen und sich ihrem Privatleben widmen, ganz ohne schlechtes Gewissen.

Ein strukturierter Tagesablauf mit Feierabendgarantie. Das will nicht so recht zum Klischee des Software-Programmierers passen. Wo sind die Kollegen, die an den Schreibtisch gestürzt kommen und dringend um Hilfe bei einem Projekt bitten? Was ist mit den Kunden, für die alles am besten schon gestern hätte erledigt sein sollen und für die ständig mal eben schnell noch etwas »gebastelt« werden muss? Was mit dem Abgabetermin, der nur mit vielen Überstunden und Nachtschichten einzuhalten ist?

Das alles versucht Antonella Lorenz nach Möglichkeit zu vermeiden. Die Unternehmerin ist überzeugt: Wer intensive Arbeitszeiten hat, braucht auch Ruhephasen, um aufzutanken. Die Kreativität leidet unter Termindruck. Qualität braucht ihre Zeit. Als die Programmiererin 1991 Lorenz Software gründete, entwickelte sie deshalb ein spezielles Zeitmanagement-System, das ihr helfen sollte, Familie und Beruf zu verbinden: »Ich war damals gerade Mutter geworden«, erzählt die heute 46-Jährige, »und es war mir ganz wichtig, nicht getrieben zu werden von den Kunden und von den Herausforderungen, die ich hatte. Ich wollte mir den notwendigen Freiraum schaffen für meine Familie und mein Baby.« Ihren Mitarbeitern wollte sie die gleiche Lebensqualität ermöglichen. »Sie sollen ruhig und fröhlich ihrem Familien- und Privatleben nachgehen können. Und wenn sie zur Arbeit kommen, sollen sie das gerne tun. Ohne Zeitdruck.«

Der zentrale Trick im Zeitmanagement-System von Antonella Lorenz ist eine Art virtueller Stundenplan, den alle Beteiligten gemeinsam aufstellen. Kommt ein neuer Auftrag herein, wird er in kleine Arbeitseinheiten aufgeteilt, die verschiedene Mitarbeiter übernehmen.

Lorenz Software entwickelt maßgeschneiderte Softwarelösungen für seine Kunden, zu denen zum Beispiel Konzerne der Automobilindustrie gehören. Die Entwickler kommen immer dann ins Spiel, wenn Kunden keine Standardprodukte auf dem Markt finden.

Die Entwickler schätzen selbst ein, wie lange sie für die einzelnen Aufgaben brauchen werden, und Antonella Lorenz oder einer ihrer Projektleiter hält das im Stundenplan fest. Am Ende eines jeden Tages kommt die Rückmeldung von den Entwicklern: Wie lange haben sie tatsächlich gebraucht? War ihre Einschätzung realistisch? Brauchen sie mehr Zeit oder Unterstützung durch einen Kollegen? Das alles wird dann in die Wege geleitet. Da die Mitarbeiter selbst einschätzen können, wie lange sie brauchen, entsteht so gut wie kein Zeitdruck. »Und durch die Planung der eigenen Arbeitszeit, lernen sie für sich persönlich ein realistisches Zeitmanagement«, ergänzt Antonella Lorenz. Das wiederum wirkt sich positiv auf die Zeitplanung der Projekte aus. Denn wichtig gegenüber dem Kunden sei ja nach Möglichkeit »in time« und »in budget« zu bleiben.

Kein Zeitdruck durch strikte Planung? Als Antonella Lorenz ihren Mitarbeitern 1991 ihre neue »Methodik« unterbreitete, seien die skeptisch gewesen, erinnert sich die Unternehmerin. »Dann haben wir ausgemacht, okay, vier Wochen lang wird getestet ohne Murren, und wenn nach vier Wochen alle der Meinung sind, das funktioniert nicht, dann hab ich ihnen versprochen, ist das Thema vom Tisch.« Es dauerte keine vier Wochen. »Nach zwei Wochen war jeder der Meinung, genau das brauchen wir, und wir wollen nicht mehr anders arbeiten.«

Weil nicht nur die Arbeitszeiten der Mitarbeiter, sondern der gesamte Arbeitsprozess auf der Datenbank der Intranet-Plattform gespeichert und dokumentiert ist, erkennen die Projektleiter sehr schnell, wenn es irgendwo hakt. Zugegebenermaßen ein gewisser Zeitaufwand, der aber letztendlich Zeit spart. Wird zum Beispiel ein Mitarbeiter krank, kann schnell ein anderer einspringen, da ja ersichtlich ist, woran der Kollege gerade gearbeitet hat, wie lange er dafür brauchte und in welchem Kontext diese Arbeitsaufgabe stand.

»Diese Transparenz hat nichts mit Kontrolle zu tun«, möchte die Unternehmerin klarstellen. »Sondern sie ermöglicht uns ein personenunabhängiges Arbeiten, das letztendlich überhaupt erst bestimmte Freiräume schafft.« Dass ein Mitarbeiter absichtlich trödelt, weil er ja seinen Zeitaufwand selbst einschätzen kann, hat die Unternehmerin noch nie erlebt. Im Gegenteil: »Ich habe die Erfahrung gemacht, dass die meisten Mitarbeiter sehr engagiert sind und jeder versucht, das Beste zu geben.« Kommt es zu Verzögerungen, dann läge das häufig daran, dass Angestellte Fehlentscheidungen getroffen haben, etwa weil sie den Überblick nicht hatten, oder weil sie falsche Prioritäten gesetzt haben. »Dann habe ich aber nichts davon, wenn ich dem Mitarbeiter den Kopf wasche«, sagt Antonella Lorenz. »Das Projekt wird so auch nicht schneller fertig.« Sinnvoller sei ein sachlicher Umgang. Und dabei helfe das transparente System, weil sehr schnell klar wird, wo genau etwas nicht so gelaufen ist, wie es sollte.

Außerdem ermöglicht dieses System ihr selbst und ihren Mitarbeitern flexible Arbeitszeiten. »Es gibt Leute die schon um 7.45 Uhr da sind und dafür um 16 Uhr gehen, je nachdem wie ihr Familienleben ist«, sagt die Chefin. »Das sehen wir locker.« Wichtig ist ihr aber, dass Zeit in der Arbeit als begrenzte Ressource gesehen wird. Deswegen setzt sie auch klare Grenzen: »Gerade in unserer Branche ist es sehr häufig so, dass Leute sagen, ich mache das später, heute Abend oder am Wochenende. Das gilt für uns nicht. Ich sage immer, okay, wir haben jeden Tag diese acht Stunden. Und die nutzen wir, so gut es geht. Und alles, was nicht in diese acht Stunden reinpasst, wird dann eben am nächsten Arbeitstag gemacht.«

Eine klare Zeitplanung, die den Mitarbeitern trotzdem alle Freiheit verschafft, weitestgehend nach ihrem Rhythmus und Zeitverständnis zu arbeiten – Zeitmanagement nach dem *Chamäleon-Prinzip!*

4. Zeitlupe und Zungenschuss – ganz praktisch

Weil wir heutzutage ständig in Gefahr sind, von dem rasanten Tempo im Außen mitgerissen zu werden und uns ohne Pause zu verausgaben, sollten Sie Ihrem eigenen Tempo besondere Aufmerksamkeit schenken. Fragen Sie sich, wie Ihre persönliche Zeitrechnung aussieht. Haben Sie überhaupt Zeit?

Machen Sie sich klar, was Ihr Tempo mit Ihrer eigenen Arbeits- und Lebenseinstellung zu tun hat.

Nehmen Sie bewusst wahr, wie Sie mit den vielfältigen und gleichzeitigen Anforderungen, die an Sie gestellt werden, umgehen. Und: Finden Sie Ihre Handlungsspielräume.

Nehmen Sie Ihre Firma unter die Lupe. Wie sorgsam wird in Ihrem Arbeitsumfeld mit Zeit umgegangen?

Nutzen Sie alle Möglichkeiten, sich ausreichend Zeit für Ihre Arbeitsaufträge zu schaffen?

Wie gut gelingt Ihnen die Balance zwischen Entspannung und Anspannung zwischen Zeitlupe und Zungenschuss?

Seien Sie aufmerksam für Ihren eigenen Rhythmus, für Ihre Bedürfnisse nach Ruhe und Aktivität. Nehmen Sie sich ausreichend Zeit für Pausen und Phasen des Reifens und Wachsens.

Konzentrieren Sie sich auf das Jetzt, und verlieren Sie sich nicht in sorgenvollen Gedanken an die Vergangenheit oder die Zukunft. Trainieren Sie Ihre Achtsamkeit. Auch dadurch erreichen Sie Handlungsfähigkeit.

Finden Sie immer wieder die Balance zwischen Stillstand und Bewegung!

Die Schillerschuppen – In Kontakt kommen und sich austauschen

»Dieser Meister der Tarnung kann seine Farbe wechseln und sich so der Umgebung anpassen. Aber wie macht das Tier das? Die Haut des Chamäleons besteht aus mehreren Schichten, die für verschiedene Farben zuständig sind: die oberste Schicht für Gelb und Rot, die darunter für Schwarz, die unterste für Blau. Zeigen und verdecken kann das Chamäleon seine Hautschichten mithilfe winziger Muskeln. Viele Chamäleons wollen sich aber gar nicht tarnen, die Farbe zeigt einfach ihre Stimmung an: Schwarz steht für Angst, sind sie bunt, wollen sie sich paaren.«

AUS: SZ-WISSEN, 24.02.2007,
DIE KLEINE TIERKUNDE, DAS CHAMÄLEON

1. Arbeit in jeder Beziehung

Anne und David Jansens Liebesgeschichte beginnt an der Uni Marburg. Anne studierte dort Geisteswissenschaften, David promovierte bereits in Informatik.

Seit fast zehn Jahren sind die beiden nun zusammen – und doch irgendwie nicht. Denn für Anne und David war zwar ziemlich schnell klar, dass sie ein Paar sein, aber eben auch, dass sie beide beruflich vorankommen und in der Wissenschaft Karriere machen wollen. Und genau da hakt es, denn die Karriereschritte einer Geisteswissenschaftlerin und die eines Informatikers ließen sich bei aller Liebe bisher nicht mit trauter Zweisamkeit an einem festen Ort in Einklang bringen. Und so ziehen die beiden wie Zugvögel um- und hintereinanderher. Während Anne noch fürs Studium in Marburg büffelte, ging David für seine Promotion nach Heidelberg.

Sie wechselte nach der Zwischenprüfung nach Mannheim, um ihm näher zu sein. Doch nach eineinhalb Jahren hieß es für David: Postdoc in den USA. »Wir haben noch überlegt, ob ich auch nach Amerika gehen soll«, erzählt Anne, »aber ich steckte zu diesem Zeitpunkt gerade mitten in der Prüfungsphase für den Studienabschluss und hätte mich gleichzeitig für amerikanische Promotionsprogramme bewerben müssen.« Keine gute Idee, fanden sie. Also harrte Anne stattdessen in Mannheim aus und flog in den Semesterferien ihrem damals frisch Angetrauten hinterher.

Mittlerweile wohnen beide gemeinsam in Bonn. David ist dort Professor für Informatik. Anne hat in Mannheim eine Stelle als wissenschaftliche Mitarbeiterin ergattert und ist deshalb jede Woche drei oder vier Tage dort. »Das geht, dank Zahnbürste bei Freunden«, erklärt sie lakonisch. Dafür haben die beiden nun zumindest eine gemeinsame Wohnung. »Das ist Lebensqualität!«, unkt Anne. Dabei steht der nächste Umzug schon wieder bevor. David hat einen Ruf an die Münchener Uni angenommen und wird mit seiner gesamten Forschungsgruppe dorthin wechseln. Anne wird dann eben künftig von München nach Mannheim pendeln. Eine Fernbeziehung kam für die beiden nicht mehr in Frage. »Das hatten wir schon zur Genüge«, sagt Anne. Zumal es noch einen triftigen Grund dafür gibt, sich ein gemeinsames Nest zu bauen: Die Jansens werden Eltern!

Anne und David: der Alltag eines modernen Paares. Eines »Dual Career Couples«, wie es neudeutsch heißt, weil die beiden versuchen, sich gemeinsam ein Leben aufzubauen und gleichzeitig engagiert eine eigene berufliche Laufbahn verfolgen. In Deutschland leben bereits knapp vierzig Prozent der Akademiker als Dual Career Couples, das zeigt eine Studie der Universität Dortmund. Tendenz steigend. »Da ist gerade viel in Bewegung«, sagt Michel Domsch, Leiter des Instituts für Personalwesen und internationales Management der Hamburger Bundeswehr-Universität. Der Wirtschaftswissenschaftler verfolgt seit mehr als zehn Jahren die Lebenswege von 300 Doppelkarrierepaaren. Seine bisherige Bilanz: Mehr als die Hälfte von ihnen hat sich mittlerweile getrennt. Warum? Na, schauen Sie sich doch zum Beispiel die Jansens an. Eine Beziehung über große Distanzen aufrechtzuerhalten und gleichzeitig das eigene Fortkommen zu verfolgen, ist nicht eben einfach.

Dazu kommen tradierte Rollenbilder: »Die Frau bleibt zu Hause und kümmert sich um Küche und Kinder« oder »Der Mann arbeitet und versorgt die Familie«. Offiziell alles überholt, Schnee von gestern im Miteinander der Geschlechter – trotzdem arbeiten wir uns insgeheim noch immer daran ab.

Ja, die Gleichberechtigung von Mann und Frau wird überall betont, kann aber im wahren Leben nur selten praktiziert werden. Paare, die eine gleichberechtigte Partnerschaft wirklich leben wollen, rennen regelmäßig gegen sehr alte, aber auch sehr stabile Mauern – in der Gesellschaft, der Familie, aber auch in den eigenen Köpfen. Drei Beispiele:

1. Nach wie vor verdienen Frauen nicht das gleiche Geld für den gleichen Job wie Männer. Wenn es um die Entscheidung geht, wer von beiden an seiner Karriere arbeitet, der Mann oder die Frau, steckt sie deshalb öfter zurück. Denn schließlich müssen die Lebenshaltungskosten als Paar oder sogar als Familie ja gedeckt werden.

2. Nach wie vor werden Männer in sehr vielen Sparten schief angesehen, wenn sie Erziehungsurlaub oder andere Auszeiten für die Betreuung ihrer Kinder nehmen. Die neue Elternzeit ändert daran nur langsam etwas.

3. Nach wie vor sind die Kinderbetreuungsangebote hierzulande nicht flächendeckend auf berufstätige Paare eingestellt.

O ja, nach außen hin erklären wir gern vollmundig, dass Haushalt, Familieneinkommen, Kinderbetreuung, Autoreparatur und Ähnliches nicht mehr eindeutig Mann oder Frau zuzuordnen sind. Nach dem guten alten Motto: Er schafft die Beute ran und kümmert sich um den Wagen. Sie wäscht, putzt, umsorgt die Sprösslinge. Wie sehr von gestern ist das denn? Moment! Bevor Sie sich ärgern, gehen Sie einfach mal in einen Kiosk und blättern die einschlägigen Männer- und Frauenmagazine durch. Noch Fragen?

Es gibt viel zu tun. Und einiges packen wir ja auch schon an. Doch gibt es nicht in all dem Wirrwarr aus alten Rollen und neuen Möglichkeiten ein paar Kniffe, die uns die Arbeit, die »Beziehungsarbeit«, ein bisschen erleichtert? Strategien, die uns helfen, Fallstricke und Missverständnisse rechtzeitig zu entdecken und Konfliktherde zu entschärfen? Konfliktherde, die entstehen, weil wir alles drei – Beruf, gleichberechtigte Beziehung und Familie – unter einen Hut bringen wollen. Wir haben uns auf die Suche gemacht.

2. Die Fähigkeit, sich mit anderen auszutauschen

Wir haben viel recherchiert für dieses Buch. Über das Was und Wie der modernen Arbeitswelt und natürlich auch über Chamäleons. Denn am Anfang wussten wir nur, was alle wissen. Dass Chamäleons ständig ihre Farbe wechseln, um möglichst wenig aufzufallen. Hocken sie auf einem Baum, werden sie grün und sehen aus wie ein Blatt. Laufen sie durch die Wüste – ja auch da leben Chamäleons –, dann erbleichen sie und machen optisch einen auf Saharasand. Chamäleon = Tarnung. Das war unser Kenntnisstand.

Heute sind wir schlauer. Und wir können Ihnen sagen: Die Tierchen werden gnadenlos unterschätzt. Sie können nämlich noch viel mehr mit ihrer Schuppenhaut anstellen, als Blätter oder Sand zu kopieren. Ja, sie nutzen den Farbwechsel, um sich zu tarnen, aber das ist nur der Anfang. Chamäleon-Pflichtprogramm sozusagen. Nähern wir uns der Kür: Australische Forscher haben herausgefunden, dass sie über ihre Haut kommunizieren! Sie lassen Farben sprechen und zeigen so an, ob sie gut drauf sind oder schlapp in den Lianen hängen, ob sie ein Weibchen anbaggern oder Rivalen signalisieren wollen: »Pass auf Alter, ich hab mehr drauf als du!«

Chamäleons zwitschern nicht, blöken nicht und sind trotzdem

auf ihre ganz besondere Art charmante Plaudertaschen. Sie schillern in allen Regenbogenfarben und haben trotzdem immer eine klare Botschaft. Sie passen sich an, wo es hilfreich und notwendig ist, und sie bekennen eindeutig Farbe, wenn es darum geht, eigene Bedürfnisse und Empfindungen kundzutun.

Diese Fähigkeit sollten wir uns auch zu eigen machen und trainieren – im übertragenen Sinne natürlich. Denn um Austausch geht es schließlich in jeder Beziehung – egal, ob privat oder beruflich. Um Kommunikation. Darum, in Kontakt zu kommen, sich mitzuteilen und sich gegenüber dem anderen eindeutig zu positionieren. Und gleichzeitig geht es darum, in einer Partnerschaft aufzugehen, Familienmitglied zu sein oder im Büro Kollege. Und Teamspieler. Farbe bekennen und sich austauschen – der fünfte Aspekt des *Chamäleon-Prinzips*. Wie er gelingt? Wir haben da ein paar Ideen.

3. Wie wir Farbe bekennen können

3.1 Eine »Konferenz« abhalten

Wenn sich zwei Menschen entscheiden, gemeinsam zu leben, sei es mit oder ohne Kinder, und gleichzeitig beide an ihrer beruflichen Entwicklung weiterarbeiten wollen, sollte diese Entscheidung auf ein starkes Fundament aufbauen können. Entwickeln Sie ein Wir-Gefühl, indem Sie sich beide – möglichst früh – über entscheidende Punkte klar werden. Erstmal jede(r) für sich, dann aber auch schnell gemeinsam: Wie wollen wir als Paar leben? Mit Kindern oder ohne? Wie wichtig ist mir, dass wir an einem Ort leben? Wie wichtig ist das dir? Was sind deine und was meine Interessen, Wünsche und Bedürfnisse – in beruflicher und in privater Hinsicht?

In den Ohren von Frischverliebten mögen solche nüchternen Fragen ziemlich unromantisch klingen, aber die Erfahrung zeigt: Wenn es um die Liebe geht, kann man gar nicht früh genug Farbe bekennen.

Treffen Sie eine Vereinbarung, wie Sie Ihr gemeinsames Leben gestalten wollen. Je konkreter, umso besser. Halten Sie eine richtige »Konferenz« ab. Sicher, die Liebe füreinander trägt dazu bei, die Beziehung zu festigen. Warum aber steigen die Scheidungsraten?

Weil es blauäugig ist, darauf zu vertrauen, dass uns die Liebe allein über alle Klippen hinweghilft. Damit ist jede Romantik überfordert. Auch wenn so eine »Konferenz« ein wenig aufwändig klingt, so kann sie doch viel dazu beitragen, aus zwei Einzelspielern ein Team zu formen. Das Team, das fähig ist, Schwierigkeiten, wie sie unter Arbeits-, Zeit- und Mobilitätsdruck entstehen, gemeinsam zu meistern.

Allerdings ist die Sache höchstwahrscheinlich nicht mit einem Mal erledigt. Solche Prozesse und die Entscheidungen, die aus ihnen erwachsen, stehen immer wieder neu an: Wenn sich unser Umfeld verändert oder einer der Partner unsicher wird und Zweifel am derzeitig eingeschlagenen Weg entwickelt.

Wie das eben so mit Konferenzen ist, sie sind am erfolgreichsten, wenn der Ablauf und das ganze Drumherum nicht dem Zufall überlassen werden. Zum Beispiel braucht so ein Treffen einen geeigneten Ort. Und weil es eine besondere Situation ist, sollten sich Paare auch besondere Orte dafür aussuchen. Vielleicht ein schönes Restaurant? Oder vielleicht wollen Sie auf einem ausgiebigen Spaziergang ins Gespräch kommen? Das alles ist völlig in Ordnung, Hauptsache, Sie haben das zusammen so entschieden. Sorgen Sie für ungestörte Ruhe: Kein Handyklingeln, keine SMS, kein Anruf von Freunden, Bekannten oder Kollegen sollte die Unterhaltung stören. Am besten ist es, Sie nehmen ganz bewusst eine Auszeit, weg von allen, eine Zeit, in der Sie alleine und nur füreinander da sind. Zwischen Tür und Angel ist kein idealer Begegnungsort, lange möchte man sich da nicht aufhalten.

Ach ja, am besten ist es, Sie machen auch von vornherein aus, wie viel Zeit Sie sich nehmen können und wollen. Sie werden merken, bei der Frage, was es rein zeitlich bedeutet, sich mal in Ruhe auszusprechen, können die Vorstellungen ganz schön auseinandergehen. Eine Stunde? Zwei? Einen ganzen Abend? Einigen Sie sich. So sorgen Sie von Anfang an für Klarheit.

Und was ist der beste Ablauf für so eine »Konferenz«? Jedes Paar wird da am Ende das beste Vorgehen für sich finden.

Bewährt hat sich aber Folgendes:

Beleuchten Sie in einem ersten Schritt zunächst die Situation. Wie ist die aktuelle Lage? Was hat sich verändert, und wie wirkt sich das auf uns aus?

Ein Beispiel: Eine(r) arbeitet freiberuflich, hat gut zu tun, ist aber nicht ganz ausgelastet. Deshalb erledigt er den Einkauf und wuppt auch das meiste im Haushalt. Doch schlagartig ändert sich die Auftragslage, und er (oder sie) steckt plötzlich bis über beide Ohren in einem neuen, spannenden Projekt, Nachtschichten inklusive. Der Haushalt steht Kopf, im Kühlschrank gähnt die Leere. Erwarten Sie nicht, dass sich das irgendwie von selbst regelt. Dass sie einfach hier und da mal ein bisschen mehr macht und er einkauft, wenn sich mal ein Luftloch auftut. Besser ist, die beiden setzen sich zusammen und organisieren neu. Höchste Zeit für ein Vier-Augen-Gespräch!

Auch wenn wir es gerne verdrängen: Streitereien über vermeintliche Kleinigkeiten, nicht ausgeräumte Spülmaschinen, sich stapelnde Müllbeutel und liegen gebliebene Bügelwäsche wachsen sich aus zu veritablen Trennungsgründen. Deshalb: Unbedingt ansprechen. Doch bleiben Sie fair, auch zu sich selbst. Und gehen Sie das Problem nicht erst an, wenn Ihnen der Kragen platzt oder wenn Sie beide schon mit dem Kopf beim ersten Termin sind oder mitten in den Vorbereitungen für ein wichtiges Meeting stecken. Suchen Sie den geschützten Raum des konzentrierten Vier-Augen-Gesprächs.

Noch ein Tipp: Bevor es richtig zur Sache geht und Sie über die Neuaufteilung des Haushalts verhandeln, bevor Sie darüber sprechen, was Ihnen gerade am anderen missfällt, bauen Sie – als zweiten Schritt im Ablauf – einen kleinen emotionalen Airbag ein: Tauschen Sie sich zunächst darüber aus, was Sie beide zufrieden macht: Haben Sie sich bisher als Team gut unterstützt? Fühlen Sie sich geborgen und geliebt? Haben Sie Vertrauen in die Zukunft? Haben Sie Gewissheit, dass Sie die nächste Veränderung letztendlich gemeinsam meistern werden? Ja? Dann sagen Sie es sich doch, bitte! Weiß der andere schon? Na umso besser! Das ist auch gut so. Bestätigen Sie sich Ihre Zufriedenheit und Liebe so oft wie möglich. Hier geht es sozusagen um das Fundament Ihrer Beziehung! Wie schnell verlieren Paare in unsicheren Zeiten den Blick dafür. Machen Sie es deshalb wie das Chamäleon: Zeigen Sie Mut zur Farbe, kommunizieren Sie, setzen Sie ein wenig Rosarot gegen das Alltagsgrau.

Derart »farbtherapeutisch« gestärkt, spricht es sich leichter über das, was Sie momentan unzufrieden macht. Haben Sie Angst, dass Sie nicht mehr genügend Zeit füreinander haben, jetzt, wo er so eingespannt ist? Befürchten Sie, die unerledigte Hausarbeit könnte zu einem Streitthema werden? Bitte. Nur heraus damit! Sprechen Sie es an.

Haben Sie sich Ihres gemeinsamen Fundaments versichert und die Probleme angesprochen, gehen Sie im dritten Schritt in Ihrer »Konferenz« die Lösungen an: Was sollten wir ändern, um die neue Situation zu bewältigen? Können wir das allein schaffen? Brauchen wir Unterstützung? Wer kann uns unterstützen? Wenn Sie die verschiedenen Wege und Lösungsmöglichkeiten beleuchtet haben, dann entscheiden Sie gemeinsam, was Sie jetzt tun wollen. Verbindliche Verabredungen sind der Abschluss des Vier-Augen-Gesprächs. Wenn Sie wollen, dann können Sie sogar so etwas wie ein kleines »Konferenztagebuch« führen. So können Sie über die Jahre den eigenen Entwicklungsweg verfolgen. Und sich zwischendrin auch immer mal wieder vergewissern: Wie war das? Was hatten wir vereinbart?

3.2 Den Farbwechsel trainieren

Wirklich in Kontakt kommen, seinen Standpunkt klarmachen, sich austauschen, ohne dass der große Streit ausbricht, und am Ende dann das Gespräch richtig schön rund machen – gelungene Kommunikation ist eine wahre Kunst, sagen Experten. Wir sagen: stimmt. Aber eine Kunst, die sich üben lässt! Es gibt ja schließlich unser Chamäleon, an dem können wir uns orientieren und den Farbwechsel trainieren. Das hilft uns dann, privat und beruflich.

Richtig zuhören – Deine Farbe ist auch meine Farbe

Erste wichtige Chamäleon-Kompetenz: Mit dem Umfeld eins werden und erst einmal die Lage sondieren. Welche Farbsignale sendet der Artgenosse? Ins Menschliche übersetzt: Lassen Sie sich wirklich auf die Situation ein. Spitzen Sie die Ohren. Was hat mein Gegenüber mir zu sagen? Zuhören ist die Devise. Und Ausreden lassen. Echter Austausch kann nur entstehen, wenn beide Gelegenheit haben, über das, was sie bewegt, in Ruhe zu sprechen. Wenn wir unsere Gedanken im Gespräch ungestört entwickeln können, wenn wir nicht unterbrochen werden, weil unser Gesprächspartner schon genau zu wissen meint, was wir denken, oder weil er (oder sie) in Gedanken gar nicht richtig bei uns ist.

Die Fähigkeit, sich auf andere einstellen zu können – Experten nennen das »aktives Zuhören«. Was daran aktiv sein soll? Na, eben das bewusste Hineinversetzen in die Perspektive des anderen. Das braucht Konzentration, Empathie und Hingabe. Es braucht die Chamäleon-Fähigkeit, sich selbst zurückzunehmen, sich auf die Situation wirklich einzulassen und erst einmal ganz entspannt abwarten zu können. Versuchen Sie, die Sichtweise Ihres Gegenübers zu verstehen, seine Gedankengänge nachzuvollziehen. Auch wenn Sie ganz eigene Ideen haben und Ihrem Gegenüber – hoffentlich nur in Gedanken – vielleicht sogar ganz heftig widersprechen, versuchen Sie trotzdem, zunächst seine Sichtweise zu verstehen, das heißt, seinen Gedankengang nachzuvollziehen.

Stellen Sie Ihre »Farbe« zunächst auf Ihr Gegenüber ein. Signalisieren Sie auf diese Weise: Ich verstehe dich. Wohlgemerkt – verstehen muss noch lange nicht bedeuten, dass Sie auch zustimmen! Sie werden noch Gelegenheit haben, Ihre Sicht zu formulieren. Dann ist es an Ihrem Gesprächspartner, Farbe zu bekennen. Aktives Zuhören entschleunigt Gespräche und führt zu echtem Kontakt.

Wir alle kennen das: So manches, was wir glauben verstanden zu haben, ist in Wirklichkeit anders gemeint. Kein Wunder, wir können zwar aktiv zuhören, aber Gedankenlesen können wir nicht. Warum also nicht noch mal auf Nummer sicher gehen und nachfragen? Habe ich dich richtig verstanden?

Kommunikationsexperten bezeichnen das als »Spiegeln«. Wir halten dem anderen sozusagen den Spiegel vor, indem wir ihm noch einmal zurückmelden, was von ihm bei uns angekommen ist.

So weit die Theorie. Die Praxis ist Ihr Part. Und nicht verzagen, wenn es erst mal ein wenig hölzern klingt oder holprig läuft. Es dauert eben, bis der Farbwechsel gelingt. Sie werden merken: Sich Zeit füreinander zu nehmen, um wirklich zu verstehen, was den anderen beschäftigt, das ist eine echte Herausforderung in unserer rastlosen Welt. Und das Leben? Das ist ein Trainingscamp!

Sich zeigen – Breitband und in Farbe

Haben Sie hingehört, hingesehen, gespiegelt und die Rückmeldung bekommen, dass Sie Ihr Gegenüber richtig verstanden haben? Prima. Dann sind jetzt Sie an der Reihe, sich zu zeigen und

Farbe zu bekennen. In welcher Stimmung sind Sie? Was bewegt Sie? Was fühlen, was denken Sie gerade? Was freut Sie, macht Sie glücklich, was macht Ihnen Angst?

Je offener wir uns zeigen, umso leichter fällt es unserem Gesprächspartner, uns zu verstehen, und umso leichter fällt es ihm auch, für eine gewisse Zeit unsere Perspektive einzunehmen. Ohne diese Offenheit kann der andere nur spekulieren, wie es uns wohl gerade gehen könnte. Er beginnt, Zeichen zu deuten, Rückschlüsse zu ziehen aus Körpersprache oder kurzen Andeutungen, er will sich einen Reim machen, aber wird damit letztlich nie richtigliegen. Es kann nun mal niemand hellsehen. Also: Zeigen Sie Mut zur Farbe! Das erleichtert den Austausch enorm – gerade in schwierigen Gesprächen und stressigen Zeiten.

Nun ist es aber häufig so, dass vielen Zeitgenossen eben genau dieser Mut fehlt, ihre Empfindungen in Worte zu fassen. Warum? Dafür kann es viele Gründe geben. Vielleicht weil es keine entsprechenden Vorbilder in der Ursprungsfamilie gab? Weil Papa auch ein großer Schweiger war? Weil Mama immer sagte, dass man sein Herz nicht auf der Zunge tragen soll? Weil Gefühle nix für harte Jungs sind?

Doch egal, woher die Furcht, sich auszudrücken und Farbe zu bekennen, auch rühren mag: Niemand ist für immer und ewig an die Vergangenheit gebunden. Es lohnt sich wirklich, sich einen Schubs zu geben und ins Bad der Gefühle zu hüpfen. So richtig mit Köpper und Untertauchen. Das ist Ihnen doch eine Nummer zu groß? Dann setzen Sie sich vielleicht zunächst an den Beckenrand und tauchen nur die Fußspitze hinein. Und wenn Sie dann merken, dass es Ihnen gut bekommt, dann nichts wie hinein. Schwimmen Sie sich frei! Die Partnerschaft wird dadurch jedenfalls an Qualität gewinnen.

Aber wie ist das im Arbeitsleben? Ist auch da Offenheit und der Sprung ins Bad der Emotionen angesagt? Offenheit ja, emotionales Bad eher nicht. Wie sehr Sie sich zeigen, von welchen tieferen Schichten Sie etwas zu erkennen geben, muss natürlich auch immer situationsangepasst sein. Im Beruf steht die Frage im Vordergrund: Was braucht es, um die Arbeitsaufgabe gut erledigen zu können? Arbeitsbeziehungen haben eine andere Qualität als private Beziehungen. Auch hier braucht es wieder eine gute Balance von Nähe und Distanz, Offenheit und Schutz. Eine emotionale Offenheit wie in einer Paarbeziehung ist im Job nicht dienlich, genauso wenig wie Verschlossenheit. Außerdem ist auch der Arbeitsgegenstand entscheidend für das Maß an Offenheit. Bei Pädagogen, Psychologen und Sozialarbeitern zum Beispiel, in deren Berufsfeld »Beziehungsarbeit« im Vordergrund steht, ist die Reflektion der eigenen Gefühle im Kontakt mit den Klienten dringend nötig. Sie dient dem Verständnis und ist Grundlage für fachliche Interventionen. Aber auch »Beziehungsarbeiter« werden immer wieder entscheiden und abgrenzen: Was gehört in die Teamreflektion und was nicht? Supervisionen sind oft selbstverständlicher Teil der Arbeit. Hier können diese Fragen geklärt werden.

In eher technisch orientierten Berufsfeldern ist diese intensive Auseinandersetzung nicht angemessen. Trotzdem muss auch da Farbe bekannt werden. Es braucht eine Verständigung darüber, wie es den einzelnen Teammitgliedern mit bestimmten Aufgaben geht, was sie voneinander halten in der Zusammenarbeit und was sie im Arbeitskontakt brauchen und sich wünschen.

Sich zu zeigen, bedeutet auch, im Gespräch bei sich selbst und sprachlich klar zu bleiben. Vermeiden Sie Verallgemeinerungen. Verwenden Sie nicht »man«, sondern sprechen Sie über »du« und »ich«. Ihr Gesprächspartner kann sonst nur spekulieren und vermuten, wer mit »man« denn nun gemeint ist. »Man sollte das und das tun« – aber wer? Will mein Gesprächspartner hier etwas unternehmen, soll ich das erledigen, wollen wir uns abwechseln? Genauso wenig hilft uns folgendes Bekenntnis: »Man fühlt sich so schlecht.« Aber wer ist »man«? Wer fühlt sich wann, wo, wie schlecht?

Menschen empfinden dieselben Situationen mitunter sehr unterschiedlich. Und Allgemeinplätze haben noch nie zu besserem Verständnis beigetragen. Warum also nicht gleich Klartext reden? Sprechen Sie von sich selbst. »Ich fühle mich in dieser Situation unwohl.« – »Ich bin verärgert.« – »Ich übernehme gern diese Aufgabe.«

Erinnern wir uns an das Vier-Augen-Gespräch. Da geht es ja genau darum, von den eigenen Interessen, Wünschen und Erwartungen zu sprechen. Und wie lassen die sich besser als in der direkten Ich-Form ausdrücken? Also: Bekennen Sie Farbe wie das Chamäleon!

Gemeinsam eine Lösung finden

Und das Ende vom Lied? Wie kommen wir gut aus einem Gespräch heraus? Wie wird die »Konferenz« ein Erfolg? Mit der Fähigkeit, gemeinsam eine Lösung zu finden. Sie ergibt sich geradezu aus der Erfüllung des vorherigen Ablaufs. Denn wenn es gelingt, mich in den anderen und seine Sichtweisen hineinzuversetzen, wenn das auch meinem (Gesprächs-) Partner mir gegenüber gelingt, wenn wir in unseren Gesprächen bei uns bleiben und trotzdem die Gedanken, Ideen und Gefühle des anderen präsent haben können, dann tauchen automatisch Lösungen auf. Etwa, indem der eine auf die Farbe des anderen umschaltet oder beide eine ganz neue Farbe annehmen oder sich einen Farbton aussuchen, der irgendwo dazwischenliegt. Austausch nach dem *Chamäleon-Prinzip!*

Die Schriftstellerin Safi Nidiaye hat das einmal so beschrieben: »Wir haben die Erfahrung gemacht, dass allein die Tatsache, dass jemand uns mit dem Herzen zuhört, wenn wir ein Problem schildern, die Last schon leichter und das Thema klarer macht.

Die Offenheit des Zuhörers wirkt ansteckend auf den Erzähler, sodass auch dieser sein Herz öffnen kann, und ist dies erst einmal geschehen, so stellt sich auch die Lösung ein. Diese Lösung kommt dann aus der Tiefe des Herzens des Betreffenden.«

Also, keine Angst vor der Sprache des Herzens. Es geht hier schließlich um einen Menschen, der Ihnen wichtig ist.

Zur Sache, Schätzchen! Konflikte auf Chamäleon-Art lösen

Was aber, wenn die Ansichten extrem weit auseinanderliegen, wenn weit und breit kein gemeinsamer Nenner in Sicht ist? Dann gilt es zunächst einmal nüchtern festzustellen: Wir zwei, wir haben eine Meinungsverschiedenheit. »We agree to disagree«, lautet eine der häufigsten diplomatischen Formeln in Konfliktsituationen. Die widersprüchliche Floskel hat eine wichtige Funktion: Den Gesprächsfaden nicht abreißen zu lassen, die Kommunikation zu erhalten, auch wenn momentan keine unmittelbaren Fortschritte erkennbar sind.

Kaum etwas macht uns das Leben in Partnerschaften so schwer wie Kommunikationsprobleme. Wissenschaftler schätzen, dass jede zweite Beziehung davon betroffen ist.

Forscher am Institut für Psychologie der Universität Göttingen haben diese Probleme in einer aktuellen Studie genau untersucht. Sie wollten herausfinden, wie häufig Gespräche über Partnerschaftsprobleme bewusst vermieden werden. Mehr als 18 000 Männer und Frauen, die mit der Kommunikation in ihrer Partnerschaft unzufrieden waren, haben am Projekt »Theratalk« teilgenommen. Das erschreckende Ergebnis: Bei rund 82 Prozent der teilnehmenden Männer und Frauen kommt es in der Partnerschaft regelmäßig *nicht* zu Gesprächen über gemeinsame Probleme.

Laut der Studie sind Männer die häufigeren Vermeider. 65 Prozent der Frauen beklagen, mit ihren Problemen beim Partner nicht landen zu können. Demgegenüber stehen 42 Prozent der Männer, die regelmäßig mit dem Versuch scheitern, ihre Partnerinnen zu Problemgesprächen zu bewegen. Nur in wenigen Beziehungen drücken sich die Partner abwechselnd vor solchen unangenehmen, aber wichtigen Gesprächen.

Auffallend oft entsteht eine Art Teufelskreis aus »Verfolger« und »Verfolgtem«. Diskussionen werden dann zwar noch begonnen, aber bald zieht sich ein Partner immer mehr heraus, während der andere immer heftiger versucht, die Diskussion in Gang zu halten. 70 Prozent der befragten Frauen und 49 Prozent der Männer berichteten den Wissenschaftlern, dass sich ihre jeweiligen Partner aus Diskussionen zurückziehen, während sie selbst das Gespräch unbedingt in Gang halten wollen.

»Wir streiten nie!« Dieser Satz schwebt über so manchem Paar wie ein Damoklesschwert. Das kann verschiedene Ursachen haben. Vielleicht gab es in der Familie keine Streitkultur? Niemand hat es vorgemacht, wie das geht, das Streiten. Und – vor allem – wie man wieder aufhört. Wie oft haben wir das als Kinder gehört: »Streitet euch nicht!« Als wäre Streit etwas Anrüchiges. Wie Staubflusen, die unter den Teppich gekehrt werden müssen, damit sie die Nachbarn, die zu Besuch gekommen sind, nur ja nicht bemerken. Aber wie das halt so geht: Nur weil etwas nicht sichtbar ist, ist es noch lange nicht verschwunden. Mit jedem Wegschieben wird der Hügel unter dem Teppich größer.

Genauso bleiben die unterschiedlichen Meinungen bestehen, auch wenn das Paar nicht darüber redet. Und sie verstärken sich noch, wenn es ein Tabu ist, darüber zu sprechen. Aus Verstimmung wird Ärger, aus Ärger Wut, und die platzt dann mit einem Mal heraus. Spätestens jetzt geht richtig Porzellan zu Bruch, nicht selten sogar im wahrsten Sinne des Wortes. »Konflikte werden gemeinhin als lästig, ja als überflüssig betrachtet«, schreibt der Mediator und Supervisor Harald Pühl in seinem Buch *Konflikt-Klärung in Teams und Organisationen.* »Viele Mitmenschen betonen ihr Harmoniebedürfnis und zeigen damit, wie schwer es ihnen fällt zu akzeptieren, dass Konflikte zum Leben dazugehören.« Dabei führe manchmal schon wohlmeinende Kritik zu Konflikten. Pühl arbeitet seit mehr als 30 Jahren als Berater von Organisationen. Er rät zu einer veränderten Einstellung gegenüber Konflikten: Wir sollten sie als nützlichen Begleiter von Entwicklung und Veränderung wahrnehmen, egal ob beruflich oder privat. Und wir sollten akzeptieren, dass sie zum Leben eines Paares einfach genauso dazugehören wie die schönen Momente der Zweisamkeit.

Wenn aus den Auseinandersetzungen über Küche, Kinder und Karriere allerdings Dauerkonflikte werden und sich partout keine Lösung finden lässt, dann ist es an der Zeit, genauer hinzusehen: Um was geht es hier wirklich? Das ist die zentrale Frage.

Kommunikationspsychologen greifen zur Beschreibung solcher Konflikte und deren Lösung auf das sogenannte »Eisbergmodell« zurück. Ob eine »kommunikative Situation«, also ein Arbeitsgespräch zwischen Kollegen, eine Teamsitzung oder die Auseinandersetzung eines Paares gelingt (das heißt: zu einem für alle Beteiligten zufriedenstellenden Ende geführt wird), hängt von verschiedenen Faktoren ab. Manche davon sind jedem bekannt, andere wiederum sind nicht klar ersichtlich. Das Gespräch als Eisberg: Die Spitze ragt deutlich erkennbar über die Wasseroberfläche hinaus. Doch das meiste spielt sich darunter ab. Unsichtbar und gelegentlich tückisch. Wie war das noch mit der Titanic?

Übertragen wir das Bild auf eine Gesprächssituation: Oberflächlich nehmen wir nur das wahr, was gesprochen wird. So gesehen geht es um praktische Fragen. »Wie können wir den Haushalt besser organisieren?« oder Ähnliches. Wir beschränken uns auf die Fakten, auf die Spitze des Eisbergs, die sogenannte »Sachebene«. Aber wir nehmen nicht wahr, was sich darunter verbirgt: die Beziehungsebene nämlich. Unsere Bedürfnisse, Wünsche, Gefühle, Hoffnungen, Erwartungen, Werte, Haltungen, unsere ganz individuelle Paargeschichte – kurz gesagt, alles, was unsere Beziehung ausmacht. Doch nur wer beide Ebenen betrachtet, kann Gespräche erfolgreich abschließen.

Das Bild des Eisbergs macht deutlich, wie groß der Einfluss der Beziehungsebene ist. Experten meinen, dass das Verhältnis 80 zu 20 ist, dass also das Gelingen einer kommunikativen Situation zu 80 Prozent vom Beziehungsaspekt bestimmt wird! Wie beim Untergang der Titanic liegt die Ursache des Scheiterns häufig unterhalb der Oberfläche.

Wenn ein Paar also für ein Problem keine Lösung finden kann, dann lohnt sich ein Tauchgang unter die Oberfläche: Gibt es Wünsche, Bedürfnisse, über die das Paar bisher nicht sprechen konnte? Gibt es vielleicht alte Kränkungen oder Verletzungen, die noch immer schwären und nun das Sprechen über die aktuelle Situation unmöglich machen?

»Konflikte entstehen immer dann, wenn unterschiedliche Wünsche, Bedürfnisse oder Interessen nicht verhandelt werden können«, schreibt Supervisor Pühl. Zwischen den Beteiligten habe sich, aus welchen Gründen auch immer, ein kommunikationsloser Raum aufgetan. Dieser Raum gleiche dem Niemandsland in einem Grenzgebiet, es trennt die Partner voneinander.

Zeit, den Schlagbaum zu öffnen: Ist unsere Bereitschaft, uns stärker im Haushalt zu engagieren, deshalb so gering, weil wir gerade beruflich stark belastet sind und uns »alles« irgendwie zu viel wird? Oder weil wir ohnehin ständig das Gefühl haben, alles allein stemmen zu müssen? Oder wünschen wir uns von unserem Partner einfach mehr Aufmerksamkeit?

Gab es die Hoffnung, dass sich manche Dinge einfach von selbst erledigen würden? Finden wir es gerade gut so, wie es ist, und fällt es uns deshalb so schwer, uns auf einen neuen Stellenwechsel unseres Partners einzulassen? All diese Fragen sollten nun aus der Tiefe unseres emotionalen »Eismeers« ans Tageslicht gebracht werden. So, dass sie selbst und nicht mehr allein die aktuelle Sache zum Gegenstand des Gesprächs werden können.

Wenn Sie sich entschieden haben, einen seit Längerem schwelenden Konflikt endlich bewusst anzugehen, also auch unter die Wasseroberfläche beziehungsweise unter den Teppich zu schauen, dann können Sie einfach dem Ablauf unseres Vier-Augen-Gesprächs folgen.

Viele scheuen sich ein bisschen vor dem zweiten Schritt. Und es ist ja auch nicht so einfach, über die eigenen Gefühle und Bedürfnisse zu sprechen. Aber keine Sorge, das geht dem anderen meistens ganz ähnlich. Rufen Sie sich einfach immer wieder unsere Anregungen ins Gedächtnis, dann wird Ihnen auch ein echter Austausch nach dem *Chamäleon-Prinzip* gelingen: Bekennen wir Farbe, dann sollte unser Gegenüber genau hinsehen und hinhören. Zeigt sich unser Partner, dann ist es an uns, ihm dafür Raum ohne Unterbrechungen zu geben. Aus diesem Austausch entwickelt sich dann bestimmt eine gemeinsame Lösung.

Bitte recht freundlich!

Wichtig ist, dass wir beim Aushandeln von Konflikten darauf achten, dass wir dem anderen immer wertschätzend begegnen – selbst, wenn in uns die Emotionen hochkochen. Stichwort: Kritik angemessen formulieren. Vermeiden Sie Schuldzuweisungen und nichtssagende Verallgemeinerungen. Bleiben Sie dabei: Sprechen Sie von sich. Sagen Sie: »Ich wünsche mir deine Aufmerksamkeit« und nicht: »Du bist immer so abwesend!« Das wird leicht als Vorwurf aufgefasst und ist im schlimmsten Fall der Einstieg in den Ausstieg aus dem Vier-Augen-Gespräch. Anschuldigungen führen fast automatisch zu Widerstand und Abwehr bei unserem Gegenüber. Sie oder er glaubt dann, sich verteidigen zu müssen und schießt deshalb meist im gleichen Ton zurück. Also, noch mal und weil es so wichtig ist: Formulieren Sie Ihren Wunsch möglichst genau. »Wenn du nach der Arbeit nach Hause kommst, möchte ich gern, dass du dir für mich Zeit nimmst.« Auf so einen Satz lässt sich doch viel leichter eingehen, oder?

Und noch etwas: Sie müssen da nicht allein durch. Wenn ein Konflikt unlösbar scheint und Sie und Ihr Partner einfach nicht zueinanderfinden, dann können Sie sich professionelle Unterstützung holen, ohne Ihr Gesicht zu verlieren. Mediatoren sind Fachleute, die Menschen bei Konfliktlösungen unterstützen. Sie stellen sich als neutrale Dritte zur Verfügung und versuchen, den Kontakt zwischen den Konfliktparteien wiederherzustellen. Und das übrigens nicht nur im privaten Bereich. Mediatoren wie Harald Pühl sind mittlerweile auch in Unternehmen und Teams tätig. Bedarf und Nachfrage steigend. »Mediation hat das Ziel, das Kommunikationsloch zu stopfen«, beschreibt Pühl das Ziel seiner Arbeit. Die Mediatoren führen einen Kommunikationsfaden so oft und so lange zwischen den »auseinandergerissenen« (Gesprächs-) Partnern hin und her, bis diese wieder in Kontakt zueinander kommen. Auf diese Weise versuchen sie die Beteiligten dazu zu bewegen, über das zu sprechen, was sie unter ihrer Oberfläche bewegt. Nach und nach wird die Verbindung fester, das Loch schließt sich. Ein neues Gesamtbild entsteht. Ein neuer Anfang ist geschafft.

Ob nun mit oder ohne Mediation: Was das Paar am Ende aushandelt, wird im besten Falle ein Kompromiss sein.

Im besten Fall? Ja, denn den beiden ist es schließlich gelungen, einen (Aus-) Weg zu finden. Dieser Weg mag nicht bilderbuchmäßig sein und kerzengerade verlaufen, sondern ein paar unelegante Schlenker aufweisen, doch es ist ein Weg, den beide gemeinsam gehen wollen, und nicht eine Tour de Force, die auf Kosten des einen Partners durchgesetzt wird. Und das ist doch, was zählt, oder?

Kompromisse sind keine lauwarmen, unbefriedigenden Angelegenheiten, bei denen alle Beteiligten verlieren. Ganz im Gegenteil: Ein Kompromiss ist eine Lösung, bei der jeder gewinnt. Die Fachleute sprechen hier von einer Win-Win-Situation. Etwas, bei dem beide gewinnen.

Ein wertschätzendes Abwägen, Aushandeln und gemeinsames Treffen einer Entscheidung. Darauf zielt das *Chamäleon-Prinzip:* Schwierigkeiten so zu meistern, dass die Lösung den Erhalt einer Beziehung langfristig fördert. In allen Lebensbereichen: beruflich, privat und auch zu uns selbst.

Maria Fresia und Luca Scardovi – ein Dual Career Couple par excellence – sind genau so vorgegangen. Die beiden Italiener haben an der Universität von Genua studiert und in Elektrotechnik promoviert. Bald war jedoch klar, dass sie aus Italien wegwollten, weil dort eine akademische Karriere schwierig und die Bezahlung schlecht sei, wie Maria Fresia erklärt. Klar war aber auch: »Wir möchten auch im Ausland gemeinsam an einem Ort wohnen!« Eine Fernbeziehung, wie sie viele Wissenschaftler führen, kam für die beiden nicht in Frage. Also haben sie beratschlagt, wie das klappen könnte, und schließlich einen Kompromiss ausgehandelt. »Der Plan war, dass wir uns beide an verschiedenen Universitäten bewerben und wenn der eine eine gute Position gefunden hat, versucht der andere, eine Stelle in der Nähe zu finden.«

Bisher ist ihr Plan aufgegangen. Zunächst haben die beiden in Belgien geforscht, dann an der amerikanischen Eliteuniversität Princeton. Seit zwei Jahren leben sie zusammen in München. Scardovi hatte dort an der Technischen Universität (TUM) eine Juniorprofessur angeboten bekommen und die Stelle angenommen, sobald sicher war, dass auch seine Frau einen Arbeitsplatz in Aussicht hat.

Ihre Stelle in der Forschungsabteilung des Chipherstellers Infineon fand Maria Fresia übrigens über das Dual Career Office der TUM. Sinn und Zweck des 2008 eingerichteten Centers: Die Partner und Partnerinnen von Spitzenwissenschaftlern, die die Hochschule für sich gewinnen möchte, bei der Stellensuche im Raum München gezielt zu unterstützen und den Familien beim Einleben in der Stadt zu helfen. Herzstück des Dual Career Office ist ein stetig wachsendes Netzwerk von Arbeitgebern aus Wissenschaft und Industrie. »Die Erfahrung zeigt, dass die berufliche Perspektive des Partners mittlerweile ein entscheidendes Kriterium ist, ob ein Wunschkandidat die Stelle antritt«, sagt TUM-Vizepräsident Peter Gritzmann. »›Wir suchen die besten Köpfe‹, heißt es immer, aber das Bild ist falsch. Wir suchen nicht Köpfe, sondern Menschen. Und diese Menschen besitzen ein soziales Umfeld. Gerade in den Wissenschaften suchen wir doch Leute, die über den Tellerrand hinausschauen.« Das sieht man an anderen Universitäten offenbar ähnlich, denn mittlerweile gibt es mehr als 35 Dual Career Centers an Deutschlands Hochschulen.

Dass Maria Fresia nun nicht mehr in ihrer geliebten Wissenschaft arbeitet, kann die Dreißigjährige verschmerzen. »Dafür leben wir gemeinsam unter einem Dach. Das ist für mich und Luca ein besonders wichtiger Wert.« Sicher ist das für die beiden Wissenschaftler nicht die letzte Station ihrer Karriere. Wenn sich der nächste Schritt anbahnt, wird das Paar wieder neu beratschlagen. So lange, bis sich aus dem, was sich zu diesem Zeitpunkt an Möglichkeiten bietet und aus den jeweiligen Wünschen und Vorstellungen beider ein ganz persönlicher Lösungsweg abzeichnet. Farbwechsel nach dem Chamäleon-Prinzip.

3.3 Kind und / oder Karriere

Im Beziehungsgetriebe von Doppelkarrierepaaren beginnt es vor allem aus zwei Gründen zu knirschen, wie Forscher Michel Domsch in seiner Langzeitstudie herausgefunden hat: Zum einen gibt es häufig Probleme, wenn einer der Partner aus Job-Gründen um- und damit vom bisherigen gemeinsamen Wohnort wegziehen muss. Zum anderen wird bei vielen Paaren die Geburt eines Kindes zur Bewährungsprobe für die Beziehung.

So gesehen stehen die Jansens gerade vor großen Herausforderungen. Wir erinnern uns: David hat einen Ruf an die Münchener Uni erhalten, und Anne ist schwanger. Beides ist erwünscht und kommt nicht aus heiterem Himmel. Dennoch hat es die Welt des Paares erstmal auf den Kopf gestellt. Nächtelang haben sie diskutiert. Soll Anne mit nach München, oder wollen sie wieder eine Wochenendbeziehung bzw. dann in ein paar Monaten, wenn das Kind da ist, eine Wochenendfamilie sein? Anne fragt sich, ob sie künftig beidem gerecht werden kann, ihrem Beruf, den sie liebt, und ihrem Anspruch an sich selbst, eine gute Mutter sein zu wollen.

Ihre Freundinnen sind ihr da keine große Hilfe. Auch sie sind unsicher, glauben, zwischen Beruf und Mutterschaft wählen zu müssen. Die, die sich für den Beruf entschieden haben, schieben deshalb das Thema Kind immer weiter hinaus und haben Angst, dass der Zug irgendwann abgefahren ist. Und die, die Mütter werden wollen, fürchten, dass sie den Wiedereinstieg ins Berufsleben nicht rechtzeitig schaffen. Vorbilder in Sachen »Kind *und* Karriere« findet Anne im Freundeskreis nicht.

Auch für David gibt es nur wenige Kollegen, an denen er sich orientieren könnte. Von der Überlegung, ein halbes Jahr Elternzeit zu nehmen und die Uni-Karriere so lange auf Eis zu legen, raten ihm ältere Kollegen ab. Damit sei er weg vom Fenster, sagen sie. Also wie denn nun? Kind ohne Karriere? Karriere ohne Kind? Keine Karriere und auch kein Kind? Die K-Frage: eine Zerreißprobe für die Beziehung.

Rollenbildern auf der Spur – Innerlich Farbe bekennen

Wenn so viele verschiedene Aspekte eine Rolle spielen und so viele Dinge zu bedenken sind wie bei den Jansens, dann ist es hilfreich, dem Vier-Augen-Gespräch einen Schritt vorauszusetzen: Und zwar sollte jeder der Partner zunächst einmal gut in sich selbst hineinhören und die eigenen Impulse bewusst wahrnehmen – quasi vor sich selbst Farbe bekennen. Der Kommunikationspsychologe Friedemann Schultz von Thun empfiehlt, in solchen Situationen im wahrsten Sinne des Wortes, sein »inneres Team« sprechen zu lassen. Der Begriff »Team« darf ruhig wörtlich genommen werden. Denn meist ist es nicht eine einzige Stimme, die sich in unserem Innern rührt, sondern ganz verschiedene Wortführer, die einander ziemlich widersprechen können. Oder sogar erbittert miteinander streiten. Am besten nimmt man ein Blatt Papier zur Hand und notiert sich, was die verschiedenen »Seelen in der Brust« zu sagen haben. Werfen Sie das Blatt mit ihren Aufzeichnungen nicht gleich wieder weg. Lesen und denken Sie immer wieder darüber nach. Indem wir uns auf diese Weise unsere Gedanken und Gefühle bewusst machen, eröffnen wir uns gleichzeitig die Möglichkeit, damit verbundene Glaubenssätze, Werte, Motivationen und vermeintliche Gewissheiten neu zu überdenken.

Das kann ein Paar dann auch gut gemeinsam tun. Dabei wird deutlich werden, wie gebunden oder eben auch unabhängig die beiden in ihrer Beziehung von den Werten der Eltern- und Großelterngeneration sind, wie leicht oder schwer es ihnen fällt, Veränderungen im Rollenverständnis mitzutragen.

In Annes Fall könnte sich so eine Besprechung des inneren Teams folgendermaßen abspielen: Eröffnung mit großem Geschrei. Alle Wortführer rufen wild durcheinander. Die innere Stimme der »guten Mutter« fordert kategorisch: »Für mein Kind will ich immer da sein.« Mag sein, dass Anne da ihre eigene Mutter reden hört, die trotz guter Ausbildung ihren Beruf nach dem zweiten Kind an den Nagel hängte. Plötzlich verschafft sich die innere »Karrierefrau« Gehör: »Ich liebe meinen Beruf. Ich möchte weiter darin arbeiten.« Und prompt trompetet das schlechte Gewissen: »Rabenmutter! Als arbeitende Frau hast du nicht ausreichend Zeit für das Kind. Das tut der Entwicklung deines Kindes nicht gut.« Spät, aber doch überzeugt schließlich eine ausgleichende Stimme: »Beruf und Kinder lassen sich doch vereinen. Außerdem ist da ja noch dein Mann. Ihr könnt euch gegenseitig unterstützen.«

Die gute Mutter, die Karrierefrau, die Besorgte, die Mutige: Wenn Frauen sich auf solch eine innere Teambesprechung einlassen, dann stellen sie häufig fest, dass ihnen die Frauen in ihrer Familie, die Mutter, Großmutter, die Tanten und Großtanten oft sehr unterschiedliche Frauenbilder vorgelebt haben. Frauenbilder, die sie nun möglicherweise in den verschiedenen Stimmen – teilweise wortwörtlich! – wiedererkennen.

Aber auch für Männer wie David, die am Anfang ihrer Karriere stehen und sich gleichzeitig aufs Papasein freuen, ist der Weg mit Unsicherheit gepflastert. Wie viele Männer können ihnen als Vorbild dienen? Wenn's hoch kommt, einer oder zwei aus der gleichen Generation. Für die Älteren – und da gehören unsere

Väter noch dazu – galt ganz selbstverständlich das traditionelle Rollenverständnis: der Mann als Ernährer der Familie. Wenn David also sein inneres Team zur Besprechung zusammentrommelt, muss auch er sich auf einen vielstimmigen Chor einstellen. Mit vielen Dissonanzen. Da fordert der »Entschlossene«: »Ich möchte, dass meine Frau und ich Beruf und Familie vereinbaren können!«, während sich von der Seite zweifelnd der »Skeptiker« meldet: »Ob uns das so gelingen kann? Es braucht ja auch die Unterstützung der Familie, der Freunde, des Arbeitgebers. Und: Finden wir eine geeignete Betreuung für unser Kind?« Der »Macher« übernimmt die Rolle des »Vorreiters« und tönt umso lauter: »Ich habe Lust darauf, alte Rollenbilder zu verlassen und so zu leben, wie ich es für richtig halte!« Und der »Verunsicherte«: »Was bedeutet denn eigentlich Männlichkeit für mich? Bin ich trotzdem ein richtiger Kerl, wenn ich Windeln wechsle, Fläschchen gebe und den Haushalt mit Anne teile?«

Wichtig ist, dass alle Stimmen, die sich bei Ihrer inneren Teambesprechung melden, gehört und angenommen werden. Jede von ihnen sollte Einfluss auf die Entscheidung haben, auch wenn sie sich zunächst nur sehr zaghaft meldet oder uns unangenehm ist, weil sie verdächtig nach Macho klingt oder lautstark das alte Klagelied von der Rabenmutter anstimmt. Hallo? Eine emanzipierte Frau und ein moderner Mann denken doch nicht so! Doch. Noch einmal: Unsere Eltern, Verwandte, Freunde, Lehrer – sie alle haben uns geprägt oder zumindest beeinflusst. Oft versuchen wir uns anzupassen, es allen Stimmen in uns irgendwie recht zu machen. Sprechen wir mit der guten Mutter, klingt das anders als ein Gespräch mit der Karrierefrau in uns. Das stresst gewaltig!

Dieter Schnack und Thomas Gesterkamp, beide berufstätige Familienväter, schildern ihre Erfahrungen als Männer zwischen Beruf und Familie in ihrem Buch *Hauptsache Arbeit*.

Ihr persönlicher Kampf mit der neuen Vaterrolle liest sich so: »Ich behalf mir damals mit der entlastenden Ideologie, einer ganz neuen, viel besseren Generation von Vätern anzugehören. In Wirklichkeit machte ich mir massive Vorwürfe, weil ich nicht genug Geld verdiente. Ich konnte die materielle Sicherheit für meine neu entstandene Familie weniger gut als andere Väter gewährleisten. Ich hatte Angst, meine Umgebung könnte mich unter dem Pantoffel meiner Frau vermuten. So neu und lobenswert die zeitaufwendige Vaterei auch sein mochte – im Alltag mit meinem kleinen Kind fühlte ich mich oft sehr unsicher. Wenn ich ehrlich bin, hatte ich überhaupt keine Vorstellung davon, was einen erwachsenen Mann ausmacht – außer beruflichen Erfolg und öffentlichem Ansehen.«

Was hilft? Männer und Frauen sollten sich ganz bewusst mit den Rollen, die ihnen vermittelt wurden, auseinandersetzen, aber auch ihre eigenen Rollenerwartungen überprüfen: Welche Vorstellung habe ich? Wie will ich als Mutter, wie als Vater sein? Wie will ich als berufstätige Frau sein? Werden Sie sich darüber klar, welche Rollen Sie überhaupt annehmen wollen – und wie Sie die dann ausfüllen möchten. Und: Finden Sie für sich heraus, welche Rollenerwartungen Sie an andere haben.

Es ist an uns zu entscheiden, welche der tradierten Verhaltensweisen wir übernehmen und im wahrsten Sinne des Wortes weiterleben lassen wollen. Und welche überkommenen Rollenbilder über Bord geworfen werden. Was beibehalten und worauf verzichtet werden soll, ist die individuelle und eigenverantwortliche Entscheidung eines jeden Paares.

Lassen Sie sich nicht reinreden. Probieren Sie ruhig aus. Schlüpfen Sie in Ihrer Vorstellung ruhig in unterschiedliche Rollen, spielen Sie sie durch. Sie werden schnell erkennen, in welcher Sie sich am wohlsten fühlen.

Und noch eine K-Frage

Kindergarten oder nicht Kindergarten? Und wenn ja, ab welchem Alter und für wie viele Stunden am Tag? Es gibt wohl kaum ein Thema, das unter beruflich engagierten werdenden Eltern so heiß diskutiert wird, wie das Ob und Wie der Kleinkindbetreuung. Auch bei dieser Frage geht es darum, für sich selbst Farbe zu bekennen.

Die Dozentin Kerstin Volgmann beschäftigt sich mit solchen Prozessen im Privaten: »Da prallt Altes und Neues aufeinander. Ob das tradierte Meinungen sind oder aber auch eigene biografische Erfahrungen von Trennung. Da haben Eltern eine große Aufgabe zu bewältigen.« Volgmann weiß, wovon sie spricht. Sie ist ausgebildete Krippenerzieherin und Diplompädagogin und arbeitet als Supervisorin. Die Betreuung von Kindern in Kindertagesstätten zwischen null und drei Jahren ist ihr Spezialgebiet. Sie hat etliche Konzepte im Bereich frühkindliche Bildung entwickelt. Eine Fachfrau. Sie empfichlt: »Eltern, vertraut bei der Wahl der geeigneten Kita auf eure Intuition. Geht hin, seht euch um, sprecht mit den Erzieherinnen. Findet heraus, ob ihr mit ihnen in Kontakt kommt, ob ihr ihnen vertraut.«

Und natürlich geht es auch um die Frage: Kommt die Erzieherin mit dem Kind in Kontakt? »Eine gute, das heißt stabile Beziehung ist das A und O für eine gelungene Betreuung«, ist Volgmann überzeugt. »Daher gibt es in jeder Einrichtung eine Eingewöhnungszeit.« Sie empfiehlt Eltern, in dieser Eingewöhnungszeit offen mit den Erziehern darüber zu sprechen, wie es ihnen damit geht, ihr Kind »abzugeben«. Farbe bekennen ist angesagt, auch hier. Denn nur wenn Erzieherin und Eltern vertrauensvoll miteinander umgehen, kann sich auch das Kind auf den neuen Kontakt einlassen. Sind die Eltern selbst unsicher, dann übertragen sie das auch auf das Kind. Dann dauern Eingewöhnungszeiten ungewöhnlich lange. Der Hintergrund dafür ist dann aber eher der Trennungsschmerz der Eltern. Hier sollten beide, Mama und Papa, ihr inneres Team befragen, das bringt Klarheit über die Beweggründe und macht sichtbar, welche Rollenvorbilder beim Thema Kinderbetreuung »mitmischen«.

Viele Eltern fragen sich auch, ob es ein vertretbarer Schritt ist, ihr Kind vielleicht schon vor dem ersten Geburtstag betreuen zu lassen. Auch da beruhigt Volgmann: »Babys sind von Geburt an sehr kompetent. Sie fangen schon nach wenigen Wochen an, ihre Welt zu erforschen. Das Kind braucht Abwechslung, Anregung, es braucht andere Menschen, große und kleine. Es braucht Zuwendung und Ansprache.« Das könne eine Einrichtung durchaus leisten, wenn sie räumlich und personell gut ausgestattet sei. »Da sollte es mindestens zwei Räume geben, besser noch mehr. So kann die Erzieherin auf die individuellen Bedürfnisse der Kinder eingehen«, erklärt die Kita-Fachfrau. Denn kleinere Kinder benötigten viel öfter Ruhephasen als ältere. Außerdem sollten mindestens zwei Erzieherinnen in einer Gruppe arbeiten. So ist auch bei Krankheit oder Urlaub immer eine vertraute Person bei den Kindern. Allerdings sollte auf die Betreuungszeit geachtet werden. Vier bis sechs Stunden sind nach Kerstin Volgmanns Meinung für Einjährige ausreichend.

Außerdem können Eltern darauf schauen, wie die Einrichtung ausgestattet ist: Gibt es ausreichend oder zu viele Eindrücke? Gibt es auch Alltagsgegenstände, die die Kinder brauchen, weil sie sie von zu Hause kennen? »Ich ermuntere Eltern auch immer wieder, nach dem Konzept der Einrichtung zu fragen«, sagt Kerstin Volgmann. »So kommen sie von Anfang an mit den Pädagogen ins Gespräch.« Und das Entscheidende: Ein gut durchdachtes Konzept gibt Eltern Sicherheit. Hier bekennt also sozusagen die Kita Farbe.

»Ich weiß, dass sich viele Eltern Informationen und Unterstützung wünschen«, sagt Kerstin Volgmann. »Ich rate ihnen aber immer: Richten Sie sich nicht so sehr nach der Meinung anderer oder nach Erziehungsratgebern. Sie sind Eltern geworden und bringen alle Kompetenzen mit.« Die Expertin fügt hinzu: »Ich wünschte, Eltern würden sich viel mehr auf ihr eigenes Bauchgefühl verlassen. Die Kinder zeigen uns doch, wie sie sind und was sie benötigen. Es braucht einfach nur Zeit, Beobachtungsgabe und Vertrauen in die Entwicklung des Kindes. Eltern verlieren eher den Bezug zu sich selbst und ihrem Kind, wenn sie sich nur an anderen orientieren«, mahnt die Fachfrau. So ist auch hier, bei der Frage der Betreuung des Nachwuchses, ein ganz individuelles Abwägen gefragt – ein Abwägen im Sinne unseres *Chamäleon-Prinzips*.

3.4 »Väterförderung? Die Arbeitswelt ist der Schlüsselort« – Erfahrungen vom Papa-Profi

Wer wissen möchte, wie der Superpapa aussieht, muss nach Berlin in den Stadtteil Prenzlauer Berg kommen. Vor einem alten Wohnhaus parken reihenweise Kinderwagen, drinnen gibt es alles, was der Nachwuchs begehrt, von der Torwand bis zum Kickerspiel. Und in einer Nische, da hängt er, der Power-Dad – von Kinderhand im Stil Keith Harings gemalt. Sportlich und lustig ist er, das zeigen die Rollschuhe an seinen Füßen, er hat ein riesengroßes, kunterbuntes Herz, sein Kopf gleicht einer Glühbirne und strahlt hell vor Ideenreichtum. Und sein Gesicht ziert ein einziges, aber äußerst beeindruckendes Auge: Superpapa hat alles im Blick. »Und alles im Griff, das sieht man an den großen Händen«, ergänzt Eberhard Schäfer. Der 49-Jährige ist Mitgründer und Geschäftsführer des Väterzentrums Berlin. Das symbolhaft skurrile Gemälde entstand bei einem der Vater-Kind-Wochenenden, die das Team des Zentrums regelmäßig veranstaltet. »Da geht es ziemlich urig zu«, verrät Schäfer. Übernachtet wird im Tipi in einem »richtigen« Indianerdorf in der Mark Brandenburg. Es gibt Lagerfeuer, Abenteuer im Wald und Baden im See. Und gemalt und gebastelt wird natürlich auch so einiges.

Das ist die Oberfläche. Unter ihr geht es um mehr als nur Freizeitspaß: Die Beziehungen zwischen Vätern und ihren Kindern stehen im Mittelpunkt. »Wir wollen fürsorgliche, aktive Vaterschaft fördern und unterstützen«, beschreibt Eberhard Schäfer das Credo des Väterzentrums. Deshalb gibt es Crashkurse und Babymassage für werdende Väter, allerlei Informationsveranstaltungen rund ums Vatersein sowie Elternzeit- und Rechtsberatung, Hilfsangebote für Väter, die von ihrem Kind getrennt leben und Kurse für eine bessere Vereinbarkeit von Vaterschaft und Beruf.

»Engagierte Vaterschaft« ist ein Thema, das Eberhard Schäfer am Herzen liegt, seit er vor 29 Jahren selbst Papa wurde. »Damals wollte ich alles anders machen als mein Vater«, erzählt er. Ich war sozusagen ein neuer Vater der ersten Generation, von denen es Anfang der Achtziger ein paar gab.« Alles anders machen als der eigene Vater. Warum? »Weil Vatersein damals, in Westdeutschland, als ich Kind war, vor allem hieß: ›Mann, geh arbeiten, um deine Familie ernähren zu können.‹ Das war sozusagen die Wesensbestimmung des Vaters in den Sechzigern.« Allenfalls am Wochenende sei sein Vater mal der Spielpapa gewesen, erinnert sich Schäfer. Wenn es Botschaften an die Männer damals gegeben habe, dann solche wie: »Überlass das deiner Frau, die Mutter ist für das Kind zuständig, Vater halt dich raus, du störst nur!«

Mittlerweile sei sein Vater über 80 und seit einigen Jahren sprechen die beiden auch über das Thema Papasein. »Im Nachhinein bedauert mein Vater, dass er nicht mehr Zeit mit uns verbracht hat«, sagt Schäfer. »Er sagt aber auch, damals stand das, was ihr heute habt, für mich und meine Zeitgenossen einfach nicht zur Verfügung.«

Sorgenfreies Papaleben – davon sind wir allerdings auch heute noch meilenweit entfernt, trotz Elternzeitregelung, Elterngeld, trotz Ratgeberliteratur für Väter und Erfahrungsberichten von (Promi-) Vätern. Warum? Eben weil die Rollen- und Selbstbilder aus der Väter- und Großvätergeneration heute unterschwellig noch immer nachwirken und dem Umgang mit dem Thema in vielen Bereichen ihren Stempel aufdrücken. Im vorherigen Kapitel haben wir ja beschrieben, wie tradierte Rollenbilder nachwirken.

So seien Männer heute noch viel defensiver als Frauen, wenn es darum geht, beim Arbeitgeber die Vereinbarkeit von Familie und Beruf durchzusetzen, sagt Schäfer. Seine Erklärung: Über Vaterrolle und Familienthemen spricht »Mann« im beruflichen Umfeld in aller Regel nicht. Die Trennung von Beruf und Privatem, noch aus der Generation der eigenen Väter und Großväter, werde bis heute aufrechterhalten. Schäfer möchte Männer ermuntern, aktiver zu werden, im Betrieb deutlicher klarzumachen, dass ihnen Beruf *und* Familie wichtig seien. Elternzeit in Anspruch zu nehmen. Öfter offen zu sagen: »Um drei oder vier Uhr ist heute Schluss, weil ich den Nachwuchs vom Kindergarten abholen will.«

Eine engere Verbindung zwischen Beruf und Privatleben herzustellen, hat weitere Vorteile: Die Kinder bekommen eine Vorstellung von dem, was ihre Väter, ihre Eltern tagsüber ohne sie beschäftigt. Das fördert ihre Entwicklung und stärkt die Bindung. »Ich wusste nicht, was mein Vater beruflich gemacht hat«, erinnert sich Schäfer. »Ich wusste nur, der fährt morgens ins Büro und kommt abends zurück. Was den Tag über war, darüber hat er so gut wie nicht geredet.«

Reden wir übers Reden: Wie viele Witze kennen Sie über das deutlich unterschiedliche Mitteilungsbedürfnis von Männern und Frauen? Wie oft haben Sie sich selbst schon in solchen Situationen ertappt?

Auch aus professioneller Sicht ist das Miteinander-Reden ein Reizthema zwischen werdenden Müttern und angehenden Vätern. Eberhard Schäfer beschreibt ein Szenario, das typisch für die Empfindungen vieler »seiner« Väter sei: »Die schwangeren Frauen sind vor der Geburt oft unruhig und machen sich tausend Gedanken: ›Wie versorge ich mein Baby? Wie kriege ich das nur alles gebacken? Schaffe ich das überhaupt?‹ All ihre Zweifel und Hoffnungen erzählen sie ihren Partnern. Und die? Sitzen meist stoisch auf dem Sofa und sind genervt, weil ihre Frauen so viel reden. Sie versuchen sie zu beruhigen, sagen: ›Schau, die Babykleidung haben wir schon gekauft, das Kinderzimmer ist eingerichtet, den Autositz haben wir auch schon. Alles andere müssen wir auf uns zukommen lassen.‹ Aber darüber, was sie selbst beschäftigt, darüber reden die Männer nicht«, sagt Schäfer. Denn Gedanken würden sie sich sehr wohl machen, wie das so sein wird als Papa.

Die Männer gehen vor allem mit der Frage schwanger: Wie werde ich meiner Verantwortung als Vater gerecht?, Sie fragen sich: »Werde ich meiner Verantwortung als Vater gerecht, indem ich das Geld verdiene und die Familie materiell über Wasser halte und dann aber weniger Zeit für die Kinder habe? Oder übernehme ich Verantwortung, indem ich direkt als Vater für mein Kind da bin? Das heißt aber vielleicht in der Konsequenz, dass ich wenig Geld verdiene.« Und das ist der Knackpunkt. Denn dahinter steckt wieder die Rollenerwartung der Väter an sich selbst: »Ich will in der Lage sein, meine Familie zu ernähren.« Schäfer möchte die Männer ermuntern, darüber offen mit ihren Partnerinnen zu reden. Farbe bekennen eben!

Und noch etwas ist Eberhard Schäfer aufgefallen. Diese Rollenerwartung »der Mann ist der Hauptverdiener« haben nicht nur die Männer. »Viele Frauen sagen genau dasselbe: ›Ich finde es wichtig, einen Partner zu haben, der in der Lage ist, die Familie zu ernähren.‹ Und sie sagen auch, ja, sie sind selbst qualifiziert und wollen auch arbeiten, aber sie sehen ihr Einkommen eher als Zuverdienst. Den Hauptteil solle der Mann übernehmen. Gleichzeitig hätten sie aber durchaus die Forderung, dass die Männer mehr für den Nachwuchs da sein sollen. Immerhin hier kommt die Gleichberechtigung »voran«: Unter dem Druck, beidem gerecht zu werden – Kind und Karriere – stehen auch immer mehr Männer.

Der Vater als Ernährer – wie stark dieses Selbstbild wirkt, lässt sich auch aus den statistischen Werten zur Elternzeit ablesen: Die Zahl der Väter, die Elternzeit nehmen, liegt im Bundesdurchschnitt derzeit bei 25 Prozent. Ein großer Anstieg seit Einführung des Gesetzes 2007. Zum Vergleich: Vorher waren es verschwindende 2 bis 3 Prozent der Männer, die eine Auszeit zur Erziehung ihrer Kinder genommen haben.

Andererseits gibt es nach wie vor von Region zu Region starke Unterschiede. Während es zum Beispiel in Nordbayern viele Väter gibt, die in Elternzeit gehen, liegen die Zahlen im Saarland und im Ruhrgebiet deutlich niedriger. Eberhard Schäfer vermutet sozioökonomische Gründe: »Dort, wo es wirtschaftlich gut läuft, nehmen relativ viele Väter Elternzeit. Sie müssen dort weniger Angst haben, dass sie ihren Job verlieren oder im Status in der Firma absinken, weil sie dort relativ sicher im Sattel sitzen.« Anders in Städten, in denen es um die wirtschaftliche Lage schlecht bestellt ist. »Wenn da einer seinem Chef sagt: ›Ich will Elternzeit nehmen‹, dann antwortet der womöglich: ›Ja gut, dann sind Sie hier in der Firma aber die längste Zeit gewesen.‹«

Übergangszeiten schaffen

Viele Väter hätten gerne länger Elternzeit genommen, haben den »Löwenanteil« aber dann doch ihren Partnerinnen überlassen. Das jedenfalls hat Eberhard Schäfer in seinem Papa-Laden in Berlin beobachtet: »Die Frauen sagen oft, jetzt habe ich so viele Jahre in meinem Beruf gearbeitet, ich will eine Pause. Und außerdem finde ich, dass eine Mutter zu ihrem Kind gehört im ersten Jahr. Und viele Männer akzeptieren das eben stillschweigend.«

Aber genau da sind die Herren der Schöpfung für Schäfers Geschmack wieder zu defensiv. »Die Frau bekommt, was sie will, und der Mann kann das weitermachen, was er kennt, nämlich arbeiten. Und beide müssen sich nicht so viel auseinandersetzen.« Auseinandersetzen mit sich selbst über die inneren Rollenbilder, miteinander über ein eigenes, möglicherweise neues Paarmodell und mit der Gesellschaft, in der man das Paarmodell ja nach außen vertreten muss. Es ist wichtig bei jedem dieser Punkte Farbe zu bekennen. Denn: »Das Unausgesprochene führt zu Scheinselbstverständlichkeiten, und die führen mittel- bis langfristig zu Unzufriedenheit und Konflikten«, mahnt der Väter-Experte. Deshalb auch hier der Rat: Sprechen Sie miteinander! Bekennen Sie Farbe!

Und: Zeigen Sie sich gegenseitig Ihre Wertschätzung. Ihre Wertschätzung für die Rolle und Aufgabe, die der andere übernommen hat. »Wie oft bekomme ich von den Vätern zu hören, dass sie abends müde von der Arbeit nach Hause kommen und die Frau steht auf der Türschwelle und drückt ihnen das Kind in den Arm. ›So‹, sagt sie, ›jetzt kommt deine Schicht. Du musst dich jetzt kümmern, du hast ja auch gesagt, dass du das willst.‹ Und darüber ärgern sich viele Männer, weil sie sich mit ihrem Teil, den sie zur Familie beitragen, nicht wertgeschätzt fühlen.« Unser Rat: Bewusst Übergangszeiten schaffen für den Rollenwechsel.

Aus der Defensive kommen

Man könnte sagen, Eberhard Schäfers persönliche und berufliche Mission besteht im Wesentlichen darin, jungen Vätern folgende Botschaft mitzugeben: »Du bist als Papa von Anfang an wichtig für dein Kind.« Schäfer rät Vätern, nach Möglichkeit gleich in den ersten Monaten nach der Geburt Elternzeit zu nehmen: »Diese Erfahrung prägt sehr, sie schafft Bindung, bringt Sicherheit im Umgang mit dem Kind. Es ist ein Unterschied, ob die Partnerin abends erzählt: ›Heute hat unser Kind das erste Mal gelächelt‹, oder ob ich das selbst erlebe.« Schäfer ist überzeugt: Wenn der Vater in den ersten Monaten beteiligt war, dann ist er auch nach fünf Jahren beteiligt und nach zehn und 15 Jahren auch noch.

Doch Schäfers Überzeugungsarbeit richtet sich nicht nur an die Familien: »Die Arbeitswelt ist für mich der Schlüsselort«, sagt er. Dort müsse man ansetzen, dort gebe es den größten Bedarf. Dort, wo die Väter arbeiten. »In den Unternehmen gibt es noch zu wenig Information, Wissen und Sensibilität dafür, was das eigentlich für Väter bedeutet, wenn sie Familie und Beruf vereinbaren wollen.« Viel zu häufig, wenn ein Mann Elternzeit nehmen wolle, werde da hineininterpretiert, dass er keine Lust zu arbeiten hätte, er gelte schnell als unmotiviert oder überfordert.

Wir können uns Schäfers Appell an die Väter nur anschließen: Kommen Sie aus der Defensive. Sprechen Sie darüber. Machen Sie deutlich: »Ich möchte Elternzeit nehmen, weil ich für ein paar Monate mehr Zeit für meine Kinder haben möchte.« Nicht mehr und nicht weniger.

4. Die Schillerschuppen – ganz praktisch

Austausch ist wichtig für jede Beziehung – beruflich und privat. Kommunizieren Sie bewusst. Machen Sie es wie das Chamäleon: Passen Sie sich an, lassen Sie sich voll und ganz ein und bekennen Sie im richtigen Moment Farbe! Teilen Sie sich mit. Wenn es dem Chamäleon dreckig geht, ist es beinahe schwarz – lassen Sie es bei sich nicht so weit kommen. Nehmen Sie sich Zeit für Gespräche, sei es am Arbeitsplatz oder im privaten Umfeld. Besprechen Sie sich regelmäßig mit Ihrem Partner. Üben Sie sich im Führen von »Konferenzen«. Hören Sie zu. Versuchen Sie einen Perspektivenwechsel. Zeigen Sie sich Ihrem Gesprächspartner deutlich und klar. Benennen Sie Ihre Wünsche, Erwartungen, Gefühle möglichst offen. Gehen Sie Konflikte offen und lösungsorientiert an. Achten Sie auch in Auseinandersetzungen darauf, dass Sie dem anderen gegenüber wertschätzend bleiben.

Sorgen Sie dafür, dass beide Konfliktparteien sich durch die Lösung als Gewinner fühlen. Beachten Sie: Kompromisse sind nicht faul, sondern meist eine gute Lösung. Holen Sie sich Hilfe von außen, wenn Sie einen Konflikt nicht allein bewältigen können.

Machen Sie sich Ihre Rollenbilder bewusst, finden Sie heraus, wo Sie für sich selbst Klärungsbedarf haben. Entscheiden Sie selbst, welche Rolle zu Ihnen passt, handeln Sie für sich stimmig. Vertrauen Sie in Ihre Kompetenzen als Vater und Mutter. Gehen Sie Ihr Vatersein aktiv an. Werden Sie präsent als Vater, auch im Berufsleben.

Erreichen und akzeptieren Sie gemeinsame Lösungen. Bleiben Sie flexibel und offen für Veränderungen und neue Herausforderungen. Richtig: All das gilt auch im Beruf. Sie müssen es nur übertragen. Keine Sorge: Niemand verlangt, dass Sie mit Kollegen in Babysprache verhandeln, genauso wenig, wie wir erwarten, dass Sie auf den Spuren des Chamäleons unterm Schreibtisch herumkrabbeln. Im Gegenteil: Machen Sie sich die Mechanismen bewusst, und nutzen Sie Ihre Möglichkeiten. Und das Verkriechen hat ein Ende. Das ist es: Das *Chamäleon-Prinzip.*

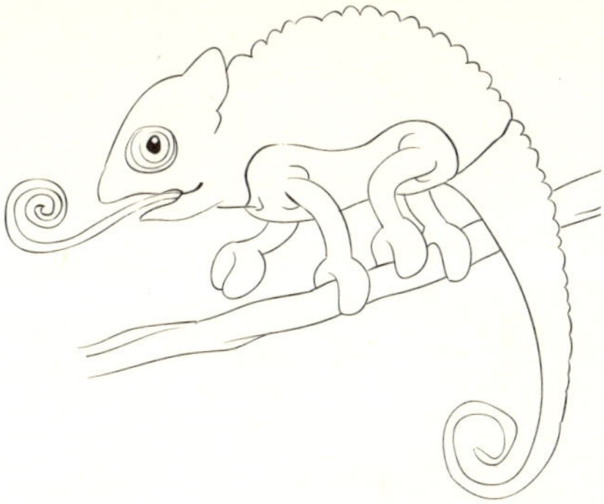

Die Häutung – Wandlung von innen

»Egal wie dick oder dünn, elastisch oder starr die Haut wirkt,
sie muss von Zeit zu Zeit erneuert werden,
da die oberste Schicht aus abgestorbenen Zellen besteht,
die nicht wachsen.«

AUS: KIESELBACH, DOMINIK: CHAMÄLEONS, S.12

1. Arbeit am Ich

1.1 »Computer? Ich dachte, das ist die Zukunft« – Ein Ingenieur fährt Pizza aus

So ist es am Tiefpunkt einer Berufslaufbahn: »Dann habe ich als Pizzafahrer gearbeitet. Das war schlimm, das können Sie sich gar nicht vorstellen. Also, man bekommt einen Stundenlohn von 4,50 Euro plus Trinkgeld und zwölf Cent auf den Kilometer. Man wird aber nur bei Bedarf geholt. Den gibt es vor allem am Wochenende. Unter der Woche, wo nicht so viel los ist, arbeiten die, die schon länger da sind. Dieses Privileg haben die sich sozusagen erarbeitet.

Am Wochenende gibt es dann Einsätze mit über zehn Stunden. Da sind Sie aber fertig danach, das kann ich Ihnen sagen! Denn Sie liefern meistens nur eine Bestellung aus und fahren dann wieder zurück und holen die nächste. Weil das Problem ist, wenn Sie zwei Auslieferungen pro Tour machen, und die beiden Orte, wo sie die Pizza abliefern sollen, zu weit auseinanderliegen, dann bringen Sie die zweite kalt an. Das heißt, Sie fahren quasi für eine Pizza bis zu zehn Kilometer, bringen die Pizza hin, fahren wieder zurück, holen die nächste. Ein einziges Hin-und-her-Gehetze quer durch die Stadt! Und wenn mal nichts zu tun ist, dann falten Sie Kartons oder waschen ab.«

Zweieinhalb Wochen hat Wolfgang Stefani, er heißt in Wirklichkeit anders, durchgehalten. Dann hat er den Pizzajob hingeschmissen. Weil ihm sein Auto zu schade war und er selbst sich irgendwo auch.

Eigentlich arbeitet der Brandenburger ja seit einiger Zeit als selbstständiger Klimatechniker, aber in diesem Jahr ist die Auftragslage mau. Sehr mau. Also hat der 51-Jährige alle möglichen Aushilfsjobs angenommen, sogar als Komparse hat er gearbeitet. Und eben als Pizzafahrer.

»Möchten Sie noch etwas trinken?« Wolfgang Stefani blickt fragend durch seine randlose Brille und greift zum Wasserkocher. Wir sitzen in einer winzigen Teeküche. Sie gehört zum Kosmetiksalon von Stefanis Lebensgefährtin. Der Salon ist gerade frisch eröffnet. Da Stefani viel freie Zeit hatte, konnte er bei der Renovierung tüchtig mit anpacken. »Das ist der einzige Vorteil an der miesen Auftragslage«, sagt er. »Dass ich ihr helfen konnte, ihren Traum vom eigenen Laden zu verwirklichen. Das zählt doch auch, oder?« Streichen, Lampen aufhängen, an der Einrichtung bauen: Stefani blickt sich zufrieden um. »Da steckt überall meine Hand drin.«

Sein Traum von der eigenen Karriere hat sich dagegen nicht so recht erfüllt, obwohl er erst Bauingenieurwesen und dann Klimatechnik studiert hat und immer bereit war dazuzulernen und sich an neue Bedingungen anzupassen, wie er beteuert. Zum Beispiel vor zehn Jahren, als die Baufirma dichtmachte, für die er als Bauleiter tätig war. Weil auch nach langem Suchen keine neue Stelle in Sicht war, ließ sich Stefani kurzerhand umschulen. In die Computerbranche. Warum? »Ich dachte, das ist die Zukunft. Weil damals war ja noch die Schröder-Regierung dran. Und die hatten die Inder ins Land geholt. Und die indischen Fachkräfte sollten die Leute hier schulen.« Wie seine Ausbildung dann genau ausgesehen hat? »Ein Jahr Schnellbeschulung an einer privaten Schule, dazu Crashkurs in Computer-Englisch.« Und am Ende durfte er sich Netzwerkadministrator nennen. »Als ich damals anfing in der Schule, haben die uns gesagt, alle Abgänger sind in Arbeit gekommen. Alles top und tolle Chancen, hundert Prozent.«

Doch dann sind die Leute, die angeblich so tolle Jobs gefunden haben, wieder an die Schule gekommen und haben neue Module belegt. »Die erzählten uns, sie seien schnell wieder entlassen worden, weil sie nicht genug Kenntnisse hatten. Man hätte lieber Leute genommen, die das richtig studiert haben, also Informatik zum Beispiel, und nicht nur Kurse belegt hatten, die schnell zusammengeschustert waren.«

Auch Wolfgang Stefani findet keinen Job nach seiner Ausbildung. Also wagt er mit Anfang 40 wieder einen Neuanfang: Er studiert mit staatlicher Förderung Kälte- und Klimatechnik. »Genau mein Ding«, stellt er fest. »Wenn ich noch mal anfangen würde mit meiner Berufslaufbahn, würde ich sofort diesen Beruf ergreifen.« Zunächst scheint sich alles gut zu entwickeln: Stefani findet direkt nach seinem Zweitstudium Arbeit als Techniker bei einer Wohnungsbaugesellschaft, allerdings ist die Stelle auf ein Jahr befristet. Genau zwölf Monate später muss er tatsächlich gehen, ausgerechnet kurz vor Weihnachten. Seitdem war er in keiner Festanstellung mehr. Zum einen sei wohl sein Alter ein Problem, mutmaßt der heute 51-Jährige. »Und außerdem, dass ich im Bereich der Kälte- und Klimatechnik Quereinsteiger bin.« Das sei das Hauptmanko. Er rechnet vor: »Die Berufsausbildung in diesem Bereich dauert dreieinhalb Jahre. Das Studium dagegen nur zwei Jahre. Woher sollen wir die Erfahrung und die Praxis nehmen, die die mit der Berufsausbildung haben? Die haben das von der Pike auf gelernt.«

Nun ist er also selbstständiger Klimatechniker. Sein Arbeitsgebiet: Geothermalbohrungen und erneuerbare Energien. Und obwohl die Auftragslage in diesem Jahr schlecht ist, gibt sich Stefani noch immer hoffnungsfroh. »Das ist doch ein Bereich mit Zukunft, da muss sich doch was tun.«

Immerhin: Einen Job hatte er schon in Aussicht. Im Solarbereich. »Da sollten wir im Juli anfangen, hier im Umland. Aber das ist in der Schwebe, weil wieder einer der Investoren abgesprungen ist. Diese Hängepartie geht seit Mai.«

Wolfgang Stefani steht auf, um durch den frisch eröffneten Salon zu führen. Alles blinkt und blitzt. Eine schmale Treppe ringelt sich hinunter zum Massageraum. »Die habe ich komplett abgebaut, damit wir die Behandlungsliege hinunterbekamen«, erzählt der Ingenieur. Im hintersten Raum ist das Licht gedämpft, in der Ecke steht ein großer Strauß mit Trockenblumen, an der Wand hängt ein Bild mit einem lächelnden Buddha darauf. Wolfgang Stefani streicht mit der Hand über das dunkel gebeizte Holz der Massageliege. Auch eine Eigenanfertigung, wie er stolz erzählt. »Solche kleinen Dinge zählen doch«, sagt er nachdenklich und knipst das Licht im Massageraum aus. »Kleine Erfolge, bei denen man sich bestätigt fühlt.« Und die Zukunft? Wolfgang Stefani ist die schmale Wendeltreppe wieder nach oben gestiegen. Auf dem Absatz dreht er sich um. »Es ist doch alles immer eine Frage der Hoffnung«, sagt er. »Und Hoffnung, die habe ich ganz sicher. Egal was noch kommt.«

1.2 Einmal was gelernt, für immer ausgebildet?

Wolfgang Stefani hat im Berufsleben nie richtig Fuß gefasst – trotz Umschulung, trotz Zweitstudium. Er ist kein Einzelfall. Es gibt viele, die trotz guter Ausbildung keinen Job finden, der ihrer Qualifikation entspricht und der ihnen noch dazu Spaß macht. Oder die immer wieder Neuanfänge starten, weil sie sich in einer anderen Branche größere Chancen erhoffen.

Da immer weniger Berufswege linear verlaufen, erleben immer mehr Menschen Brüche in ihren persönlichen »Erwerbsbiografien«. Die Rechnung, einmal was gelernt, für immer ausgebildet und ausgesorgt, geht nicht mehr auf. Doch auch die Bereitschaft, sich immer weiter fortzubilden, bringt noch lange keinen sicheren Arbeitsplatz.

Um die klassischen Lebensstationen Schule, Arbeit, Ruhestand herum haben sich unzählige Seitenwege entwickelt. Während der Schulzeit oder des Studiums machen wir Praxisphasen, parallel zum Beruf büffeln wir Theorie. Rentner sitzen in den Hörsälen, Studenten üben sich im Firmengründen. Wir satteln mehrmals um, orientieren uns neu, arbeiten noch in unserem alten Beruf und lassen uns gleichzeitig in einem neuen ausbilden – es geht querfeldein und fröhlich durcheinander. Zumal die Technik sich rasant entwickelt und wir eben genauso rasant unseren Umgang damit entwickeln müssen. Die in der Erstausbildung erworbenen Kenntnisse sind oft schon nach kurzer Zeit überholt. Permanente Weiterbildung »on the job« wird dadurch zur Bedingung.

Ach ja, überhaupt: das Wissen! Es veraltet bekanntlich immer schneller, da muss man erstmal hinterherkommen. »Wissen ist Macht«, ein Glaubenssatz, der in unseren Breiten vor allem das Faktenwissen meint. Wissen wird als zentrale Ressource von Produktion und für die Teilhabe an der Gesellschaft gesehen. Wer die neuste Technik erforscht und beherrscht, kann seine Produkte verkaufen, wer gut geschult ist, sich als Arbeitskraft auf dem Markt anbieten.

Und dann wäre da noch der berühmt-berüchtigte demografische Wandel: Die Geburtenrate hierzulande sinkt, gleichzeitig werden die Menschen immer älter, entsprechend verändert sich die Bevölkerungsstruktur. Laut dem Rentenbericht der Bundesregierung von 2010 wird bis zum Jahr 2030 die Zahl der 65-Jährigen um fünf Millionen ansteigen. 1960 waren lediglich zwölf Prozent der Bevölkerung 65 Jahre oder älter. Heute sind es bereits 21 Prozent. Bis 2030 werden es dann 28 Prozent sein. Dazu kommt, dass die Lebenserwartung stetig steigt. In den vergangenen 50 Jahren ist sie bei Männern und Frauen um elf Jahre gestiegen. Und damit erhöht sich natürlich auch die Rentenbezugsdauer. 1960 betrug sie 9,9 Jahre. Bis 2009 verdoppelte sie sich fast und lag bei 18,2 Jahren.

Es wird also knapp in den Rentenkassen. Die Politik reagiert – mit einer schrittweisen Erhöhung des Rentenalters auf 67. Das soll Rentenkassen entlasten und den Fachkräftemangel mindern. Für uns heute, die wir besorgt auf eine immer noch hohe Arbeitslosenzahl blicken, ist das, sagen wir mal, eine gewöhnungsbedürftige Vorstellung. Das Problem ist mit diesen Maßnahmen sicher nicht gelöst. Es muss ebenso dafür gesorgt werden, dass die Menschen, die ja nun länger im Arbeitsprozess bleiben sollen, bis zum Ausstieg aus dem Arbeitsleben ihre Arbeit »qualifiziert« tun können.

Qualifiziert – damit das funktioniert, ist lebenslanges Lernen und ständige Fortbildung angesagt. Viele Firmen haben das erkannt und rüsten die betriebliche Weiterbildung auf.

Auch Europa macht Geld locker. Für das »EU-Programm für Lebenslanges Lernen« steht von 2007 bis 2013 ein Budget von fast sieben Milliarden Euro zur Verfügung. Das heißt, dass allein in Deutschland jährlich rund 100 Millionen Euro für Weiterbildungsprogramme verwendet werden können.

Das Programm gibt unter anderem Schülern und Studenten die Möglichkeit, europaweit zu lernen, durch Schulpartnerschaften oder Studienaufenthalte, Lehrer können in europäischen Projekten neue Lehrmethoden entwickeln.

Erwachsene werden auf vielfältige Weise bei der Erweiterung ihres Wissens und ihrer Kompetenzen unterstützt. Besondere Zielgruppen sind neben Erwachsenen, die ihren Bildungsweg ohne den Erwerb einer Grundqualifikation abgebrochen haben, besonders auch ältere Menschen. Die EU hat also die Bildung einer alternden Bevölkerung als Herausforderung für die Zukunft erkannt.

Allerdings können wir im Zeitalter der Ich-AG nicht mehr allein auf die sogenannte Fortbildung in »fremdorganisierter Form«

setzen. Die »selbstorganisierte Form« muss parallel laufen. Und so müssen wir uns in den verschiedenen Entwicklungsphasen unseres Lebens immer wieder neu fragen: Was ist das nächste, passende Kapitel in meiner Lerngeschichte? Angesichts der vielen Möglichkeiten auf dem Aus- und Fortbildungsmarkt und den enormen Anforderungen der modernen Arbeitswelt ist diese Frage beileibe nicht leicht zu beantworten.

Wie ist das denn bei Ihnen so mit dem selbstorganisierten Lernen? Wie steht es zum Beispiel um Ihre Fachkompetenzen? Alles auf dem neuesten Stand? Sicher? Aber die Soft Skills, da lässt sich doch bestimmt noch was drehen? Teamfähigkeit und so. Und Ihre Sprachkompetenzen? Do you speak English? Okay, das kann aber heute mehr oder weniger jeder. Parlez-vous français? Bon. क्षमा कीजिये क्या आप हिंदी बोलते है? Ach, Sie sprechen kein Hindi? Nein? Dann sollten Sie aber unbedingt einen Kurs belegen! Die Konkurrenz schläft schließlich nicht.

»Wer nicht einsteigt, bleibt zurück« – mit diesem Slogan wirbt eine Sprachschule in der Berliner U-Bahn um Kunden. Kasse machen mit der Angst, dass der Karrierezug ohne Sie abfährt, weil Sie nicht genug getan haben für Ihre Weiterbildung. Weil Sie eben nicht genug an Ihren Soft Skills gefeilt, nicht mal eben Hindi, Arabisch, Mandarin oder Suaheli gelernt oder sonst irgendetwas von dem getan haben, was angeblich gerade getan werden muss, um up to date zu sein. Oder weil Sie schlicht nicht wissen, was es tatsächlich genau braucht, um sich einen Dauerplatz im Karrierezug zu sichern.

Stets weitergebildet und trotzdem nichts Brauchbares dazugelernt? Wolfgang Stefani ist es mit seinem Computerkurs genau so ergangen. Doch wie kann eine »Lernbiografie« aussehen, die uns persönlich entspricht und uns gleichzeitig befähigt, auf die äußeren Herausforderungen – auf Brüche, Umwege, Hindernisse – zu reagieren?

2. Die Fähigkeit, sich zu häuten

»Du bist bereits alles, was du sein möchtest.«

SPRUCH AUF EINEM TEEBEUTELETIKETT

Um aus der Vielzahl der Möglichkeiten genau das auswählen zu können, was für unseren persönlichen Lebens- und Berufsweg richtig und wichtig ist, dazu braucht es ein Gespür für das eigene Wachsen und Werden. Steter Wandel gehört zum Leben dazu – wir lernen lebenslang. Manche behaupten sogar, dass in Wachstum und Wandel der eigentliche Sinn unseres Lebens liegt. Unser Chamäleon liefert uns ein schönes Bild für diesen natürlichen Wandlungsprozess: Chamäleons wachsen bis an ihr Lebensende. Weil aber die starre und stark verhornte Oberhaut – die Schillerschuppen – nicht mitwachsen, muss es sich regelmäßig häuten. Allerdings wird die alte Haut erst abgestoßen, wenn sich darunter eine neue Haut gebildet hat. Dieses neue Schuppenkleid wiederum wird von einer noch tieferen Schicht versorgt, die ständig frische Hautzellen produziert. Und: Die alte Haut löst sich nicht in einem Rutsch ab. Das neue Schuppenkleid wird erst nach und nach sichtbar.

Wir sehen daran: Natürliches Wachstum geschieht von innen nach außen. Altes und Abgestorbenes, das keine Funktion mehr hat und das nur mehr behindert und einschnürt, wird abgestoßen, gleichzeitig bildet sich, noch geschützt, Neues heran. Ist die Zeit reif, geschieht die Wandlung. Das Neue wird schrittweise sichtbar. Ein Prozess in mehreren Stufen sozusagen, von denen jede einzelne wichtig ist.

Unsere Lernbiografie können wir ebenso gestalten. Wenn wir uns bewusst werden, was nicht mehr zu uns gehört, was uns nur mehr einschnürt. Wenn wir dieses Alte loslassen und gleichzeitig dafür sorgen, dass sich Neues entfalten kann. Wenn wir darauf achten, dass das Neue an das, was schon vorhanden ist, anschließt. Wenn es genährt wird von unseren ganz persönlichen Begabungen und Fähigkeiten. Wenn wir uns Raum für Entwicklung geben und ein Gefühl dafür bekommen, wann der rechte Zeitpunkt für einen neuen Wandlungsschritt gekommen ist. Dann können wir die Wandlung (selbst-) bewusst vollziehen. Dann entsteht, wie beim Chamäleon, ein steter Wandlungsprozess: aus uns selbst heraus, eigenverantwortlich gesteuert und doch eingebettet in unser Umfeld. Alles, was wir neu aufnehmen, sollte in Bezug zu uns, zu unserem »Wesenskern« stehen. Nur so können wir die nötige Zuversicht und Gewissheit entwickeln, dass sich ein ganz natürlicher Entwicklungsverlauf ergeben wird.

Eine solche Gewissheit brauchen wir, denn sie schützt uns davor, dass wir uns zu sehr von äußeren Anforderungen und Veränderungen lenken und leiten lassen. Dass wir uns ein fremdes Mäntelchen umhängen lassen – aus Angst, nicht zu genügen, oder weil wir hoffen, dass uns jemand sagt, was gut für uns ist, was passt, was uns steht.

Wenn wir hier also von (beruflichem) Wachstum nach dem *Chamäleon-Prinzip* sprechen, dann meinen wir damit die Fähigkeit, sich von innen heraus, den eigenen Interessen und dem eigenen Rhythmus entsprechend, zu wandeln und zu wachsen. Lernen geschieht hier aus einer inneren Bereitschaft heraus. Aus unserem ganz natürlichen Bedürfnis nach Entwicklung. Und nicht aus der Angst, den Karrierezug zu verpassen. Die Fähigkeit zur Häutung ist der sechste Aspekt des *Chamäleon-Prinzips*. Entdecken wir sie in uns!

3. Wie uns ganzheitliche lebenslange Entwicklung gelingt

3.1 Wandel von innen – Die Selbstreflexion schulen

»Wissen sollte man durch Weisheit ersetzen, dadurch wird die Sorge schwinden. Alles nur mit dem Verstand zu erfassen wollen, wird Weisheit vertreiben.«

LAOTSE

Mehr Wissen! Wenn wir beruflich vorankommen wollen, wenn wir entscheiden sollen, was alles auf unsere Weiterbildungsliste gehört, dann fällt uns das meist als Erstes ein. Was muss ich unbedingt noch wissen? Welche berufsqualifizierenden Maßnahmen brauche ich noch? Was für Abschlüsse fehlen? Natürlich ist Fachkompetenz wichtig, und Zertifikate können uns eine gewisse Sicherheit über unsere Kenntnisse geben und unserem Arbeitgeber die Orientierung erleichtern. Doch Wissen allein ist kein Garant für ein erfülltes Berufsleben. Mehr Zufriedenheit im Beruf erreichen wir nur, wenn nicht nur das Wissen, sondern auch wir selbst wachsen. Und zwar kontinuierlich, unser ganzes Berufsleben lang. Experten würden sagen: »Wir müssen unsere Persönlichkeit gezielt entwickeln.« Supervisorin und Organisationsberaterin Susanne Maaß-Sagolla erklärt, warum das so wichtig ist: »Wenn sich die Arbeitsintensität erhöht, wenn Menschen über Kontinente hinweg miteinander ins Geschäft kommen, wenn Projektarbeit in wechselnden Teams verstärkt Eigeninitiative fordert – dann braucht es dringend Menschen, die es gelernt haben, ihre Arbeitskontakte zu pflegen, die sich selbstbewusst und gleichzeitig mit Respekt allen anderen gegenüber einbringen können, die zuhören und entscheiden können, die Konflikte, die im Miteinander entstehen, erkennen und ihnen lösungsorientiert begegnen können.« Die Supervisorin analysiert und begleitet Veränderungsprozesse in Unternehmen. Sie ist überzeugt: Wer in der modernen Berufswelt bestehen möchte, muss nicht nur Fachwissen, sondern auch soziale und kommunikative Kompetenzen mitbringen. Team- und Kritikfähigkeit, Höflichkeit, Urteils- und Einfühlungsvermögen. Und da wären wir wieder bei den berühmten Soft Skills, ohne die heute keine Stellenanzeige mehr auskommt. Sie sind sozusagen das ABC der Persönlichkeitsentwicklung. Nur, so richtig greifbar ist das alles für uns nicht. Wer sagt uns, wo genau in diesem Bereich unser Lernbedarf besteht? Was wir zuerst angehen sollten? Welche Fähigkeiten wir trainieren müssen? Ein staatlich geprüftes Zertifikat für Soft Skills gibt es (noch) nicht. Und auch keinen Lernplan für Persönlichkeitsentwicklung. Aber der würde uns letztlich auch nicht viel nützen. Auf die richtige Spur kommen wir, wenn wir uns statt nach außen, wieder einmal nach innen wenden.

Wir erinnern uns: Die Haut des Chamäleons hat mehrere Schichten, unter der dicken Schillerschuppenhaut gibt es die junge Haut, die sich gerade neu bildet, und darunter gibt es eine noch tiefere Hautschicht, die ständig neue Zellen produziert. Sie gibt sozusagen die Wachstumsimpulse. Bei uns Menschen ist das ganz ähnlich. Wenn wir uns nach innen wenden, tiefer gehen, dann spüren wir irgendwann den Impuls, dann erhalten wir den entscheidenden Hinweis, in welche Richtung unser Wachstumsprozess gehen soll.

Wie gelingt das, dieses Sich-nach-innen-Wenden? Durch Selbstreflexion. Sie ist sozusagen eine Basiskompetenz. Eine Technik, die uns ganz selbstverständlich zeigt, wo Lernbedarf besteht und welche Wachstumsschritte gerade anstehen.

Selbstreflexion bedeutet in der ersten Phase, gedanklich zur Seite zu treten und auf die eigene (berufliche) Situation zu schauen. Stellen Sie sich vor, Sie würden einen Film ansehen, in dem Sie selbst mitspielen.

Der Film zeigt zum Beispiel den vergangenen Arbeitstag. Wir schauen genau hin. Die Besprechung am Morgen, die lief gut. Die am Nachmittag weniger. Brr, das war richtig unangenehm. Halt! Drücken Sie auf die Pausentaste und versetzen sich bewusst noch einmal in die Situation. Welche Gedanken kommen Ihnen in den Kopf? Welche Sätze? Zum Beispiel: »War ja klar, dass wieder etwas falsch war an meinem Entwurf.« Oder: »Typisch, dass sich ausgerechnet wieder Kollege XY aufgeregt hat, der muss ja immer an mir herummeckern!« Oder: »Ich lasse ihn jetzt einfach reden und äußere mich nicht dazu. Ich habe in diesem Laden ja sowieso nichts zu sagen.«

Und nun wenden wir uns schichtweise nach innen. Zunächst achten wir auf unseren Körper, ganz so, als würden wir durch ihn hindurchwandern. Der Kopf, die Schultern, der Magen. Was spüren Sie? Sie werden sehen, nach einer Weile zeigt er tatsächlich Reaktionen. Ein Stechen im Nacken, der Magen zieht sich zusammen, wir schwitzen oder das Herz schlägt schneller. Unser Körper ist ein wichtiger Helfer, denn über ihn bekommen wir Zugang zu unseren Emotionen. Oft verdrängen wir nämlich die Gefühle, die hinter unseren Reaktionen stecken. Wenn wir bewusst auf unseren Körper achten, dann merken wir plötzlich, die Angst sitzt uns »im Nacken« oder dass wir »Wut im Bauch«

haben. In dieser Phase geht es darum, möglichst genau wahrzunehmen und unsere Gefühle zu benennen. Dadurch kommen wir uns selbst näher und bekommen Klarheit.

In der zweiten Phase gehen Sie noch tiefer. Haben sich ähnliche Situationen schon öfter ereignet? Um bei unserem Beispiel zu bleiben: Gab es schon öfter Momente, in denen Sie sich kritisiert fühlten, in denen die Wut in Ihnen hochkochte, Sie aber nicht wussten, was Sie sagen sollten? In denen Ihnen regelrecht die Worte weggeblieben sind? Wenn sich Situationen wiederholen, dann kann das ein Zeichen für ein Muster sein. Wir alle tragen solche Muster in uns, reagieren in bestimmten Situationen immer wieder auf die gleiche Art und Weise.

In unserem Beispiel zeigt sich das Muster beim Umgang mit Kritik. In der Schwierigkeit, überhaupt Worte zu finden, zu reagieren. Hier kann man noch einmal »tiefer« gehen und sich fragen: Kenne ich das von früher? Fallen mir konkrete Situationen ein? Wie wurde in unserer Familie mit Kritik umgegangen? Durfte sie geäußert werden? Durfte ich meine Sicht darstellen, oder wurde ich »mundtot« gemacht?

Oft stellt sich tatsächlich heraus, dass der Ursprung für die Muster weit in der Vergangenheit liegt. Wir übertragen dann diese alten Situationen aus der Vergangenheit in die Gegenwart, spielen sie immer wieder neu durch. Zwar gibt es neue Anlässe und neue »Darsteller«, aber wir reagieren genauso wie vor zig Jahren. Und wir haben die gleichen negativen Gefühle und Körperempfindungen. Und weil wir uns dessen nicht bewusst sind, enden diese neuen Erfahrungen ähnlich frustrierend für uns wie in der Vergangenheit.

Indem wir uns selbst klarmachen, dass hier eine Übertragung stattfindet, können wir solche Muster durchbrechen. Und uns bei der nächsten unangenehmen Kritik bewusst machen, dass die Situation jetzt nichts mit der von früher gemein hat. Wir können nun ausprobieren, was passiert, wenn wir anders auf die Kritik reagieren. Anders als früher. Wenn wir zum Beispiel versuchen, unsere Sicht darzulegen. Wenn wir Farbe bekennen. Werden wir vielleicht doch gehört? Entwickelt sich eine lebhafte Diskussion, ein gegenseitiger Austausch, der letztlich sogar allen nützt?

Wenn Sie diesen Ablauf der Selbstreflexion in regelmäßigen Abständen durchspielen, finden Sie nicht nur die Seiten an sich heraus, an denen Sie arbeiten sollten. Sie werden auch feststellen, wo es Entwicklungen gibt. Sie werden sich mit der Zeit verändern, immer besser Ihre eigenen Reaktionen im Umgang mit anderen verstehen und beeinflussen können. Genau das meint Persönlichkeitsentwicklung. Wenn ich selbstreflexiv bin, habe oder entwickle ich auch ein Gefühl dafür, wo meine Schwächen liegen. Dieses innere Wissen gibt Sicherheit. Sie wissen dann, woran Sie arbeiten sollen, und lassen sich nicht mehr jedes Mäntelchen überstülpen, das ein anderer Ihnen umhängen möchte.

Und das Gute ist: dass Sie auf diese Weise auch Ihre starken Seiten kennenlernen. Ihr Körper zeigt es Ihnen, mit einem guten Bauchgefühl, Sie empfinden Freude und haben positive Gedanken: Hey, das kann ich, das habe ich gut hingekriegt.

Sie spüren deutlich, wo gerade wirklich Handlungs- und Lernbedarf besteht, können sich darauf einstellen und bei Bedarf entsprechende Unterstützung suchen.

Möglicherweise fällt es Ihnen schwer, vor großen Gruppen zu sprechen, obwohl Sie regelmäßig Meetings moderieren müssen? Haben Sie gelegentlich den Eindruck, Sie könnten sich selbst noch besser organisieren? Macht es Ihnen mitunter Mühe, mehrere Bälle gleichzeitig in der Luft zu halten, Themen kontinuierlich zu verfolgen, die Fäden fest in der Hand zu halten und sie zugleich weiterzuspinnen? All das sind Themen, die Sie angehen können. Im Selbststudium durch Selbstreflexion, in Interessengruppen, in Seminaren oder mit Unterstützung eines professionellen Coaches oder Supervisors.

3.2 Phasen des Berufslebens

»Kompetenz ist das, was einen Menschen wirklich handlungsfähig macht«, weiß die Coaching-Expertin Susanne Maaß-Sagolla. Durch kontinuierliche Selbstreflexion können wir unsere Handlungsfähigkeit erhöhen. Diese Methode ist sozusagen ein innerer Lernprozess, bei dem wir beides sind, Lehrer und Schüler. Gleichzeitig wächst durch das »Selbstreflexions-Training« unser Vertrauen in die eigene Kraft. Und das wiederum stärkt unsere Kompetenz.

Es ist deshalb hilfreich, die Methode der Selbstreflexion gezielt einzusetzen – auch und gerade, wenn Übergänge anstehen. Denn unser Berufsleben verläuft in Phasen. Jede muss durchlaufen werden. Keine davon dauert ewig. Wir wachsen mit unseren Aufgaben und stoßen damit immer wieder neu an Grenzen. An diesen Grenzen haben wir Gelegenheit, uns bewusst von dem zu verabschieden, was nicht mehr zu uns gehört und in Neues hineinzuwachsen – Häutung nach dem *Chamäleon-Prinzip!*

Einstiegsphase – Wir starten durch!

Zum Beispiel die Einstiegsphase ins Berufsleben: Gut ausgebildet, der Werkzeugkoffer gut bestückt, der Kopf voller Wissen. Wir denken: Hurra, wir starten durch! Zumindest hoffen wir, dass es so kommt. Wir sind hoch motiviert, wollen zeigen, was wir draufhaben und endlich so richtig dazugehören zum Volk der Arbeitenden. Klammheimlich grübeln wir natürlich auch ein bisschen: Was wohl so alles auf uns zukommt? Werden wir den Erwartungen gerecht, die andere und wir selbst an uns stellen? Euphorie und Zweifel – beides gehört zum Anfang dazu. Deshalb ist ja auch alles so spannend und aufregend.

Erst einmal geht es darum, im Berufsleben anzukommen. Die Rolle auszufüllen, sich auszuprobieren. Die (selbstreflexiven) Fragen lauten in dieser Phase: Wie arbeiten meine Kollegen? Welches Bild vermitteln sie mir? Passt das zu meinen Vorstellungen von mir selbst? Was schaue ich mir ab, was nehme ich an? Was ist mein ganz eigener Arbeitsstil? Kann ich meine Arbeitsaufträge gut erfüllen?

Es braucht meist einige Zeit, festen Boden unter die Füße zu bekommen. Ganz normal. Und wenn die Bedingungen stimmen, unser Arbeitsplatz gut zu uns passt, dann können wir uns entfalten, fachlich und persönlich. Wir (er-) füllen unsere Aufgabe. Im Idealfall.

Dann, einige Zeit später, merken wir, dass die »Haut« zu eng wird. Ganz langsam spüren wir, wie es zwickt und kneift und unsere Bewegungsmöglichkeiten eingegrenzt sind. Ende von Phase eins: Wir stoßen bei unserer Arbeit an Grenzen. Wir denken immer öfter: »Ich kann das, was ich erreichen will, an diesem Arbeitsplatz, mit dieser Arbeitsaufgabe nicht mehr umsetzen. Ich habe Fähigkeiten und Möglichkeiten, die ich hier nicht entfalten kann. Ich möchte eine Familie gründen und merke, dass ich das in meiner jetzigen Position nicht unter einen Hut bringen kann.

Oft nehmen wir gar nicht bewusst wahr, dass wir uns entwickelt haben und aus unserer Haut herausgewachsen sind. Und plötzlich fällt uns in einer Situation auf, dass es, so wie es jetzt ist, nicht mehr passt. Im Meeting kann uns durch eine Bemerkung des Kollegen plötzlich klar werden, dass wir langfristige Ziele hier nicht mehr verfolgen können. Nicht hier, nicht mit diesen Kollegen, nicht mit diesem Chef. Es fällt uns wie Schuppen von den Augen: Wir brauchen mehr Bewegungsfreiraum, mehr Spielraum, größere Entfaltungsmöglichkeiten.

Dass es Zeit zur Häutung ist, kündigt sich aber meist schon einige Zeit vorher an, häufig durch ein latentes Gefühl der Unzufriedenheit. Statt im Frust zu verharren, sollten wir dann die Situation als Chance begreifen.

Ja, es schmerzt, an Grenzen zu stoßen. Aber es ist ein Wachstumsschmerz – höchste Zeit, sich zu häuten. Die Zeit ist reif, und wir sind es auch. Der erste Schritt ist, sich klarzumachen: Ja, ich will etwas ändern. Auch wenn man in dem Moment meist noch nicht weiß, was genau das sein könnte, keine Sorge: Die nächsten Schritte werden folgen. Denn wenn wir einmal bewusst hinsehen oder hinspüren, dann werden wir feststellen, dass die neue Haut unter der alten schon aufgebaut ist, dass alles, was wir für den Schritt zur Wandlung brauchen, bereits in uns angelegt ist, dass wir alles schon erarbeitet haben. Es braucht nur noch den Mut, uns vom Alten zu trennen. Dann können wir uns neu orientieren. Erinnern Sie sich: Festen Halt suchen, gaaanz lang machen und weiter geht's auf dem nächsten Ast!

Reifephase – Erfahrungen weitergeben

In der zweiten Phase geht es meist darum, Arbeit und Privatleben unter einen Hut zu bringen. Familiengründung ist angesagt.

Was unsere beruflichen Fähigkeiten angeht, wird uns langsam bewusst: Wir haben Erfahrung bei dem, was wir tun. Das macht auch selbstbewusst. Entwicklungspsychologisch ist das mittlere Erwachsenenalter auch die Phase, in der wir eigene Erfahrungen weitergeben. Unsere Werte, unsere Erfahrungen, unser Wissen wollen wir teilen. Privat, mit unseren Kindern, im Beruf mit neuen, jungen Kollegen.

Spätestens wenn die Kinder dann aus dem Haus sind oder wenn wir feststellen, dass noch 20, 25 Jahre des Schaffens vor uns liegen, wird es für einige wieder Zeit für eine Häutung. Sie stellen sich noch einmal die Sinnfrage: Ist das, was ich tue, auch tatsächlich das, was mich erfüllt? Gibt es eine Aufgabe, die mich mehr herausfordert? Wenn die zweite Hälfte des Berufslebens beginnt, ergreifen viele die Gelegenheit, sich noch einmal neu zu positionieren. Sie wechseln den Arbeitgeber, bewerben sich für Führungspositionen, schlagen einen neuen Seitenweg ein, steigen aus oder um oder wagen den Schritt in die Selbstständigkeit.

Schlussphase – Die Sache rundmachen

Und dann? Dann geht's nur noch darum, bis zur Rente auszuharren? Im Gegenteil. Gerade die Zeit vor dem endgültigen Abschied aus dem Berufsleben ist sehr wertvoll. Wir können sie bewusst nutzen, um noch einmal zu wachsen, auszureifen sozusagen. Etwas rundzumachen, abzuschließen, kann eine sehr zufriedenstellende Aufgabe sein. Sie erfordert vor allem Selbstreflexionskompetenzen. So kann ich auf mein Leben blicken und die kritischen und erfolgreichen Zeiten gleichermaßen betrachten und annehmen. Übrigens: In dieser Phase kann man das ruhig auch als Weisheit bezeichnen! Im besten Falle verabschieden wir uns so erfüllt aus dem Berufleben. Wir haben uns immer wieder gehäutet, haben diese Wandlungen als Bereicherung erlebt und können zufrieden auf unseren Berufsweg zurückschauen – auf Entscheidungen, die wir getroffen und auf Auseinandersetzungen, die wir gemeistert haben. Kurz: auf all die Stolperwege und Durststrecken, die hinter uns liegen.

3.3 Den eigenen Weg finden – Wie berufliche Weiterbildung wirklich Sinn ergibt und Freude macht

Einen Computerkurs machen oder Mandarin lernen, nur weil es gerade en vogue ist? »Wer sich beruflich weiterbilden will, sollte nicht planlos auf jeden neuen Zug aufspringen, der gerade vorbeifährt«, warnt Susanne Maaß-Sagolla. Ihre Beobachtung: Kaum hat man den Bahnhof verlassen, ändern sich bereits wieder die Ziele und starten neue Züge in andere Richtungen. Genauso ist es mit Weiterbildungskursen – haben wir uns für einen entschieden, nur weil er gerade in ist, müssen wir am Ende womöglich feststellen, dass wir zwar das Zertifikat in der Tasche haben, aber nichts damit anfangen können, weil längst ein neuer Trend entstanden ist. Und wir stehen, genau wie Wolfgang Stefani mit seinem Computerkurs, auf dem beruflichen Abstellgleis, obwohl wir viel Zeit und Mühe investiert haben. Folgen wir dem Rat der Expertin: »Bevor man sich von Kurs zu Kurs hangelt und immer frustrierter wird, sollte man sich unbedingt die Zeit nehmen und erst einmal herausfinden, wo die eigenen Potenziale liegen, was einem wirklich Spaß macht und was man mit Herz und Engagement auf längere Sicht weiterverfolgen will.«

Die »Passung«

Erst anschließend geht es an die Planung der konkreten Lernschritte. Professionelle Coaches achten dabei auf etwas, was im Fachjargon »Passung« genannt wird. »Was ich lernen möchte, soll ja auch verdaut werden können. Das heißt, dass ich mich für das entscheiden sollte, was in meine momentane Lebens- und Arbeitssituation am besten passt«, erklärt die Supervisorin Susanne Maaß-Sagolla.

Folgende Fragen bringen uns dabei auf die richtige Spur: Was interessiert mich momentan am meisten? Was baut sinnvoll aufeinander auf? Was nimmt wie viel Zeit in Anspruch? Wie sieht meine momentane Lebenssituation aus? Lässt sich damit der nächste Lernschritt vereinbaren? Wie viel Zeit kann ich – realistisch gesehen – investieren? Nicht nur für den entsprechenden Kurs, sondern auch für Vorbereitung und Aufarbeitung, fürs »Verdauen«?

Vor allem geht es immer wieder um »Rollenklärung«: Was brauche ich als Fachkraft, was als Vorgesetzter? Wie möchte ich die Position ausfüllen? Habe ich dafür das nötige Know-how? Was fehlt?

Setzen Sie Prioritäten und Schwerpunkte. Legen Sie fest, was Sie als Erstes (er-) lernen möchten. Benötigen Sie zusätzliches Fachwissen, um Ihre Rolle kompetent ausfüllen zu können, oder soll es eher darum gehen, an Ihrer persönlichen Entwicklung zu arbeiten, und sich zum Beispiel mit Konfliktlösungsstrategien auseinanderzusetzen?

Finden Sie für sich selbst heraus: Wo kann ich das, was ich lernen möchte, am besten lernen? Wer unterstützt mich dabei? Meine Firma? Mein Partner? Meine Familie?

Bei all diesen Entscheidungen gilt: Weniger ist mehr. Nehmen Sie sich nicht alles auf einmal vor. Lieber einen Kurs konzentriert absolvieren, als zwischen fachlicher Weiterbildung, Persönlichkeitsfindung und Sprachentraining verloren zu gehen. Das führt nur zu Überforderung und dem unangenehmen Gefühl, nicht zu genügen. In der Hetze kann nichts wachsen, und die Häutung verläuft schmerzhaft oder unvollständig!

Ein sicheres Zeichen dafür, dass wir das richtige Maß gefunden haben, umschreiben Experten mit dem sogenannten »Flow«: Das gute Gefühl, das wir bei dem haben, was wir tun. »Im Fluss« zu sein meint, dass die Energie, die uns voranbringt, förmlich strömt. Und wir sind mit der Strömung unterwegs und dabei weder überfordert noch gelangweilt. Wer im Flow ist, ist im Jetzt, freut sich aufs Lernen, ist neugierig auf Neues. Wenn Sie dagegen das Gefühl haben, dass Ihre Energie stagniert, wenn Sie sich regelrecht blockiert fühlen und kein Interesse am Lernstoff haben, dann kann das ein Zeichen dafür sein, dass gerade nicht der richtige Zeitpunkt für das ist, was Sie sich vorgenommen haben. Das ist nicht schlimm. Lassen Sie es sein, machen Sie eine Pause oder versuchen Sie es mit einem anderen Aspekt. Wenn das Thema auf Ihren persönlichen Weg gehört, wird der richtige Moment, es anzupacken, noch kommen. Oder Sie verändern die Umstände so, dass wieder Freiraum für Neues entsteht. Das heißt aber loszulassen, sich zu häuten, auf andere Dinge zu verzichten. Entscheiden Sie, was Ihnen gerade am wichtigsten ist, was sich am besten »anfühlt«. Nutzen Sie immer wieder die Methode der Selbstreflexion. »Im besten Fall entwickelt sich so nach und nach eine Grundhaltung, mit der wir uns im Laufe unserer Entwicklung immer wieder neu auf das einstellen können, was gerade gefordert ist«, weiß die Expertin Susanne Maaß-Sagolla. »Das ist es, was sinnvolles lebenslanges Lernen ausmacht.«

»Meine Antriebskraft ist die Neugier auf Menschen« – So lernt die Lern-Expertin

Bei einer Lernbiografie nach unserem *Chamäleon-Prinzip* steht die Freude am eigenen Wachsen im Mittelpunkt. Vieles davon kann man in der Biografie der Organisationsberaterin Susanne Maaß-Sagolla erkennen: »Meine größte Antriebskraft in meiner Entwicklung war die Neugier auf Menschen«, erzählt sie. Sie wollte so viel wie möglich über ihre Kunden wissen, um ihnen helfen zu können. Die Fragen, die sie ihnen dabei professionell stellte, wurden auch privat wichtig für ihr eigenes Leben: Worauf habe ich Lust? Wohin will ich mich weiterentwickeln? Passt das mit meinem Familienleben zusammen?

Die Münsterländerin ist gelernte Baustoffprüferin für Mörtel und Beton. Früher hat sie mit Ingenieuren zusammengearbeitet und »gelernt«, wie sie die Welt betrachten. »Vor allem Sprachen waren denen immer ein Gräuel. Weil ich zweisprachig mit Englisch aufgewachsen bin, haben sie mich dann auf ihre ganzen Konferenzen mitgenommen.« Sie studierte zusätzlich Englisch und Spanisch, um ihre Sprachfähigkeiten zu professionalisieren. Danach übersetzt sie für Organisationen und im politischen Bereich, stellt aber schnell fest: »Dolmetschen ist sehr anstrengend und vor allem familienuntauglich.« Plötzlich war klar: Die »Passung« stimmt nicht. Also sattelt Maaß-Sagolla um auf Erwachsenenbildung, lehrt Business English und interkulturelle Kommunikation. Nach sechs Semestern Wirtschaft und Psychologie findet sie über Umwege eine Stelle an der Fachhochschule Münster.

Maaß-Sagolla verfeinert ihr persönliches Profil immer weiter: Sie sucht sich ein Fachgebiet, das auf lebendiges, soziales Lernen und persönliche Entwicklung setzt. Ihre Promotion führt zu einem Kurskonzept, das deutsche Ingenieure bei internationalen Arbeitskontakten weiterbringt. Und dann setzt sie noch eine Supervisionsausbildung obendrauf. »So verzahnen sich für mich die einzelnen Lernschritte im Beruf und im Privatleben«, erklärt sie und fügt hinzu: »Menschen, die neugierig sind und sich gern weiterentwickeln bleiben immer anschlussfähig, egal wie alt sie auch sein mögen.«

Thomas Bruns nennt sich »berufsverrückt«. Und meint damit: Er bildet sich kontinuierlich weiter – aus »Liebe zum Job«, aber auch, um für seine Mandanten auf Ballhöhe zu bleiben. Bruns ist selbstständiger Steuerberater und Wirtschaftsprüfer. Gerade steckt er mittendrin in einer Fortbildung zum Fachberater für internationales Steuerrecht. »Ein Muss in Zeiten der Globalisierung«, versichert er. »Wir haben mit unserer Kanzlei seit zehn Jahren eine deutliche Zunahme internationaler Geschäfte auch im Mittelstand. Unsere Kunden produzieren im Ausland oder schließen sich mit ausländischen Firmen zusammen, das hat auch Auswirkungen auf unsere Arbeit.« Bruns investiert viel in seine Ausbildung – Geld, Energie und Zeit. Er weiß: Als Steuerberater wird ihn das Dazulernen sein gesamtes Berufsleben begleiten. Er weiß aber auch, dass er nicht alles wissen kann und will. Der 46-Jährige setzt auf Teamarbeit. »Das stand von Anfang an fest«, sagt er. »In unserer Kanzlei gibt es deshalb heute ausgesprochen kompetente Kollegen in der ersten und zweiten Reihe. Das hilft allen. Wir profitieren gegenseitig von der Kompetenz und den Erfahrungen der anderen.«

Der entspannte Umgang mit Nichtwissen – in Zeiten exorbitant hoher Wissensproduktion ist das eine Fähigkeit, die sich jeder aneignen sollte. Fragen zu können, sich fragen zu trauen, ist eine Kunst für sich. Wer sie beherrscht, zeigt echtes Selbstbewusstsein und bereitet einer neuen Haltung den Weg. Denn Nichtwissen ist für viele noch immer scham- oder gar angstbesetzt.

Doch es tut sich etwas: »Vor 15 Jahren gab es noch sehr viele John-Wayne-Führungskräfte«, stellt der Coach Christopher Rauen fest. »Typ ›Ein Mann geht seinen Weg allein‹. Und wenn er etwas nicht kann oder weiß und Unterstützung braucht, dann ist er schwach. Dann ist er in seinem eigenen Selbstverständnis keine richtige Führungskraft mehr.« Dieses Bild verändere sich aber erfreulicherweise, stellt Rauen fest.

Die Fähigkeit zur Kooperation wird immer wichtiger. Denn Wissenslücken lassen sich dank guter Teamarbeit schließen. Wenn jeder etwas einbringen kann, entsteht Zusammenhalt und oft sogar unerwartet Neues. Wir kennen es vom Panoramablick: Das Ganze ist mehr als die Summe seiner Teile. Lücken lassen uns kreativ werden. Und: Kooperation bedeutet Ressourcenschonung.

3.4 » Man braucht andere, um sich weiterzuentwickeln« – Sich gemeinsam wandeln

Früher bildete man im Job Seilschaften, heute heißt das Social Networking. Gemeint ist mehr oder weniger dasselbe: Ein paar Gleichgesinnte schließen sich zu einer Gruppe zusammen, um sich auszutauschen und um auf die eine oder andere Weise voneinander zu profitieren.

Zum Beispiel beruflich. Das ergibt durchaus Sinn – wenn man ein paar grundlegende Punkte von Anfang an beachtet. Zum Beispiel sollte man gleich bei der Gründung formulieren, worin Sinn und Zweck des Netzwerkes bestehen soll. Klingt banal, hilft aber. Weil dann jeder oder jede weiß, worauf sie sich einlassen. Auf dieser Basis kann jeder Beteiligte dann seine Motivation überprüfen: Warum mache ich mit? Was bringt mir das? Wo sehe ich bei dem Ganzen meinen Part? Was kann ich beitragen? Sich anpassen *und* Farbe bekennen: Überlegungen nach dem *Chamäleon-Prinzip*. Denn auch ein Netzwerk kann nur funktionieren, wenn sich alle damit identifizieren. Diese Identifikation ist der Klebstoff, der alles verbindet. Und um Zusammengehörigkeit geht es doch im Grunde, oder? Um die Sicherheit: »Ich bin nicht allein« und um das gute Gefühl: »Einer für alle, alle für einen«.

Stefan Tönnissen zum Beispiel hat Ende 2010 gemeinsam mit zwei Arbeitskollegen in Münster ein Netzwerk für Controller gegründet. Mittlerweile zählt es 80 Teilnehmer, Tendenz weiter steigend. Was ist da der Klebstoff? Natürlich auch, dass die Controller im Münsterland es gerne bequem und praktisch haben: »Es gibt zwar einen Controllerverein in Deutschland, aber der trifft sich vornehmlich in den Ballungszentren, und da sind wir im Münsterland weit abgeschnitten.« Schließlich will keiner nach Feierabend noch lange fahren müssen.

Wichtiger aber ist: Die Münsterländer Controller wollen – jeder für sich und alle gemeinsam – dazulernen. Sie wissen, wie wichtig lebenslanges Lernen für sie ist. Das Netzwerk ersetzt für sie teure, weit entfernte Seminare. Sie organisieren untereinander Fortbildungen, Vorträge, laden gemeinsam Referenten ein und »nutzen eigene Potenziale«, wie Tönnissen das nennt. Auch er hat erkannt: »Ich kann doch nicht immer alles selbst wissen.« Im Netzwerk fließen Kompetenzen zusammen und können von allen genutzt werden.

Das setzt eine offene Haltung voraus. »Man muss einfach akzeptieren, dass man andere braucht, um sich selber weiterzuentwickeln«, sagt Tönnissen. »Und man darf die Freude am Lernen nicht verlieren.« Diese Grundhaltung brachte den 41-jährigen zweifachen Vater nach seinem Studium in Wirtschaftsinformatik dazu, neben dem Job noch einen Master in Technischer Betriebswirtschaft zu absolvieren, den er sogar als Jahrgangsbester abschloss. Seine Vita macht was her: Erst ist er bei einer internationalen Unternehmensberatung angestellt, später beim Branchenprimus der Chemieindustrie, heute berichtet er dem Vorstand eines großen Nutzfahrzeugherstellers über die Geschäftsergebnisse der Tochtergesellschaften. Außerdem hat er an der Fachhochschule Münster einen Lehrauftrag angenommen.

Aber Tönnissen will sich auf diesen Lorbeeren nicht ausruhen. Er lernt mit Freude und Energie schon sein ganzes (Berufs-) Leben lang. Bei allem aber achtet er auf die »Passung«. Darauf, dass die aktuellen Lernthemen gut in seinen momentanen Lebensabschnitt passen: »Alle zwei bis drei Jahre kommt eine Weiterbildungsphase, dann gucke ich, was ich noch lernen möchte. Dann kümmere ich mich wieder zwei bis drei Jahre um andere Dinge und dann gucke ich wieder, wo habe ich Schwachstellen, wo muss ich etwas tun? Wo muss ich fachlich was tun, wo ein bisschen an meiner Persönlichkeit feilen? Was gibt es überhaupt an Angeboten?«

Mal ehrlich: Der Mann ist ein Top-Chamäleon! Gerade hat er einen neuen berufsbegleitenden Studiengang im Visier, ein spezielles Angebot für Führungskräfte. Der Controller hat sich diesen Schritt gut überlegt: »Die Ausbildung hat ein klares Konzept, ist in sich abgeschlossen. Das finde ich viel besser, als sich einzelne Module zusammensuchen zu müssen.«

Miteinander in Kontakt bleiben

Ohne eine gewisse Verlässlichkeit funktionieren Netzwerke nicht. Viele unterschätzen den nötigen Aufwand. Wichtig ist, dass man sich regelmäßig trifft, die Termine am besten schon am Jahresbeginn festlegt. Bewusst auf Langfristigkeit zu setzen und sich einzulassen, bringt Vorteile. Vertrauen muss erst wachsen, ist es aber da, kann es über Klippen hinwegtragen. »Darüber lassen sich eine Menge Probleme lösen, für die man sonst teure Berater bräuchte. Sich im Netzwerk gemeinsam weiterzubilden ist auch was ganz anderes als ein Seminar, wo ich hingehe, mich mal kurz austausche und dann wieder gehe«, sagt Tönnissen.

Funktionierende Netzwerke sind immer in Bewegung, ein ständiges Geben und Nehmen. Gegenseitigkeit ist der Grundgedanke, der dahintersteht.

Klarer Fall: Die Kontakte sollen auch die eigene Karriere voranbringen. »Wir alle hier im Münsterland wissen, dass gute und interessante Stellen, besonders in Führungspositionen, nicht öffentlich ausgeschrieben werden«, sagt Tönnissen. »Sondern die werden über Beziehungen oder über Berater vergeben.« Praktisch, wenn man weiß, dass in fast jeder Firma in der Umgebung eine Partnerin oder ein Partner aus dem eigenen Netzwerk sitzt und einen heißen Tipp geben kann. Das genau ist ein weiterer wichtiger Aspekt, auf den es beim erfolgreichen Networking ankommt: Der Draht zu anderen Gruppen und die Verzahnung des eigenen Netzwerkes innerhalb der Gesellschaft. So profitieren noch mehr Menschen voneinander. Tönnissen, der umtriebige Münsterländer, hat auch bei der Gründung eines »Kompetenznetzwerkes Business & Engineering e.V.« mitgemischt. In diesem Verein treffen sich hauptsächlich die Absolventen der Fachhochschule Münster. Eine echte identitätsstiftende Maßnahme. »Man kommt vom gleichen Studiengang, man kommt von der gleichen Hochschule, man hat sozusagen den gleichen Stallgeruch. Außerdem kennt man die gleichen Professoren, hat die gleichen Lehrveranstaltungen besucht usw. Dadurch hat man eine gemeinsame Basis, auf der so ein Netzwerk gut aufbauen kann.« Ziel des Ganzen ist die Verknüpfung von Wirtschaft und Wissenschaft. Der Kontakt zwischen den regionalen Unternehmen und der Fachhochschule Münster soll gefördert werden, im Fokus steht die Verbindung von wirtschaftsingenieurwissenschaftlicher Theorie mit beruflicher Praxis und die Förderung interdisziplinärer Forschung. Und Tönnissen findet es auch gut, wenn die Kommune mit im Boot ist – zum Nutzen aller. Denn die Wirtschaft braucht die Unterstützung von den Kommunen, die Kommunen freuen sich über die Steuergelder von Unternehmen aus der Region. Natürlich wird eine Region umso attraktiver, je besser es der Wirtschaft dort geht. Die Hochschule kann mit Unterstützung der Wirtschaft gezielt Forschung betreiben, die Wirtschaft kann gezielt Aufträge zur Forschung vergeben und hat, wenn sie eng in Kontakt mit der Hochschule ist, hervorragenden Zugang zu qualifizierten Fachkräften.

Doch die Kompetenznetzwerker wollen auch gemeinsam wachsen. Eines ihrer ersten Symposien beschäftigte sich bereits mit lebenslangem Lernen. »Wir erfahren am eigenen Leib, dass sich Wissen ständig ändert«, sagt der Controller. »Ich zum Beispiel habe mein Diplom in Wirtschaftsinformatik vor zwölf Jahren gemacht. Jetzt habe ich vor zwei Jahren noch den Master in Betriebswirtschaft drangehängt. Und da standen ganz andere Themen auf der Liste als noch vor zwölf Jahren.«

Doch es geht nicht nur um Wissensvermehrung. Die Münsterländer Netzwerker arbeiten auch an ihrer Persönlichkeitsentwicklung. »Der Druck auf den einzelnen Mitarbeiter ist ziemlich gestiegen im Vergleich zu vor 15 Jahren. Umso wichtiger, dass man sich wirklich auch mit sich selber beschäftigt. Wie wirke ich auf andere? Wie kann ich meine Arbeit organisieren? Warum habe ich immer wieder Probleme mit dem und dem Vorgesetzten oder mit dem Kollegen?« Tönnissen gibt zu, dass er selbst sich früher schwertat, Probleme offen anzusprechen, mittlerweile sei es aber ein bisschen besser geworden: »Da muss man einfach immer dranbleiben und was tun«, betont er. »Sonst frisst man das in sich rein und kommt nach zehn Stunden Arbeit nach Hause und hat das Problem nicht gelöst, und dann leidet die Familie auch noch drunter. Das darf ja nicht sein.«

Dazugelernt hat der Controller auch in Sachen Arbeitszeit. In seinem früheren Job arbeitete er um die 50 Stunden die Woche und fand es okay, zumal es vom Arbeitgeber irgendwo auch erwartet wurde. Heute weiß er: »Es bringt einem nichts. Ich habe das nach sieben Jahren gemerkt. Es dankt einem keiner. Man macht deswegen nicht Karriere, die Zeiten sind vorbei. Es macht einen auf die Dauer nur kaputt. Man kommt nach Hause und man kann nichts mehr tun, man ist völlig ausgelaugt. Da muss ich als Arbeitnehmer aufpassen, dass ich nicht von der Firma erdrückt werde.«

Das Netzwerk schafft Zeit und Raum dafür, um solche Erfahrungswerte an andere, jüngere Kollegen weiterzugeben und ihnen so womöglich einiges zu ersparen. »Wir haben einen jungen Kollegen der kommt frisch von der Uni Münster und sitzt abends noch bis mindestens 19 Uhr im Büro«, erzählt Tönnissen, »ich habe ihm schon mehrfach gesagt: Lass es. Du machst einen guten Job, du kannst auch jeden Tag ein bisschen länger arbeiten als der Durchschnitt, um dein Engagement sichtbar zu machen, aber mach dich nicht kaputt.« Der Überflieger Tönnissen hat gelernt: »Das hält auf die Dauer auch keiner durch.« Sein Rat an den Jüngeren: »Geh lieber um sechs nach Hause und dafür eine Stunde joggen, dann ist alles gut.« Auch das bedeutet Netzwerken: Erfahrungen weitergeben, aus den Erfahrungen anderer lernen.

3.5 »Ein Unternehmen muss reagieren können« – Auch Firmen lernen

Es gibt ein Wort, das bei fast allen Arbeitnehmern die Alarmglocken schrillen lässt: »Reorganisation«. Denn meistens bedeutet das Einsparungen, Entlassungen und externe Berater, die über unsere Köpfe hinweg entscheiden, wie wir unsere Arbeit künftig zu tun haben.

Entspannen Sie sich: Es gibt auch positive Beispiele. In Westfalen haben wir den Unternehmer Erwin Weßling entdeckt, der andere Wege gehen möchte. Seine WESSLING-Gruppe verdient ihr Geld mit labor- und ingenieurtechnischen Dienstleistungen. Statt auf Veränderungen von außen setzt Weßling auf Wandel, der von innen kommt und an dem seine Mitarbeiter aktiv teilhaben können und sollen. »Ich bin Naturwissenschaftler«, sagt der promovierte Chemiker. »Deshalb schaue ich gerne, was ich von den Naturwissenschaften lernen kann.« Von der Biologie zum Beispiel. Dort spricht man von der autopoietischen Zelle. Sie organisiert sich selbst und ist nach außen vollkommen autark. Trotzdem steht sie mit der Außenwelt in Beziehung, ist in einem ständigen Energieaustausch mit anderen Zellen, die wiederum selbst autopoietisch sind. »Und genauso sehe ich auch unser Unternehmen, das sich innerhalb der Gesellschaft selbst organisiert«, erklärt Weßling. Diese flexible Selbstorganisation ist wichtig, weil sich die Gesellschaft und die Wirtschaft permanent verändern. »Besonders drastisch war das bei der Finanzkrise. Darauf muss eine Zelle, ein Unternehmen, reagieren können. Und zwar von innen heraus. Unser Unternehmen steht permanent in Kontakt mit der Außenwelt, sorgt aber innen permanent für Erneuerung und für Wandel.«

Die Idee, von der sich Weßling bei seiner Art der Unternehmensführung leiten lässt, ist die Vorstellung von der »lernenden Organisation«. Dieser Begriff wurde Anfang der Neunzigerjahre von dem amerikanischen Organisationsentwickler Peter M. Senge in seinem Buch *Die fünfte Disziplin* geprägt. Die Bezeichnung steht für Unternehmen, die den Wissenserwerb und die Persönlichkeitsentwicklung ihrer Mitarbeiter gezielt fördern, offene und flexible Organisationsstrukturen pflegen und auf Dialog und die Entscheidung im Team setzen. Herausforderungen werden systemisch betrachtet und bewältigt. Denken Sie an den ersten Aspekt des *Chamäleon-Prinzips:* Panoramablick statt Tunnelblick!

Anhänger von Senges Vorstellungen sind überzeugt, dass Firmen, die sich nach dem Prinzip des »lernenden Unternehmens« organisiert haben, ausreichend Flexibilität besitzen, um dem rasanten Wandel in der globalisierten Wirtschaft besonders gut begegnen zu können. Das fachliche Lernen ist dabei eine Selbstverständlichkeit. Aber es geht darüber hinaus um Offenheit, Toleranz, Kritikfähigkeit, Reflexion und die Auseinandersetzung mit der Sinnfrage.

Erwin Weßling selbst hat vor zehn Jahren zum ersten Mal von der Idee der lernenden Organisation gehört und war sofort fasziniert. So sehr, dass er sein Unternehmen seitdem Schritt für Schritt umstellt. Was er davon hat? Lebensqualität zum Beispiel. »Sinnerfülltes Handeln und Zufriedenheit bedeuten für mich Lebensqualität. Ich habe keine Lust an einem Unternehmen, das nur Geld verdient«, behauptet Weßling, »dann könnte ich die Firma auch verkaufen und sagen: Mir geht's gut.« Lebensqualität ist gut für ihn, für seine Mitarbeiter und letztlich auch fürs Geschäft. Davon ist Weßling überzeugt. »Wenn Kunden hier hereinkommen, dann spüren die, dass hier ein guter Geist weht, dass die Menschen selbstbewusst sind, auch die Auszubildenden. Sie wissen, was sie tun, sie können Fragen beantworten, wollen Lösungen finden. Da weiß sich ein Kunde gut betreut.«

Weiterentwicklung erwünscht

Gestartet ist der heute 62-Jährige 1983 mit einem kleinen chemischen Labor, das sich in einer restaurierten Windmühle im Münsterland befand. Mittlerweile hat sein Familienunternehmen tausend Mitarbeiter und mehr als 30 Standorte in Europa, außerdem einen in China und einen in Marokko.

Als wir ihn in seiner Berliner Niederlassung treffen, liegt dort frischer Brotduft in der Luft. Auch hier wird beraten, analysiert und geprüft: Labor und Messstelle sind auf Produkt- und Umweltanalysen spezialisiert.

Eine Mitarbeiterin in weißem Kittel zupft ein Stück von einem Kastenbrot ab, steckt es in den Mund und kaut ausgiebig. »Schmeckt genau so, wie es schmecken soll«, stellt sie fest. Die Backmischung hat einen wichtigen Test bestanden: Auch Sensorik – also das Riechen, Schmecken und Fühlen – gehört neben chemischen und mikrobiologischen Prüfungen zur Lebensmittelanalyse dazu.

Weßling, in blauem Anzug und hellblauer Krawatte begrüßt die Lebensmittelchemikerin mit Handschlag. Alle kennt er mit Namen, vom Azubi bis zum Bereichsleiter. Weßling macht regelmäßig Besuche in seinen Zweigstellen. Nähe zu seinen Mitarbeitern ist ihm wichtig. Seine Devise: So oft es geht das direkte Gespräch suchen, das ist am fruchtbarsten. Deshalb unterstützen er und sein Management, dass die Mitarbeiter, die ja über ganz Europa verteilt sind, sich persönlich begegnen.

»Haben Sie ein gemeinsames Thema mit dem Kollegen in Budapest? Dann treffen Sie sich«, sagt der Unternehmer. Das gilt dann nicht nur für die obere Führungsebene, sondern auch für die Labor- und Teamleiter, Probenehmer oder Sekretariatsmitarbeiter. »Wenn es sinnvoll ist, hört bei uns niemand, dass die Reisekosten zu hoch sind, sondern ein ermunterndes ›Fahren Sie dorthin‹.«

Weßling sieht es gern, wenn seine Mitarbeiter Eigeninitiative zeigen und sich einbringen. Für ihn ist das Ausdruck einer lernenden Unternehmenskultur. In Berlin zum Beispiel hängt am Eingang des Labors ein kleiner Briefkasten mit einer Glühbirne darauf. Dort können Mitarbeiter ihre Verbesserungsvorschläge einwerfen. Eine kleine Arbeitsgruppe sieht sich die Ideen dann an und entscheidet, ob sie in die Tat umgesetzt werden oder nicht. Der Gruppe gehören Mitarbeiter aller Abteilungen an. »Damit nicht mit fachinternen Scheuklappen auf die Ideen geguckt wird«, erklärt Weßlings Berliner Geschäftsbereichsleiter Till Hasenzahl. Der Diplom-Lebensmittelchemiker hält auf den kleinen Briefkasten große Stücke: »So gehen uns nie die Ideen aus und jeder weiß, dass er gehört wird und seine Ideen wertgeschätzt werden.«

Einbringen können sich die Mitarbeiter aber auch in zahlreichen Innovationsgruppen, die monatlich über Verbesserungsmöglichkeiten diskutieren. Außerdem gibt es immer wieder Reflexionsgespräche über regionale und fachliche Grenzen hinweg. Der internationale Wissenstransfer hat einen hohen Stellenwert. Wenn man sich kenne, seien die Hürden für einen Informationsaustausch sehr viel niedriger und innovative Ideen könnten viel leichter umgesetzt werden. Deshalb wird der gegenseitige Austausch zwischen den Disziplinen gezielt durch Gesprächskreise gefördert. »Es geht darum, aufmerksam zu bleiben, uns klar zu werden, wo stehen wir, wo wollen wir hin«, erklärt Weßling den Hintergrund der Maßnahme. Gerade hat er seinen Managern ein Buch über Organisationstheorie »als Hausaufgabe« mitgegeben. Das sollen sie lesen, dann gibt es eine Diskussion, bei der auch der Autor dabei sein wird. Der Firmenchef freut sich darauf: »Das bringt neue Erkenntnisse!« Für die Mitarbeiter und auch für sein Unternehmen.

Fortbildungsmaßnahmen, mit denen Mitarbeiter ihr Fachwissen verbessern können, Philosophie-Seminare und Lesekreise, die darüberhinaus die persönliche Entwicklung fördern, sind das eine. Doch damit das alles wachsen kann, braucht es auch eine gute Atmosphäre. In einem Unternehmen, in dem Angst und Misstrauen herrschen, kann sich nichts Neues entwickeln.

Entscheidend für den Erfolg von Gruppen, Kreisen und Teams ist deshalb der respektvolle Umgang miteinander. Oft engagiert Weßling deswegen für Gespräche und Diskussionen einen Coach, »der die Stimmung hält«, wie er sagt. Der Coach setzt einen Rahmen und achtet darauf, dass dieser nicht verlassen wird. »Kritik darf und soll sein, aber sie muss in der richtigen Form geäußert werden«, fügt er hinzu. »Es kann auch ruhig anstrengend und kontrovers werden, aber es ist wichtig, dass niemand beschädigt wird.«

Auch wenn Fehler passieren, sollte die wertschätzende Grundhaltung beibehalten werden. Das gelingt, wenn man sich immer wieder bewusst macht, dass Fehler sich nie ganz vermeiden lassen und zu Veränderungsprozessen einfach dazugehören. Ausschlaggebend ist, offen an- und auszusprechen, was vorgefallen ist und Verantwortung dafür zu übernehmen. Weßling arbeitet in seinen Firmen an einer Unternehmenskultur, in der man keine Angst haben muss vor Fehlern. »Natürlich sehen wir das nicht gerne, wenn ein Fehler gemacht wird«, sagt er. »Wichtig ist, dass wir daraus lernen und Maßnahmen ableiten, die verhindern, dass sie sich wiederholen. Deshalb ist ja die intensive Begleitung von jungen Mitarbeitern so wichtig. Damit Fehler rechtzeitig erkannt werden und die jungen Leute noch die Chance haben, sie frühzeitig zu korrigieren.«

Teilhabender Führungsstil

Zu den wesentlichen Merkmalen eines lernenden Unternehmens gehört auch der sogenannte »teilhabende Führungsstil«. Was das ist, lässt sich mit einem Bild aus den Neurowissenschaften erklären. Diese gehen inzwischen davon aus, dass unser Gehirn kein eingebautes Oberkommando besitzt, kein Oberzentrum als »höchste Schaltstelle«, die alles bestimmt, sondern dass alle Areale des Gehirns miteinander im Austausch stehen und gemeinsam das leisten, was uns Menschen zum Menschen macht.

Entsprechend diesem Bild gibt es auch in lernenden Unternehmen kein »Oberstübchen«, in denen ein einziger Chef einsam schaltet und waltet. Sondern die Entscheidungen werden immer gemeinschaftlich, im Team getroffen.

Im Familienunternehmen von Weßling wird dieser teilhabende Führungsstil praktiziert. Der Unternehmer verdeutlicht, warum das von Vorteil ist: »Ich lasse mich hier leiten von einem Gedanken von Ignatius von Loyola, dem Gründer des Jesuitenordens. Der hat in etwa gesagt: ›Ihr dürft nur mit dem jeweils Besseren zufrieden sein.‹ Dabei geht es darum, die bessere der jeweils möglichen Entscheidungen zu finden.« Nach 28 Jahren als Unternehmer ist Weßling überzeugt: »Das lässt sich am besten gemeinsam bewerkstelligen. Eine gemeinschaftlich getroffene Entscheidung im Team, das fair und offen miteinander kommuniziert und umgeht, ist immer besser als die eines Einzelnen.«

Die gemeinsame Erkenntnis, dass es immer eine Vielzahl von Entscheidungsmöglichkeiten gibt, dass also auch viele unterschiedliche Wege zum Ziel führen können, macht die Zusammenarbeit entspannter. Es geht nicht mehr darum, die einzige mögliche Lösung zu entwickeln, sondern eben die, die alle zusammen in diesem Augenblick für die beste halten. Und die wird dann umgesetzt.

Diese Grundhaltung nimmt viel Druck von seinen Mitarbeitern. »Das hat einen anderen Umgang bei uns geschaffen«, bestätigt Geschäftsbereichsleiter Hasenzahl. »Denn gerade in Beziehungen von Menschen, da gibt es ja nicht nur einen wahren Wert, sondern da gibt es viele Wahrheiten. Meine Wahrheit kann eine ganz andere sein als die von Herrn Weßling, wenn wir miteinander reden.« Wer sich dessen bewusst ist, geht entspannter miteinander um, davon ist Hasenzahl überzeugt.

Teilhabende Führung bedeutet zudem aktive Begleitung von Mitarbeitern: »Ein Standortleiter berichtete mir gerade von einem jungen Mitarbeiter, der sich ganz hervorragend entwickelt hat«, erzählt Weßling, »der aber vor einigen Jahren, als er bei uns in Ausbildung war, große Probleme hatte. Schwierigkeiten im Elternhaus und mit dem Alkohol. Das ist so einer, den wir begleitet haben, den wir unterstützt haben, sich zu entwickeln. Natürlich hat es ernste Gespräche gegeben. Aber das ist ein hervorragender Mitarbeiter und stabiler Mensch geworden.«

Die Haltung, die hinter dieser Art der Mitarbeiterführung steht, ist die von der »bedingungslosen Hinwendung zum anderen«, die der französisch-jüdische Philosoph Emmanuel Lévinas geprägt hat. »Wir brauchen keine Führungskräfte, die ich-bezogen sind, die nur nach außen wirken wollen«, fasst Weßling den Gedanken zusammen. »Sondern wir brauchen Führungskräfte, die es wirklich verstehen, sich um andere Menschen, die sie führen, zu kümmern.« Nur so sei ein sinnvolles, sinnerfülltes Arbeitsleben möglich.

Wandel von innen heraus. Dieser Aspekt des lernenden Unternehmens bestimmt auch die Art der Personalsuche. Erwin Weßling hat es sich zum Prinzip gemacht, Mitarbeiter nicht von Headhuntern suchen oder von externen Personalberatern bewerten zu lassen. Ob jemand ins Team passt, bestimmt das Team selbst. Und zwar nach ausführlichen persönlichen Gesprächen mit allen Bewerbern. Von Assessment-Centern hält der Unternehmer nichts. »Da werden Menschen von anderen innerhalb von ein, zwei Tagen beurteilt«, ärgert er sich. Eine Anmaßung sei das, findet er. »Man darf Menschen doch nicht einordnen oder katalogisieren. Wie kommen denn andere dazu, das beurteilen zu können? Wir haben ja Mühe genug, uns selbst wirklich kennenzulernen.«

Häutung eines lernenden Unternehmens

Reorganisation von innen heraus – Ende 2007 hatte die WESSLING-Gruppe eine solche Phase der Erneuerung und Häutung abgeschlossen. Gerade rechtzeitig vor der großen Finanzkrise. »Ich hatte schon ein ungutes Gefühl damals«, gibt Weßling heute zu. »Gleichzeitig sagte ich mir, wir sind vorbereitet. Wir können die Dinge tun, die jetzt getan werden müssen.«

Inzwischen steht wieder eine Reorganisationsphase an. Weßling glaubt, dass die Zeit dafür reif ist. »Wir verändern vorzeitig«, sagt er. »Aus einer starken Position heraus. Proaktiv sozusagen.« Denn die Weltwirtschaft verändere sich weiterhin. »Es wird viele Firmen geben aus anderen Nationen, die bei uns Fuß fassen werden, da wird Wettbewerbsdruck entstehen.« Auf diese Veränderungen will Weßling vorbereitet sein und schickt statt externer Berater die eigenen Mitarbeiter los, um sich im Betrieb umzuhören. Ingenieure sprechen mit den Labormitarbeitern, Kaufleute mit den Mitarbeitern der Verwaltung. Das Ziel? Ganz neue Erkenntnisse und Einblicke, aus denen Lösungen erwachsen. Häutung von innen sozusagen. Und die Mitarbeiter? Die haben das Gefühl, sie werden gehört und können sich einbringen, statt Angst haben zu müssen, dass sie von außenstehenden Beratern wegorganisiert werden.

4. Die Häutung – ganz praktisch

Weil unsere berufliche Entwicklung ein steter Prozess ist, sollten wir ihr auch besondere Aufmerksamkeit schenken. Wachstum und Wandlung im Beruf beinhaltet beides, Wissenszuwachs und Persönlichkeitsentwicklung. Seien Sie bereit für ständigen Wandel und Entwicklung, die von innen kommt. Freuen Sie sich darauf zu lernen, persönlich zu wachsen, sich selbst besser kennenzulernen.

Machen Sie sich Ihre Stärken bewusst. Finden Sie ein gutes Maß an Wissenszuwachs und Selbstreflexionskompetenz. Finden Sie die richtige Zeit für das passende Thema. Achten Sie auf die »Passung«: Passen Thema, Zeitpunkt und Umfang der Fortbildung zu Ihrer Lebenssituation? Können Sie es verdauen?

Setzen Sie Prioritäten. Gehen Sie Schritt für Schritt vor. Zeigen Sie Mut zur Lücke. Akzeptieren Sie, dass wir nicht alles wissen können. Vernetzen Sie sich mit anderen. Betrachten Sie Kooperationen als Ressource und Zugewinn.

Werfen Sie einen kritischen Blick auf Ihre Firma: Sind Sie in einer lernenden Organisation tätig? Wo können Sie selbst aktiv werden, um einen ersten Anstoß in diese Richtung zu geben? Ein kleiner Schritt kann schon große Wirkung haben.

Werden Sie sich Ihrer Stärken bewusst. Finden Sie heraus, wo Ihre Energie fließt, wohin Sie sich entwickeln wollen. Bauen Sie auf Ihrem Wissen auf. Entwickeln Sie Ihre Persönlichkeit. Finden Sie Ihre eigenen inneren Ziele, lassen Sie sich nicht von außen fremdbestimmen.

Haben Sie Ihre Gesamtentwicklung im Blick? In welcher Phase Ihres Berufslebens stehen Sie gerade?

Vielleicht ist es bei Ihnen gerade an der Zeit für eine Häutung?

Dschungel? Na und!

Frage: Was macht ein Chamäleon, wenn es vom Baum fällt? Antwort: Es bläst seine Lunge auf und federt so die harte Landung ab.

Wir können nicht verhindern, dass uns das Leben manchmal quer kommt und es uns vom Ast haut. Dass wir vor den äußeren Bedingungen klein beigeben und uns in Sorgen und Problemen verlieren. Dann ist es gut, wenn wir uns daran erinnern, dass wir einen inneren Fallschirm besitzen: Das Wissen um die eigenen Möglichkeiten. Unser inneres Chamäleon-Werkzeug! Sehen, greifen, uns verankern, fokussieren, austauschen und dabei stetig wachsen.

Wenn wir diese Werkzeuge so einsetzen, wie im Buch beschrieben, werden wir handlungsfähig. Wenn wir uns bewusst mit den Bedingungen auseinandersetzen, statt vor ihnen zu kapitulieren, wenn wir Verantwortung für unser Handeln übernehmen und aktiv und experimentierfreudig zur Tat schreiten, dann kommen wir uns selbst immer näher und finden gleichzeitig Möglichkeiten, mit den Bedingungen zurechtzukommen – doch nun selbstbewusst und selbstbestimmt, nicht ängstlich und fremdgeleitet Auf diese Weise werden wir tatsächlich – frei nach Gandhi – zu der Veränderung, die wir uns wünschen für diese Welt.

Pass dich an und bleib du selbst – diesen Prozess müssen wir immer wieder neu durchlaufen, die Balance immer wieder neu finden. Die Balance zwischen dem, was uns das Außen an Möglichkeiten bietet und dem, was uns am ehesten entspricht. Das ist anstrengend, aber es lohnt sich.

Die (Arbeits-) Welt ist ein Dschungel? Na und! Sie sind ein Chamäleon – und damit bestens gewappnet für die Herausforderungen.

Sie haben den *Panoramablick,* damit finden Sie Ihren Platz im großen Ganzen, Sie übernehmen Verantwortung für die Gemeinschaft *und* für sich selbst.

Sie erfassen die (globalisierte) Welt systemisch, können Zusammenhänge erkennen, sich immer wieder unerschrocken auf das Unvorhergesehene einlassen und Ihre ganz persönlichen Möglichkeiten darin entdecken.

In den luftigen Höhen der digitalen Welt nutzen Sie Ihre *Zangenfüße* und verschaffen sich so die nötige Bodenhaftung. Sie suchen echten Kontakt zu Ihren (virtuellen) Kollegen und machen Ihre Arbeit greifbar. Sie kennen Ihren Wert und Ihre Werte. Auch das schafft Bodenhaftung.

Sie sind mobil und trotzdem fest verankert – auch in sich selbst. Der *Wickelschwanz* gibt Ihnen Halt, auch wenn Sie in die Ferne schweifen.

Sie besitzen die Fähigkeit, in sich zu ruhen und gezielt zu handeln – *Zeitlupe und Zungenschuss!* Sie stellen Ihre eigene Zeitrechnung auf und verschaffen sich so Spielraum. Sie leben nach der Uhr *und* folgen Ihrem eigenen Rhythmus. Sie fokussieren sich und handeln – immer im Jetzt.

Mit Ihren *Schillerschuppen* praktizieren Sie den Farbwechsel. Im Berufs- und im Privatleben geht es Ihnen um echten Austausch. Sie lassen sich bewusst auf Ihr Gegenüber ein und bekennen gleichzeitig Farbe. Sie können mit Konflikten umgehen und Lösungen finden.

Sie wissen, dass Leben Wandlung bedeutet und stetig dazuzulernen. Sie sind bereit für Entwicklung, bereit für die *Häutung.* Von innen heraus kann Neues wachsen und sich im Außen zeigen.

Deutschland sucht den Superarbeiter. Und wir sind alle zum Casting angetreten. Unsere Nummer läuft super. Denn wir handeln nach dem *Chamäleon-Prinzip.*

Danksagung

Auf unserem Weg zu diesem Buch haben uns viele Menschen ermutigt, unterstützt und begleitet. Ihnen gilt unser besonderer Dank.

Vielen Dank an Jim und Mary Brennan, Klaus Brodbeck, Madleen Podewski, Rosemarie Thorun, Renate und Bernd Hanenberger, Eva Fill sowie Astrid Randerath. Ein großes Dankeschön auch an all diejenigen, die uns mit ihrem Expertenrat unterstützt haben, an unsere Agentin Barbara Wenner, die uns stets eine äußerst kompetente und verlässliche Ansprechpartnerin war, an Nicola Bartels, Verlagsleiterin von Blanvalet, die von Anfang an hinter uns und unserem Projekt stand, Eva Seifert für das bedachtsame Lektorieren des Manuskripts, Isabel Kooistra für sorgfältiges Transkribieren der Interviews sowie unsere Lektorin Leena Flegler, die das Projekt mit viel Engagement und Herz begleitet hat.

Ein besonderer Dank gilt all denen, die uns ihre Geschichten aus der modernen Arbeitswelt anvertraut haben. Sie bereichern dieses Buch auf ganz besondere Weise.

Literaturverzeichnis

Brehm, Alfred: Thier-Charaktere. 5. Das Chamäleon. In: Die Gartenlaube, Heft 9, S.133. Leipzig 1869.

Chopra, Deepak: Die sieben Schlüssel zum Glück. Nymphenburger Verlag. München 2010.

Dürr, Hans-Peter: Warum es ums Ganze geht. Neues Denken für eine Welt im Umbruch. Oekom Verlag. München 2009.

Eichhorst, Werner u.a.: Traditionelle Beschäftigungsverhältnisse im Wandel. Bertelsmann Stiftung. Gütersloh 2010.

Eichhorst, Werner u.a.: Atypische Beschäftigung und Niedriglohnarbeit. Bertelsmann Stiftung. Gütersloh 2010.

Grzimeks Tierleben, Enzyklopädie des Tierreichs. Kriechtiere. Band 6. München 1979.

Guardini, Romano: Der Gegensatz. Matthias-Grünewald-Verlag. Mainz 1998.

Globalisierung. Zahlen und Fakten: Bundeszentrale für politische Bildung. www.bpb.de.

Hesse, Hermann: Demian. Die Geschichte von Emil Sinclairs Jugend. Suhrkamp. Berlin 2007.

Kessler, Wolfgang: Gesellschaften unter Globalisierungsdruck. In: Globalisierung. Informationen zur politischen Bildung. Heft 280. Bundeszentrale für politische Bildung. Printausgabe Bonn 2003.

Kieselbach, Dominik: Chamäleons. Ulmer Verlag. Stuttgart 2010.

Nidiaye, Safi: Das Tao des Herzens. Ullstein Verlag. Berling 2004.

Panse, Winfried u. Stegmann, Wolfgang: Kostenfaktor Angst. Verlag Moderne Industrie. Landsberg 1996.

Pühl, Harald: Konflikt-Klärung in Teams und Organisationen. Leutner-Verlag. Berlin 2010.

Riemann, Fritz: Grundformen der Angst. Reinhardt-Verlag. München 2009.

Rossi, Ernest: 20 Minuten Pause: Wie Sie seelischen und körperlichen Zusammenbruch verhindern können. Jungfermannsche Verlagsbuchhandlung. Paderborn 2007.

Schein, Edgar: Karriereanker. Die verborgenen Muster in der beruflichen Entwicklung. Darmstadt 1998.

Schnack, Dieter und Gesterkamp, Thomas: Hauptsache Arbeit. Männer zwischen Beruf und Familie. Rowohlt Verlag. Reinbek bei Hamburg 1996.

Schulz von Thun, Friedemann: Miteinander reden. 1-3. Störungen und Klärungen. Stile, Werte und Persönlichkeitsentwicklung. Das »innere Team« und situationsgerechte Kommunikation. Rororo. Reinbek bei Hamburg 2011.

Senge, Peter: Die fünfte Disziplin. Kunst und Praxis der lernenden Organisation. Klett Cotta Verlag. Stuttgart 2008.

Watzlawick, Paul: Vom Unsinn des Sinns oder vom Sinn des Unsinns. Piper-Verlag. München 1995.